실전 수익률 투자대회 총 12회 수상자의

실전투자의 비밀

실전투자의 비밀

개정판 1쇄 발행 2021년 6월 10일
개정판 11쇄 발행 2023년 11월 30일

지은이   김형준

펴낸곳   ㈜이레미디어
전 화   031-908-8516(편집부), 031-919-8511(주문 및 관리)
팩 스   0303-0515-8907
주 소   경기도 파주시 문예로 21, 2층
홈페이지 www.iremedia.co.kr
이메일   mango@mangou.co.kr
등 록   제396-2004-35호.

편집 정은아, 이병철 | 디자인 유어텍스트 | 마케팅 김하경
재무총괄 이종미 | 경영지원 김지선

ISBN 979-11-91328-15-8 (03320)

• 가격은 뒤표지에 있습니다.
• 잘못된 책은 구입하신 서점에서 교환해드립니다.
• 이 책은 투자 참고용이며, 투자 손실에 대해서는 법적 책임을 지지 않습니다.

일러
두기

본 책은 특정 종목을 추천하고 있지 않습니다.
본문에서 언급되는 종목은 저자의 경험이나 기법을 설명하기 위하여 예로 든 것입니다.
상장폐지되거나 거래정지된 종목 역시 차트 분석을 위해 보여드리는 것임을 밝힙니다.

SECRET
OF REAL
TRADING

실전 수익률 투자대회 총 12회 수상자의

실전투자의
비밀

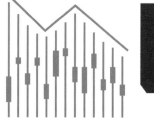
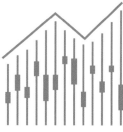

김형준 지음

트레이더는 오직 실력과 실적으로 말할 수 있다

코로나19로 인한 팬데믹 이후로 한국 증시는 가장 뜨거운 시기를 지나고 있다. 뜨거운 만큼 수많은 고수가 이름을 날리고 있다. 서점에 가면 무척 많은 투자 책과 함께 다른 서가보다 많은 사람으로 붐비는 것을 볼 수 있다. 그중 진짜 투자에 도움이 되는 책을 고르는 것도 쉬운 일은 아니지만, 보컬 김형준 님의 책은 가장 돋보이는 존재라고 말할 수 있다.

수많은 실전투자대회에 참가해서 대회마다 최상위권에 입상한 사람이 우리 시장에 몇 명이나 더 있을까? 더구나 보컬 님이 참여한 실전투자대회는 상승장 뿐 아니라 하락장도 포함되어 있다. 그렇기에 그가 거둔 성적은 대단하다고 할 수밖에 없다. 그러니 그는 당당히 실력으로 이야기할 수 있는 몇 안 되는 보석 같은 존재이다.

주식시장에 정답은 없지만, 오답은 있다. 저자는 이 책을 통해 본인이 경험한 오답을 담담히 이야기하고 있다. 다른 책에서는 보기 힘든, 날것 그대로의 이야기를 들을 수 있다. 보컬 님의 실제 모습이 그러하듯 말이다.

그가 어떻게 주식시장에 뛰어들었고 어떤 어려움을 겪었는지, 그리고 그 과정에서 그가 느낀 좌절감을 생생히 느낄 수 있다. 그 좌절감을 극복하고 승자의 자리에 오르게 한 투자 방법들을 상세히 서술하여 설명해주고 있다.

책을 읽고 있는 동안 마치 내가 그가 된 것 같았다. 흥미진진하고 재미있었다. 책을 다 읽고 덮고 나서는 실전에 유용한 책이라는 것을 느꼈다. 그의 인생 이야기뿐만 아니라 실전투자에 필요한 저자만의 13가지 기술을 담았기 때문이다. 저자가 책에서 한 이야기는 한 줄 한 줄이 무거운 의미를 지니고 있다. 특히 "원칙은 세우는 것이 중요한 게 아니고 지키는 것이 중요하다"라는 말은 같은 길을 걸어온 트레이더로서 100퍼센트 동감하는 말이다.

그가 걸어온 길, 그리고 그 길에서 그가 느끼고 깨달았던 원칙은 급변하는 주식시장에서 큰 지침이 될 것이다. 그가 실제 경험에서 얻은 투자 원칙을 익히고 체화해 자신의 원칙으로 만든다면 흔들리지 않는 투자자로 거듭날 것이다.

아무쪼록 코로나19 팬데믹이라는 특수상황에 뛰어들어서 시장의 행운을 가득 만끽한 주식 초보자들이 반드시 이 책을 읽고 시장의 무서움을 조금이라도 느꼈으면 한다. 자타공인 고수의 투자 방법을 느껴보고 본인의 것으로 만들었으면 하는 바람이다. 이 책이 수많은 개인투자자에게 영감을 주기를 바란다.

성필규
알바트로스

경제적 자유를 위한 한걸음

요즘 주린이로 대변되는 투자자들의 최대 관심사 가운데 하나는 "어느 주식이 차기 급등주가 될 것인가"이다. 무슨 일이든지 수요가 있으면 공급도 따라붙기 마련이다. 이 수요에 대한 공급 방법은 대략 세 가지가 있다.

첫 번째는 경제신문이다. 투자를 하기 전에 경제신문을 3개월치 보면 급등주가 어느 주식이 될 것인지 알 수 있다. 두 번째는 투자 분석가(애널리스트)들이다. 그리고 세 번째는 투자 고수들이다.

요즘 국내 언론, 인터넷을 평정한 유튜브 플랫폼에서 가장 활발히 소개되는 투자 고수는 이 책의 저자인 보컬 김형준 님이다. 세력주에 대해 가장 일가견이 있다고 알려져 있다. 올해 주식투자 전망에 대해서는 "주린이가 하락장에 들어왔다면 손 털고 그만두는 사람이 생겼을 겁니다. 주식시장은 절대 쉬운 시장이 아닙니다"라는 알 듯 말 듯한 예견을 내놓았다. 그를 보면서 '이 세상에 수많은 직업이 있지만 어쩌다가 이처럼 독특한 직업을 갖게 되었을까' 하는 의문을 가졌다.

저자는 평생 기도를 해온 그야말로 신심이 높은 집안의 후손이다. 종교의 자유 문제로 공개할 수는 없지만, 그동안 만나온 투자 고수들 모두 신심 깊은 집안 출신이라는 공통점에서 벗어나지 않는다. 그런 와중에 자신의 경험을 체계적으로 정리한 이 책에서는 JEJUS와 12제자 콘셉트로 12원칙을 제시한 것을 보면 그의 통찰력이 갑자기 땅에서 솟아나는 기연만은 아님을 확신할 수 있다. 게다가 유튜브 '보컬경제TV'에서 10만 구독자의 성과를 보며 다재다능한 그의 저서가 여러분의 서재에 자리 잡는다면 모든 주린이의 열망인 경제적 문제에서 해방되는 순간에 한걸음 다가선 것이라고 믿는다.

정성근
이베스트투자증권 리테일사업부 대표

'차트에는 수많은 개인투자자의 욕망과 욕심이 담겨 있다'고 한다. 이 책의 저자인 김형준 작가 또한 그랬다. 그의 시작은 대부분의 사람과 마찬가지로 돈을 벌고 싶다는 욕심뿐이었기에 무모할 정도로 주식을 몰랐고, 그 결과는 처참했다.

하지만 그후 24년 동안 매일매일 차트를 봤고, 그 안에서 사람들의 심리를 읽어내기 시작했다. 사람들의 욕망 속 투자 포인트를 찾기 위한 김형준 저자의 13가지 방법이 담겨 있는 이 책을 통해, 매일매일 흔들리는 우리의 투자 심리를 다잡을 수 있기를 바란다.

김도윤 작가
유튜브 '김작가 TV' 채널 운영자

《실전투자의 비밀》이 출간된 지 10년 만에 개정판으로 돌아온 것을 축하한다. 실전투자대회에서 12회 이상 수상한 김형준 저자는 이미 이론과 실전을 겸비했다는 것을 입증하고 있다. 쓰라린 패배에도 굽히지 않은 그의 열정과 성공 비법을 이 책에서 자세히 볼 수 있다.

한봉호
《주식시장의 승부사들》 저자, 타스톡 대표

프롤로그

이기는 투자 습관을 만드는 확실한 방법

주식시장에 들어와 매매를 시작한 지도 어언 20년이 넘었다. 그럼에도 여전히 주식시장은 나에게 어려운 대상이며, 해가 지날수록 더 겸손해져야 한다는 생각을 한다. 사실 공부만 해서 성공할 수 있다면 누구든 주식 매매에 나서고자 할 것이다. 하지만 그것만으로는 절대 부족하다. 느낌과 경험치라는, 시간과 공을 들여야 하는 요소들이 더 많은 부분을 차지한다.

이 책을 집필하면서 그 부분을 표현하기 위해 많은 애를 쓰긴 했지만 도저히 표현되지 않는 부분도 있었다. 이에 대해서는 시장을 접해가면서 스스로 깨달을 수 있으리라 생각한다. '아, 저자가 하려고 하는 말이 이것이었구나' 하면서 눈이 뜨이는 날이 올 것이다.

주식시장은 쉽게 수익을 얻을 수 없는 곳일 뿐만 아니라 운이 좋아 쉽게 수익을 얻었다 하더라도 자신의 실력이 아닌 이상 모두 반납하게 되어 있는 곳이다. 종목을 추천해주는 전문가들도 수없이 많고 인터넷 포털을 도배하면서 종목 얘기를 해대는 돌팔이 고수들도 넘쳐나지만, 매매 결과에 책임을 져주는 사람은 아무도 없다. 그러므로 홀로서기를 하지 않고서는 이리저리 휘둘리다가 결국은 쓸쓸하게 시장에서 쫓겨나는 신세가 될 수밖에 없다.

주변 상황에 휘둘리지 않고 스스로 실력을 쌓으려는 투자자들을 생각하며, 나는 응원하는 마음으로 이 책을 썼다. 이 책은 2011년에 냈던 책을 개정한 것이다. 약간 바꾼 부분들도 있지만 개정 전 책에서 설명한 원칙들을 기본으로 하고 있다.

나의 주식 과거사도 들어가 있는데, 나의 못난 면들이 적나라하게 드러나 있기 때문에 심적으로 부담이 되는 것도 사실이다. 하지만 내가 초보였을 때 누군가 나를 붙들어 앉혀놓고 이 점들을 들려줬다면 얼마나 좋았을까 하는 생각을 많이 했다. 조금 먼저 시장에 진입해 여러 가지를 경험한 선배로서 독자 한 분 한 분과 마주보고 들려주는 이야기라고 생각했으면 좋겠다.

주식투자를 시자했다면 일단 돈을 벌어야 한다. 많은 사람이 논을 싸들고 이곳에 들어오지만 대부분이 손실을 낸다. 손실을 낸 투자자들은 이것 때문이다, 저것 때문이다 하면서 변명을 하곤 하지만 변명은 현실을 한 치도 바꿔주지 못한다. 오로지 스스로 실력을 키워 수익을 내는 길밖에 없다.

　　이 책을 읽은 사람들이 성공 투자자가 되기를 기원하면서….

김형준

김형준

《실전투자 절대지식》 저자

《주식시장의 승부사들》 공동저자

◆

매일경제 〈재야고수 실전투자의 비밀-고수들의 필살기〉 인터뷰

SBS CNBC의 〈투자불변의 법칙 필살기〉 출연

미래에셋증권, 하이투자증권 초청강연

MBC 〈PD수첩〉 고수의 인터뷰 출연

2006년	제2회 CJ투자증권 실전투자대회 백군리그 3위(수익률 300%)
2007년	제3회 CJ투자증권 실전투자대회 백군리그 2위(수익률 728%)
2008년	제4회 CJ투자증권 실전투자대회 청군리그 2위(수익률 338%)
2009년	제1회 미래에셋 실전투자대회 2천리그 우수상(수익률 170%)
2009년	키움왕중왕 실전투자대회 300리그 1위(수익률 429%)
2010년	제2회 미래에셋 실전투자대회 1천리그 3위(수익률 190%)
2010년	키움왕중왕 실전투자대회 3천리그 3위(수익률 140%)
2011년	미래에셋 실전투자대회 1천리그 1위(수익률 295%)
2014년	키움증권 실전투자대회 3천클럽 3위(수익률 113%)
2016년	미래에셋 실전투자대회 1억리그 1위(수익률 173%)
2017년	키움증권 실전투자대회 3천리그 1위(수익률 150%)
2018년	KB증권 실전투자대회 1억리그 2위(수익률 330%)

차 례

PART 1

내가 겪은 주식시장 이야기
피눈물 속에 얻은 투자 교훈

PART 2

매매 전 갖춰야 할 핵심 분석 능력

PART 3

최초 공개하는
13가지 실전 매매 기법

PART 4

주식시장, 그 이면의 이야기들

◆

**SECRET
OF REAL
TRADING**

◆

PART 1

내가 겪은 주식시장 이야기
피눈물 속에 얻은 투자 교훈

주식투자를 할 때 대부분의 투자자는 기법에만 매달리지만 마인드 컨트롤이 매우 중요하다. 주식시장은 내일도 열리고, 기다리다 보면 언젠가 기회가 온다. 하지만 주식투자를 시작할 때 절대로 투기식으로 접근해서는 안 된다. 투기가 아닌 재테크 방식으로 차근차근 접근해야 큰 실패 없이 성공할 수 있다.

인생 막장에서 투자대회 우승자가 되기까지

처음 주식시장을 알게 되다

나는 강원도 인제에서 군 생활을 했다. 보직은 80mm 박격포로 행군할 때마다 군장에 포 하나를 더 매야 했다. '이렇게 힘든 군대를 왜 왔을까'라는 생각으로 2년 2개월을 버텼다. 국방부의 시계는 느리게 갔지만, 결국 제대 날짜가 다가왔다.

1996년, 드디어 군대를 제대했다. 대학에 복학하기 전까지 시간도 있고, 돈도 벌어야겠다는 생각으로 삼성전자 공장에서 아르바이트를 시작했다. 삼성전자의 TV 브라운관을 조립하는 일을 3개월쯤 하고 있을 때 군대 고참에게서 전화가 왔다. 조경회사에서 사람을 구하는데 일도 편하고 보수도 많이 준다는 것이다.

보수가 많다는 말에 군대 고참이 알려준 곳으로 갔는데, 조경회사가 아닌 다단계 회사였다. 그곳에 간 첫날, 집에 간다고 하니 가방을 뺏고 돌려주지 않았다. 그러고 나서 3일만 네트워크 마케팅에 대한 설명을 들으면 돌려준다고 했다.

그렇게 3일 동안 네트워크 마케팅에 대한 설명을 듣는데, 슬며시 이런 생각이 드는 것이었다.

'정말 고수익이 가능할 것 같은데?'

하지만 자신들의 물건을 먼저 사고 마진을 붙여 팔라고 했다. 그런 다음 팀을 만들어 구매하는 물품이 많아지면 더 큰돈을 벌 수 있다고 했다.

'젠장, 물건도 사고 친구들도 꼬셔오라는 말이군.'

그때부터 그들은 본색을 드러냈다. 그 말을 듣는 순간 정신을 차리고 나가겠다고 말했다. 하지만 그들은 별의별 이야기를 하면서 잡아두려고 했다. 나는 보내주지 않을 거면 나를 죽이라고까지 말했다. 그러자 그들은 어쩔 수 없이 내보내주었고, 나는 그대로 경찰서로 갔다.

그곳에는 많은 사람이 합숙을 하면서 광신도처럼 "할 수 있다, 할 수 있다"를 외치고 있었다. 완전 사기였다. 그 당시 젊은 사람이 큰돈을 벌기는 힘들었다. 지금이야 아프리카TV나 유튜브, 인스타그램 등을 통해 큰 수익을 창출하는 사람들이 있기는 하지만, 그때는 힘든 일이었다.

그런 일을 겪은 후 나는 대학에 복학했다. 복학한 후 노는 것을 좋아했던 나는 군대에 가기 전 가입했던 록밴드 동아리에서 열심히 활동했다. 여자 친구도 사귀고 열심히 재미있게 살았다.

그렇게 정신없이 놀다 보니 대학 졸업반이 되었다. 이제 먹고살 걱정을 하지 않을 수 없었다. 일단 자격증이라도 따자는 생각으로 토목기사, 화약류관리기사, 대기환경기사 등의 자격증을 취득했다. 지금 생각해보면 '영어 공부나 열심히 할걸'이라는 생각이 들기도 한다.

그때 아는 동생이 주식에 대해 이야기를 했다. 1997년은 HTS가 보급되기 전이었다. 1998년에 스타크래프트가 출시되었고, 그에 맞춰 인터넷도 광랜이 보급되었다.

따라서 당시 주식에 투자하려면 증권회사에 전화를 걸어 주문해야 했다. 처음 주식에 대해 알아보던 중 '유한양행'을 발견했다. 전 국민이 알고 있는 안티푸라민을 만드는 제약회사였다. 1997년 IMF가 터지기 전에 전화주문으로 50만 원 정도를 투자해 유한양행의 주식을 샀다. 그때 나는 단타 매매라는 것은 알지 못했다.

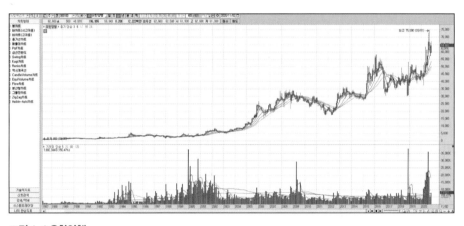

그림 1-1 유한양행

1997년 11월, IMF가 터지면서 1만 8,000원이던 유한양행의 주가는 반토막이 됐다. 처음 거래한 우량 종목이었는데, 나는 운이 없다고 생각했다. 그 주식은 장롱에 고이 모셔두었다.

첫 직장에 들어가다

대학교 4학년, 한 학기를 남겨둔 1998년 여름에 첫 직장에 취직하게 되었다. 당시는 IMF 이후로 취업난이 심각해 직장에 들어가기가 쉽지 않았다. 건설기계 관련 회사였는데, 첫 직장인 만큼 열심히 다녀야겠다고 마음먹었다.

내가 속한 부서는 기술 부서로 업체 관리와 기술 영업 등의 업무로 외근이 많았다. 나의 사수는 FM으로, 일할 때는 원칙을 매우 중시하는 사람이었다. 하지만 업무 이외에는 재미있게 생활했다. 그러던 어느 날 회식을 마친 후 집으로 가는데, 사수가 자신의 차를 타고 같이 가자고 했다. 술을 많이 마셔서, 내심 걱정은 됐지만 당시 사수와 우리 집은 가까운 거리에 있었기 때문에 그 차를 타게 되었다. 차를 타고 술도 깰 겸 창문을 열었는데, 바람에 안경이 날아갔다. 안경을 찾기 위해 차를 유턴하던 중 그만 사고가 나고 말았다. 사수는 쇄골이 골절되고, 나는 여기저기 타박상을 입어서 일주일 정도 입원하게 되었다. 물론 사수는 면허가 취소되었다.

퇴원 후 나는 다른 대리와 일을 하게 되었다. 이전 사수보다는 합이 잘 맞았다. 그러던 1998년 겨울, 대리와 함께 외근을 나가 일을 본 후 신한증권을 가게 되었다. 당시는 IMF 여파로 코스피와 코스닥지수는 계속 하락하고 있었다.

처음 유한양행 주식을 샀을 때 신한증권에서 계좌를 개설했었다. 실물 주권으로는 하나로통신 공모주를 갖고 있었다. 1999년 9월경부터 그 대리와 본격적으로 객장을 다니기 시작했는데, 그때 HTS 프로그램이 담긴 CD를 주었다. HTS가 도입되기 시작한 것이다.

그림 1-2 1999년 코스피지수

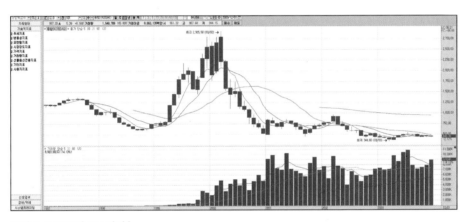

그림 1-3 1999년 코스닥지수

　　그때 장롱 속에 고이 모셔두었던 유한양행과 하나로통신 주가를 확인해보
았다. 유한양행은 2만 원이 조금 넘어 있었고, 하나로통신은 꽤 올라 있었다.
나는 여기저기서 종잣돈을 약간 끌어와서 주식투자를 다시 시작했다. 신문기
사를 보면서 좋은 종목을 찾던 중 골드뱅크와 텔슨전자가 눈에 들어왔다.

골드뱅크는 이름에 '골드'가 들어가니 왠지 좋아 보였다. 이 회사는 1997년 인포뱅크라는 이름으로 설립했는데, 그해 4월 골드뱅크로 사명을 변경한 후 1998년 10월에 상장된 회사였다. 그때는 어떤 회사인지 알아보지도 않고 그냥 이름에 이끌려 종목을 선정했었다. 당시 800원이었던 주가는 3만 7,000원까지 상승했고, 수익률은 1,000% 이상이었다. 투자금은 250만 원 정도였는데 2,000만 원 정도의 수익을 거둔 것이다. 하지만 2009년에 상장폐지되었다.

텔슨전자의 주식을 산 이유는 휴대전화 시장이 좋을 것 같아서였다. 텔슨전자의 주식에 투자해서 300만 원 정도의 수익을 거뒀다. 하지만 이 회사는 나중에 실적 악화로 삼성, LG, 팬택에 밀리면서 상장폐지되었다.

하나로통신, 유한양행, 골드뱅크, 텔슨전자의 주식을 모두 매도하자 3,000만 원 정도의 수익이 났다. '기술적 분석, 기본적 분석 따위 필요 없어. 주식은 그냥 느낌으로 하는 것이다!' 당시 나는 이렇게 생각했다. 지금 생각해보면 어이없어서 웃음만 나온다.

그렇게 5개월 만에 3,000만 원이라는 큰돈을 벌자, 회사생활을 하면서 버는 월급은 푼돈 같아 보였다. '인생은 럭셔리하게 사는 거지.' 당시 월급이 100만 원 정도였는데, 이런 생각으로 월급을 받는 족족 그대로 다 써버렸다. 이렇게 주식투자를 하면 한 달에 500만 원은 벌 수 있다는 자신감이 샘솟았다.

회사에 다니면서 어렵게 모은 종잣돈 500만 원으로 5개월 만에 3,000만 원을 벌었는데, 지금 내가 이 회사를 계속 다녀야 할까? 회사에 다니면서 매매하기에는 어려움이 있었다. 매일 HTS를 들여다보고 있을 수 없기 때문이다. '이렇게 큰돈을 짧은 시간에 벌 수 있는데, 내가 이 회사를 계속 다녀야 해? 인생은 한 방이라고, 젊을 때 크게 벌고 즐기자!'

이런 자신감으로 회사에 입사한 지 8개월 만에 사직서를 내고 2000년 2월부터 본격적으로 데이트레이더의 길로 들어서게 되었다. 당시 코스닥지수는 2,000포인트였다. 하지만 내가 전업투자자로 생활하기 시작할 무렵 코스닥의 거품이 사그라들고 있었다.

제시 리버모어와 같은 트레이더를 꿈꾸다

2000년 2월, 나는 데이트레이더로서 매매를 시작했다.

당시 밀레니엄이라는 말이 유행했었는데, 어디에나 밀레니엄이라는 말이 따라붙으며 새로운 천년에 대한 장밋빛 전망과 기대가 가득 담겨 있었다. 코스닥시장은 해를 넘어서도 상승을 지속하고 있었고, 조금만 더 힘을 내면 IMF에서 벗어날 수 있다는 희망이 사람들의 마음속에 자리 잡고 있었다.

당시 주식시장은 IT가 거의 주름을 잡고 있었다. 2017년에 비트코인, 알트코인이 무섭게 상승했던 것처럼, 당시 우리나라 경제는 IT를 통해 다시 시작되고 있었다. 나 또한 기대감에 가득 차 있었다. 5개월 만에 3,000만 원의 돈을 벌어들였으니 오죽하겠는가.

이제 이 3,000만 원으로 3억 원을 만들고, 30억 원으로 불린 다음 300억 원으로 키울 생각이었다. 충분히 자신감이 있었다. 어느 날 양재동에서 삼호빌딩 앞을 지나게 되었다. 그 빌딩을 보면서 '내가 3년 안에 저 빌딩을 사겠어'라고 결심하기도 했다.

지금 생각해보면 어디서 그런 무모함이 나왔는지 모르겠다. 하지만 목표를 정하고, 그 목표를 향해 나아가는 것은 좋은 일이다. 당시 8개월 정도 직장생활을 한 사회 초년생이었던 나는 이재(理財)에 밝지 못한 청년이었다. 청년다운 무지함과 어리숙함으로 나는 그렇게 주식시장에 야심차게 도전장을 내던졌다.

유치하고 자만심에 가득 찼던 나는 전업투자를 시작했다. 당시 HTS 이용 수수료가 0.5%, 매수/매도 세금까지 합치면 1.3%였다. 그런데 이게 생각했던 것보다 상당한 압박이었다. 한 번 사고파는 데 1.3%의 수수료를 내면서 데이트레이딩을 한다는 것은 큰 부담이 되었다.

종목을 선정하는 방법이나 주문하는 방법도 예전 그대로였다. 차트를 볼 줄 몰랐고, 거래량이 어떤 의미를 갖는지도 전혀 몰랐다. 기업 분석은 말할 것도 없었다. 그저 신문을 보다가 좋은 기사가 나오거나 방송에서 기업의 이름이 나오면 관심을 갖는 정도였다. 그렇게 차트도 보지 않고, 기업 분석도 하지 않은 채 급등주들 위주로 선정한 종목은 한아시스템, 오피콤, 파워텍, 새롬기술(2004년 솔본으로 사명 변경) 등이었다. 하지만 당시 IT를 이끌었던 대장주들 중 70%가 상장폐지된 것을 보면 엄청난 버블이었던 것 같다.

당시 2년 만에 미국의 나스닥지수도 5,000포인트에서 1,000포인트로 빠지고, 우리나라의 코스닥지수도 거의 3,000포인트에서 300포인트까지 하락했다. 이런 상황에서 주식시장은 투기 시장이 되어가는 듯했다.

내가 전업투자를 시작한 2000년 2월에는 그래도 지수가 상승해서 운 좋게 돈을 벌 수 있었다. 하지만 3월부터 IT 버블이 꺼지면서 코스닥은 대세하락기를 맞이했고, 나의 계좌에서도 미친 듯이 돈이 빠져나가기 시작했다. 어떠한 분석도 없이 종목을 선정하여 매매하다 보니 자꾸 돈을 잃게 되었고 결국 미수까지 사용하게 되었다. 지금처럼 LED 모니터가 아닌 뚱뚱한 브라운관 모니터를 보면서 하루하루 매매하는 것도 괴로웠다.

자고 일어나면 매일 마이너스가 되어 있는 나의 계좌!
지금까지 내가 돈을 벌었던 것은 순전히 운이 좋았기 때문이었다.

왜 하필 그때였을까. 왜 하필 내가 본격적으로 전업투자자가 된 그 시점에 코스닥 버블이 터졌을까. 누굴 탓할 수도 없었다. 그렇게 나는 버블 붕괴와 함께 첫 번째 깡통을 차게 되었다. 수많은 사람이 원금을 모두 날리고 시장을 떠났지만 나는 도저히 그럴 수가 없었다. 억울하기도 했지만, 오기가 생겼다. 하지만 내 돈은 시장 저편으로 모두 사라져버린 후였다.

분한 마음에 잠을 이룰 수가 없었다. 하지만 이대로 물러서기도 싫었다. 몇 번을 망설이다 돌아서기를 수차례, 결국 부모님께 도움을 청했다. '그까짓 거, 반년이면 10배 이상으로 만들 수 있는데'라는 생각이 강했다. 하지만 나이 서른이 가까운 아들놈이 대뜸 "주식으로 손실을 봤는데 복구하게 돈을 빌려주세요"라고 말하면 어느 부모가 좋아하겠는가. 그때 부모님께서 어떤 말씀을 하셨는지 기억나지는 않는다. 하지만 심하게 질책하시기보다 걱정을 먼저 하셨던 것 같다. '그래, 너를 믿는다'라는 부모님의 표정이 내 가슴을 날카롭게 찔렀다.

부모님께 빌린 돈은 2,000만 원이었다. 그 돈이면 빚도 금세 갚고 투자금도 다시 키울 수 있을 것이라고 믿었다. '내가 깡통을 찬 것은 내 탓이 아니고 시장 탓이야. 시장이 폭락해서 그런 것이니 나만 정신을 바짝 차리면 돼.'

심호흡을 한 후 나는 새롭게 각오를 다지고 다시 매매에 들어갔다. '낙폭이 큰 종목은 그만큼 다시 오를 테니까 그런 종목을 사자.' 이것이 당시 나의 논리였다. '많이 하락한 종목은 많이 오른 종목보다 상승할 여지가 크다.'

지금 생각하면 얼토당토하지 않은 발상이었다. 추세를 이탈한 종목은 하락 폭이 더 커지기 마련인데, 유치원생이 덧셈 뺄셈하듯이 내려간 만큼 올라갈 것이라고 생각한 것이다. 그만큼 매매에 대한 기본이 없었다.

예를 들면 이런 식이다. 지난 며칠 동안 많이 떨어진 종목을 500만 원어치

매수한다. 주가는 여전히 떨어진다. 주가가 어느 정도 더 떨어지면 1,000만 원 어치를 더 매수한다. 이렇게 하면 처음 매수한 가격까지 가지 않고 조금만 상승해도 수익을 낼 수 있을 것이라는 계산이었다. 그런데 주가가 더 떨어진다. 그러면 남은 돈을 몽땅 털어 추가로 매수한다. 어쨌든 낮은 주가에서 매수 수량을 늘리면 평균 매수가가 낮아지기 때문이다.

하지만 주가는 더 떨어진다. 그러면 '어, 어' 하면서 손만 바들바들 떨고 있다가 매도 버튼을 누른다. 손절매하는 것이다. 그리고 손실을 만회하기 위해 다른 종목을 찾는다. 이때도 종목을 선정하는 기준에는 변함이 없다. 때문에 역시나 몇 번의 물타기 끝에 손절매로 마무리된다. 어떤 때는 고점에서 추격 매수하다가 더 이상 상승하지 못하고 급락하면 그때 손절매한다.

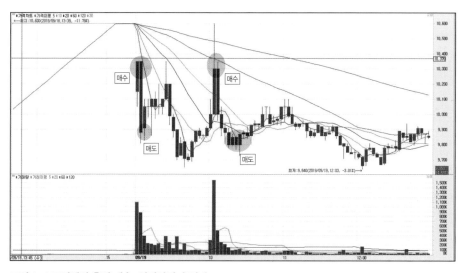

그림 1-4 고점에서 추격 매수, 하락하면 손절매

이런 식으로 수없이 사고팔기를 반복하다 보니 2,000만 원도 순식간에 사라졌다. 나의 3,000만 원과 부모님께 빌린 돈 2,000만 원이 모두 사라지기까지는

6개월밖에 걸리지 않았다. 손실도 손실이지만, 잦은 매매로 수수료가 엄청났다.

계좌의 잔고가 완전히 사라지던 순간, 나는 그저 멍하게 앉아 있었다. 꿈인지 현실인지 구분이 되지 않았다. 나는 꿈이길 바랐다. 이제 모니터 앞에서 더는 할 수 있는 일이 없었다. 넋이 나간 표정으로 한참을 그렇게 있었다. 얼마 후 정신을 차린 나는 이렇게 생각했다. '아, 주식시장은 내가 절대 이길 수 없는 상대구나.'

주식은 냉철한 분석이 필요한데 나는 도박을 하듯이 접근하고 있었다. 지금 돌이켜 보면 완전히 어리석은 매매를 하고 있었던 것이다. 내 돈만 잃는 것은 그나마 괜찮았지만, 부모님의 돈까지 모두 잃은 상황이었다. 6개월 만에 5,000만 원이라는 돈을 날리고 두 번째 깡통을 찼다. 그때 남아 있는 건 자동차 한 대뿐이었다.

그렇게 코스닥에서 돈을 모두 날린 나는 코스닥에 상장을 준비하고 있는 반도체 장비 업체에 다시 취직을 하게 되었다.

생애 첫 상장폐지를 당하다

다시는 주식시장에 발을 들여놓지 않겠다고 결심한 후 나는 직장을 찾기 위해 동분서주했다. 원점에서 다시 시작하는 것이 아니라, 빚까지 있는 상황이어서 마음이 급했다. 구인 기업을 알아보고 이력서를 쓰면서 이런 생각이 들었다. '첫 직장은 마음도 편하고 사람들도 좋았는데, 왜 그만둬서 이 고생을 하는 걸까.' 이번에 취직을 하면 절대 주식 같은 건 생각도 말고 일만 열심히 해야겠다고 다짐하고 또 다짐했다.

걱정했던 것보다 취직은 금세 되었고, 2000년 하반기에 반도체 장비 관련 회사에 출근했다. 코스닥시장에서는 한바탕 광란이 일어난 후 거품이 꺼진 상황이었지만, 현장에서는 아직 벤처의 힘이 남아 있었다. 내가 입사한 그 회사는 점점 번창해가고 있었고, 벤처기업이라는 의욕이 넘치고 있었다. '그래, 주식은 잊고 착실히 월급 타서 부모님에게 빌린 돈도 갚고 성실하게 저금도 하자.' 나는 마음을 다잡고 직장생활에 임했다.

그 회사는 LG실트론, 삼성전자, 하이닉스 등 반도체 후공정 분야에서 필요한 부품을 납품하는 회사였다. 그때 마음을 다잡고 설계일도 하고, 캐드 작업도 하고, 현장 관리 감독 일도 해야 했다. 하지만 설계일은 나의 적성에 맞지 않았다. 나의 선임인 윤 과장은 내게 많은 회사 일을 가르쳐 주었다. 그러는 동안에도 나는 주식 생각을 하고 있었다. 결심과 달리 주식에 대한 생각을 완전히 떨쳐내지 못한 것이었다.

주식에 미련을 버리지 못한 나는 처음으로 신용대출을 받았다. 그리고 한일합섬과 해태제과에 올인했다. '단타 매매를 하지 않고, 회사 일에 집중하면서 차분히 매매하자'라고 생각했다. 하지만 결과는 상장폐지였다. 한일합섬의 주식을 산 이유는 그 회사가 소유한 땅이 많아서였고, 해태제과는 부라보콘을 좋아해서였다. 주식을 정리해보니 투자한 500만 원은 50만 원이 되어 있었다.

'내가 두 번 다시 주식투자를 하면 사람도 아니다.' 이런 마음으로 직장생활에 전념했다. 하지만 계속해서 성장할 것만 같던 회사는 점점 상황이 나빠지고 있었고, 월급도 깎였다.

2001년이 되면서 회사에는 더 이상 일거리가 들어오지 않았다. 회사에 나가서도 마땅히 할 일도 없었다. 조만간 회사를 그만둬야 할 것 같았다. 그러던 중 윤 과장이 주식투자를 하는 것을 보았다. HTS에서 차트를 보면서 5일, 10일 이동평균선, 거래량 등을 분석하고 있었다.

당시에는 기술적 분석이나 차트 분석이 일반적이지 않았다. 대체로 체결가가 어떻게 움직이는지를 보면서 올라가면 사고, 내려가면 파는 식이었다. 나 역시도 HTS를 보긴 했지만, 차트를 분석해서 정보를 얻는다는 것은 생각해본 적이 없었다. 돌이켜보면 웃음밖에 나지 않지만, 당시 내 매매 수준이 그랬다. 나는 일봉과 분봉이 뭔지도 몰랐고 주식 책을 사서 보지도 않았다. 주식투자에 대해 알려주는 책이 있을 것이라고 생각하지도 못했다. 그 이유는 어쩌면 내가 돈 놓고 돈 먹기 식으로 주식시장을 바라봤기 때문일 것이다. 그때까지 순전히 돈을 걸고 내 운을 시험하고 있었다.

나는 어깨너머로 윤 과장의 매매 방법을 지켜보는 시간이 많아졌고, 궁금한 것이 있으면 바로 물어보면서 해결했다.

"여기 말이야. 앞에서 이 가격에 거래가 많았잖아. 그러면 당연히 여기를 주목하는 사람들이 많겠지. 주가가 떨어졌다가 여기까지 올라오면 사람들은 어떻게 생각하겠어? 또 떨어질지 모르니까 본전이라도 찾자는 생각에 파는 사람들이 많아지겠지? 반대의 경우는 좀 달라. 주가가 올라가다가 이 근방까지 오면 상승에 기분이 좋아져서 수량을 더 늘리려고 할 거야. 이전 가격에 매수를 못해 상승을 쳐다보기만 했던 사람들은 옳다구나 하고 매수하려고 나서겠지. 다시 올라갈 것 같으니까."

윤 과장의 설명을 들어보니 과연 일리가 있었다. 그래서 이렇게 물었다.

"과장님은 주식투자로 돈을 많이 버셨겠네요?"

"내가 그러면 직장 다니겠냐? 회사에 일거리가 없으니까 이러고 있는 거지."

나름 명언이었다. 주식투자는 시작하기는 어렵지만, 한 번 발을 들이면 끊기 어려운 게 주식이다.

윤 과장은 이동평균선과 지지, 저항에 대해서도 설명해주었다. 대략적인 개념을 파악한 후 나도 차트에 이리저리 선을 그어보고 실제로 맞는지 실험해봤다. 그러자 참 신기할 정도로 맞아떨어졌다. 아니, 정확히 맞아떨어진 것은 아니었지만 나는 그렇게 믿고 싶었고, 그대로 믿어버렸다.

이후 나는 이전과 달라졌다. 차트도 볼 줄 알고, 기술적 분석에 대해서도 알게 되었다. 하나씩 알아갈수록 마음이 들뜨기 시작했다. 착실히 직장생활 해서 저금도 하고, 부모님께 빌린 돈도 갚아나가겠다는 마음은 어딘가로 사라졌다. 그리고 주식투자 한 번으로 모든 걸 만회하자는 생각이 커져갔다. 그래서 그동안 모은 돈을 모두 주식계좌에 넣었다. 이 돈까지 모두 날리면 어떻게 될까 하는 생각에 가슴이 두근두근했다. 하지만 이제 충분한 기술을 갖췄으니 예전과 같지는 않을 것이라며 스스로를 다독였다. 매매에 나서기 전 나름대로 공부도 많이 했다. 하지만 주식시장은 나를 또다시 걷어찼다.

당시 나의 매매를 〈그림 1-5〉에 대략적으로 표현해봤다. 실제 매매한 종목은 조아제약이었는데, 당시 분 차트를 찾을 수 없어서 비슷한 사례로 설명했다.

그림 1-5 조아제약 실제 매매 사례

장이 시작됐다. 어제 종가보다 높이 떠서 출발한다. 그런데 한 시간 동안 밀리면서 전일 종가에서 머뭇거린다. "이동평균선 수렴했네. 자, 매수!"

그다음 한 시간 동안은 살짝 밀렸다가 반등하면서 이동평균선에 붙어서 움직인다. 그러다가 그다음 한 시간 동안 쭈욱 밀린다. "어, 투매가 나오네. 아름다운 조정이야, 매수!"

물량을 늘리자 과연 반등이 나온다. 그럼 그렇지. 하지만 이후 한 시간 동안 그 수준에서 버티다가 막판 5분 동안 한꺼번에 밀린다. "세력들이 물량을 뺏으려고 난리를 치는군. 질 수 없지, 풀 베팅!"

자금을 몽땅 털어 넣었으니 이제 기다리는 일만 남았다. 주가는 한 시간 동안 서서히 올라간다. "조금만 더, 조금만 더!" 이제는 할 일도 없어서 차트에서 눈을 떼지 않은 채 마술사처럼 주문을 외운다.

2시 30분, '이대로 마감하고 내일 오르려나?' 하지만 웬걸. 장 막판에 대규모 물량이 쏟아지면서 손 쓸 새도 없이 폭락한다. 머릿속이 텅 비고 어쩔 줄 모르는 상태가 된다. '이러다 하한가 맞는 건 아닐까?' 버티고 버티다 장 마감을 몇 분 앞두고 손절매한다. '손실이 크지만 하한가를 맞는 것보다는 나으니까….'

하지만 하한가는커녕 내 물량을 삼키고 주가는 방향을 바꾼다. 그리고 다음 날 급등한다.

조아제약을 매매할 때 실제로 이랬다. 내가 매매에 뛰어든 그날 조아제약은 전날 상한가로 마감된 상황이었다. 당일 분 차트를 주시하고 있었는데 주가는 여전히 상승세였다. +7%에 매수했다. 역시 상승은 거침없이 계속되어 +13%에 육박했다. 이건 보나마나 상한가라는 생각에 추격 매수로 물량을 늘렸다.

그런데 내가 추가 매수를 한 시점에서 고점을 찍고 처음 매수했던 가격 아래로 떨어지는 것이었다. 물량을 늘릴 기회라며 좋다고 추가 매수했다. 하지만 주가는 시가를 지나 전일 종가까지 떨어졌다. '싸게 사면 더 좋지' 하는 생각에 남은 자금을 모두 동원해 물량을 늘렸다.

하지만 그게 끝이 아니었다. -5%까지 떨어졌다. 그때부터는 제정신이 아니었다. '이제 더 살 돈도 없고, 최고점에서 산 물량은 이미 15%가 넘게 떨어졌다. 이렇게 큰 손실을 보고 매도할 수는 없다. 어떡하지. 그렇지, 지금 물량을 추가한다면 조금만 반등해도 본전은 찾을 수 있을 거야.' 머릿속이 두서없이 바쁘게 움직이면서 미수를 떠올렸다. 결국 -5%에서 미수로 풀 베팅을 했다.

그렇지만 주가는 더 하락해서 -10%! 완전히 공포에 질린 나는 하한가로 가기 전에 얼마라도 건져보겠다고 떨면서 손절매를 했다. 원금이 한순간에 반토막이 되어버렸다. 그런데 이번에는 약간 더 빠지는 듯하더니 반등을 해 -5%가 되는 것이다. 그리고도 더 올라가 보합까지 다다랐다. 한두 호가만 올라가면 전일 종가를 넘어서는 것이었다. '조금만 참을걸' 하는 생각으로 자책하며 재매수를 했다. 원금도 줄어든 상태였기 때문에 손실을 빨리 복구하려면 미수를 사용하는 수밖에 없다고 생각했고, 미수로 풀 베팅을 했다.

그런데 내가 매수를 하자마자 주가는 방향을 바꾸는 것이었다. 참 환장할 노릇이었다. 버티다가 손절매를 했다. 그런데 내가 손절매를 하자 반등했다. 풀 미수로 재매수하자 다시 반락했다. 손절매, 손절매, 손절매!

장이 마감되고 내 계좌에 남은 건 몇 천 원이 전부였다. 믿을 수가 없었다. 1,000만 원이 하루 만에 몇 천 원이 되다니…. 이제 깜박거림을 멈춘 호가창과 지나간 분 차트를 보면서 나는 망연자실했다. 그동안 회사에 다니면서 번 돈을 한 방에 털어 넣다니, 이런….

아비규환의 상황이 지나고 나를 향해 제일 먼저 욕이 나왔다. 찬찬히 다시 보니 내가 매수했던 자리는 매도해야 할 자리였고, 급하게 손절매하느라 기를 쓰고 매도했던 자리는 오히려 풀 베팅해야 하는 자리였다. 결과를 보고 이렇게 말하는 것은 쉽다. 그다음 주가가 어떻게 움직였는지 볼 수 있기 때문이다. 하지만 적어도 처음 매매에서 실패했을 때 손실을 감수했어야 했다. 손실을 본 것이 아까워 급한 마음에 덤빌 것이 아니라 차라리 그 자리를 떠났어야 했다.

하지만 사후약방문(死後藥方文)이라고 지금 와서 후회한들 뭐가 달라지겠는가. 다시 월급이나 바라보고 사는 수밖에 없었다. 빚은 더 늘었고, 삶은 더 팍팍해졌다. 그런데 엎친 데 덮친 격으로 회사 사정은 더 나빠져 문을 닫을 지경에 이르렀다. 입사 초기에는 제법 주목받는 벤처기업이었는데, 몇 년 새 상황이 바뀐 것이다. 진퇴양난의 상황에서 나는 또다시 취직 자리를 찾아봐야 했다.

인생 최고의 위기가 찾아오다

다행히 학창시절에 국가기술자격증을 많이 따놓아서 재취업은 그나마 수월했다. 시화공단에 위치한 이름 있는 회사에 들어가게 되었다. '공단에서 일하게 되면 돈 쓸 일이 없으니, 돈을 좀 모으겠지'라는 생각이었다. 두 번 다시 주식시장은 쳐다보지도 말아야겠다는 생각과 함께. 하지만 개 버릇 남 못 준다고 하던가. 나는 다시 주식시장을 기웃거리기 시작했다.

그 회사에서는 사무실을 나 혼자 썼기 때문에, 행동이 훨씬 자유로웠다. 업무를 차질만 없이 해내면 내가 HTS를 보든 말든 간섭할 사람이 없었다. 모든 의욕을 상실한 채 업무에만 집중하려 했지만, 아무리 생각해봐도 주식시장에서 잃은 돈이 너무나 아까웠다. 맡은 업무를 끝내고 나면 조아제약에 투자했던 기억이 있다.

2002년 하반기에 조아제약은 가장 화려한 종목 중 하나였다. 2개월 만에 10배 이상 상승하여 사람들이 눈에 불을 켜고 달려들었고, 나도 그중 하나였다. 아무리 10배 이상 상승했다고 해도 그 종목에 투자하여 돈을 번 개미들은 몇 안 될 것이다. 아마 나처럼 돈을 모두 털린 사람들이 대부분일 것이다. 하지만 그때 나는 나만 빼고 모든 사람이 돈을 벌었을 것이라고 생각했다. 패배감은 이루 말할 수 없었고, 주식시장을 한 대라도 때려야 극복될 것 같았다.

나는 다시 도전하기 위해 자금을 모았다. 이전에 비하면 푼돈이었지만, 직장생활을 하면서 공부하는 셈치고 차분히 매매했다. 직접 매매를 하면서 차트에 대한 감을 익히고, 거래량에 대한 안목도 키워갔다. 하지만 자금이 적어서 그랬는지, 의욕적으로 덤비지 않아서 그랬는지 모르겠지만 큰 변동 없이 잃었다 벌기를 반복할 뿐이었다.

그러던 중 신규주에 눈을 돌리게 되었다. 당시에는 포항강판, 삼성출판사 등 신규주들이 상장만 되면 무조건 상한가를 찍었다. 하락하더라도 일단 거래 첫날은 상한가로 갔다. 그것을 보고 '아, 신규 상장되면 무조건 상한가를 한 번은 가는구나'라고 생각했다. 그래서 공모가나 회사 내용은 보지 않고 신규주가 있는지를 찾았다. 지금 생각해보면 어리석은 행동이었지만, 당시 나로서는 매우 귀한 발견이었다.

그렇게 신규주를 찾아 첫 거래날을 기다려 매매를 시작했다. 첫 번째 신규주 매매 종목은 한농화성이었다. 500만 원으로 매수했는데, 불과 10분 만에 상한가를 찍었다! 500만 원을 투자해서 10분 만에 75만 원을 벌다니 정말 오랜만에 맛보는 희열이었다. 얼마나 뿌듯하던지! 지금까지 왜 이걸 몰랐을까. 나는 다음 종목을 열심히 찾았다. 그때 내 레이더에 DSR제강이 포착됐다.

'그래, 이 기회에 다시 일어서자!'

2003년 주식시장의 가격제한폭은 거래소의 경우 ±15%, 코스닥은 ±12%(2005년부터 ±15%)였다. 그러다 2015년부터 ±30%로 확대되었다.

문제는 투자금이었다. 월급날은 아직 멀었고, 사실 월급만으로는 크게 한 방 터트릴 수 없었다. 더군다나 은행에는 아직 신용대출금이 남아 있기 때문에 더는 빌리기 어려웠다. 결국 찾아갈 곳은 또 부모님밖에 없었다. 지난번 빌린 돈까지 한꺼번에 갚아드리겠다고, 이번에는 정말 확실하다고 설득하고 또 설득했다. 그렇게 5,000만 원을 어렵게 빌릴 수 있었다. 무슨 일이든 처음 하기가 어려운 법이다. 지난번보다 더 큰 금액을 빌렸지만, 처음보다 어렵지 않았다. 죄송

한 마음은 컸지만, 막다른 골목에 몰린 나는 체면 따위를 차릴 상황이 아니었다.

일단 5,000만 원이 마련되었으니 조금만 더 보태면 모든 문제를 해결할 수 있을 것이라는 욕심이 생겼다. 당시에는 길거리에서 누구에게나 신용카드를 발급해주었다. 나는 버젓이 직장도 다니고 있으니 카드사에서는 앞다투어 고객으로 모시고 싶었을 것이다.

내가 갖고 있던 카드는 10개 정도였는데, 현금서비스를 최고한도까지 받아 5,000만 원을 마련했다. 하지만 이 정도 돈으로도 부족하다고 생각했고, 은행에서 어렵게 신용대출로 3,000만 원을 더 빌렸다. 그리고 친구들과 지인들에게 연락해 돈을 빌려 총 2억 원을 마련했다. 이 정도 자금이라면 충분하다고, DSR제강 거래만 시작하면 된다고 생각했다.

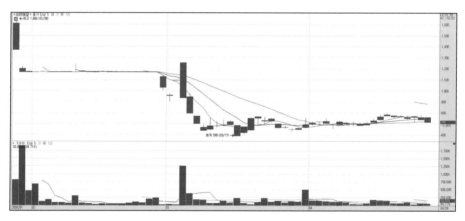

그림 1-6 DSR제강 최초 상장하기 전

드디어 그날! 2003년 1월 28일에 나는 시가부터 공격적으로 나갔다. 2억 원의 자금을 몽땅 털어 넣은 것이다. '자, 상한가 한 방이면 모든 게 해결된다!'

시가가 1,610원에 형성됐고, 1분 만에 아주 소폭으로 오르기 시작했다.

'그래, 이대로 상한가까지 가자!'

하지만 1,660원으로 50원이 오른 주가는 더 이상 상승하지 못하고 곤두박질 쳤다. 그리고 시가보다 낮아져 마이너스로 향해 가고 있었다. 신규주는 전일비 가 아니라 당일 시가 기준으로 비율을 계산해야 한다. '어, 상한가로 가야 되는 데 왜 이러지?'

넋이 나간 나는 -3%에 미수를 풀로 이용해 물량을 받쳐두었다. 하지만 모두 체결되고도 힘없이 미끄러져 하한가까지 가고 있었다. 하한가에 이르렀을 때, 아직 매수 잔량이 남아 있을 때 손절매를 했으면 상황은 조금 나아졌을 것이다. 그러나 나는 너무 떨려서 몸과 마음이 따로 놀고 있는 것처럼 느껴졌다. 그 상 황에서 내가 할 수 있는 일이라고는 그저 바라보고 있는 것이 전부였다. 그러는 동안 매수 잔량도 모두 사라지고 하한가에 매도 잔량이 쌓여갔다.

매수 금액 5억 원에 하한가를 맞으니 7,000만 원가량의 손실이 발생했다. 하 루 만에, 아니 몇 시간 만에 7,000만 원이 사라진 것이다. 그 돈과 함께 삶의 의 욕도 사라졌다. 회사에 있다는 사실도 잊은 채 무작정 밖으로 나왔다.

한겨울이었지만 그때 날씨가 어땠는지 전혀 기억이 나지 않는다. 햇살이 비 쳤고, 단지 그 햇살이 싫다는 느낌만 생각난다. 살아 있다는 사실조차 싫었다. 그날 나는 소주와 수면제를 사서 여관으로 들어갔다.

소주에 수면제를 타서 먹고 분노와 울분에 차서 잠들었는데, 아침이 되자 평소처럼 눈이 떠졌다. '빌어먹을!' 그저 머리만 깨질 듯 아팠다. 그때 내 머릿속 에 제일 먼저 찾아든 것은 아직 DSR제강 주식 30여만 주가 내 계좌에 남아 있 다는 사실이었다. 이것을 어떻게든 처리해야 했다. 그대로 출근을 했고, 상사 는 업무 중에 사라져서 이제야 나타났느냐며 질책했다. 하지만 내 귀에는 그 소리가 들리지 않았다. 당장 급한 건 DSR제강의 주식을 처분하는 것이었다.

사무실로 들어간 나는 HTS를 켜고 장이 시작되길 기다렸다. 장전 예상 체결가를 보니 -11% 정도였다. 악몽이 계속되고 있었다. 장이 시작되었고, 시가는 예상가보다 더 내려가 -12.41%로 형성되었다. 거기서 몇 호가가 올라가긴 했지만 힘이 없었다. 역시 거세게 밀리기 시작했다. '어떻게 해야 할까, 그냥 들고 갈까? 그러다 내일 또 떨어지면 어떡하지.'

머릿속이 복잡해서 어떤 판단도 내릴 수가 없었다. 하지만 미수를 사용했기 때문에 팔긴 팔아야 했다. 하락 속도는 더욱 빨라져 -13%까지 하락했다. 또 한 번의 하한가를 맞을 것 같다는 공포감에 전량 매도했다. 거의 하한가에 매도해서 계좌에는 겨우 5,000만~6,000만 원 정도만 남게 되었다.

나중에야 깨달은 것이지만 당시 DSR제강의 시가를 띄운 것은 순전히 내 돈 때문이었다. 당시 난 완전히 어리석은 매매를 하고 있었던 것이다. 예상 체결량을 보면서 그 금액에 맞게 주문을 넣어야 했는데 내가 시가에 주문을 넣어 시가를 상승시킨 것이다. 당시 DSR제강의 공모가는 1,300원이었다. 내가 물타기를 하면서 첫날 기관과 구주주 물량을 모두 받은 것이었다. 신규주는 공모가, 구주주 물량, 유통 물량 그리고 기업 분석, 업황 분석, 영업이익 등 모든 것을 계산해서 들어가야 한다. 하지만 나는 신규주 몇 개가 상한가로 가는 것을 보고 무조건 여기저기서 돈을 끌어와 올인을 했으니….

문제는 여기서 끝나지 않았다. 완전히 이성을 잃은 나는 원금을 복구할 다른 종목을 찾아나섰다. 아무 종목이나 분 차트를 띄워놓고 떨어지던 주가가 반등할 기미가 보이면 미수로 풀 베팅하고 손절매를 했다. 그리고 차트를 보면서 다른 종목을 찾아 미수 풀 베팅, 손절매를 반복했다. 완전히 미쳐 있었다. 이틀 정도 그렇게 보내고 나니 원금 회복은커녕 계좌에는 1,000만 원밖에 남아 있지 않았다. 며칠 만에 2억 원이 1,000만 원이 된 것이다.

그때 돈을 빌려준 지인이 급하게 돈을 돌려달라고 해서 1,000만 원을 보내주고 나니 완전히 제로가 되었다. 전업투자로 들어선 후 코스닥과 함께 무너진 첫 번째 실패, 한일합섬과 조아제약으로 쓴 잔을 마신 두 번째 실패 그리고 너무나 어리석은 세 번째 실패. 실패를 반복할수록 성장하는 것이 아니라 빚만 눈덩이처럼 커졌다. 실패할 때마다 이보다 더 나빠질 수 없을 것이라고 생각했지만, 상황은 계속해서 더 나빠졌다. 서른한 살의 나이에 2억 원의 빚이라니···. 나는 평생 이 돈을 갚기 위해 시달릴 것이다.

무슨 생각으로 살아가고 있는지 몰랐다. 옷만 걸쳐 입은 허깨비로 아무 감정도 느끼지 못한 채 출퇴근을 반복했다. 하지만 그런 생활도 오래가지 못했다. 현금서비스 납입일이 다가오고 신용대출 만기가 지나면서 독촉 전화가 걸려오기 시작했다. 나중에는 회사까지 찾아오는 바람에 더는 회사를 다닐 수 없게 되었다. 회사에 다니며 월급을 받는다고 해도 그 돈으로 원금은커녕 이자도 낼 수 없었기 때문에 결국 사직서를 제출했다.

회사를 그만두고 다시 전업투자자가 되다

회사를 그만두고 다시 전업투자자가 되었다. 당시 주식 카페를 운용하고 있었는데, 지금의 유사투자자문업과는 달리 진짜 순수한 주식모임이었다. 그곳에서 한 번씩 종목을 추천했는데, 그 종목의 주가가 많이 오르곤 했다. 하지만 아이러니하게도 나는 별로 수익을 내지 못했다. 종목을 추천할 때는 안전한 종목 위주로 했고, 내가 투자할 때는 탐욕에 빠져 급등주, 신규주 위주로 한 방을 바라는 매매만 했기 때문이다.

당시 내가 추천한 종목에 투자해서 돈을 번 동생들이 있었는데, 직장을 그만뒀다고 하니 함께 매매를 하자고 했다. 그중 나름 큰돈을 번 한 명이 아파트 보증금을 지불했다. 보증금 1,000만 원에 월세 45만 원이었는데, 생활비를 포함해서 세 명이 30만 원씩 각출하기로 했다.

2003년 봄, 햇살은 따스했고 당시에는 미세먼지도 없었다. 날씨도 너무 좋은 봄날, 나는 다시 시작을 준비했다. 첫날 우리는 소주와 맥주를 마시며 회식을 했다. "1년 뒤 멋지게 나가는 거야." 우리는 힘차게 각오를 다졌다.

좌식 테이블에 구식 브라운관 모니터를 앞에 두고 앉아 하루 종일 매매에 집중했다. 그때 너무 오래 앉아 있어서 나중에 허리 수술까지 받아야 했다.

그래도 주식투자를 한 경력이 있어서 나는 쉽게 깨지지는 않았다. 하지만 많은 돈을 벌지는 못했고 겨우 생활을 유지할 정도였다. 나 역시도 뛰어난 실력자는 아니었기 때문에 두 동생들을 건사할 여력이 없었다. 두 동생들은 계속해서 손해가 나기 시작했다. 그동안 안전한 종목으로 스윙 투자와 중·장기 투자로 돈을 벌었기 때문에 데이트레이딩을 하는 게 쉽지 않았을 것이다.

그렇게 한 달, 두 달이 지나자 점점 돈이 없어졌다. 아파트 보증금을 냈던 동생은 보증금을 빼서 투자 자금으로 쓰겠다고 했고, 우리는 더 싼 집으로 옮겨야 했다. 그때 돈을 한 계좌에 모아서 함께 매매를 하는 게 어떻겠느냐고 제안했다. 모두 동의했고, 한 사람의 계좌에 돈을 전부 넣었다. 그렇게 다음 주부터 매매하기로 했는데, 주말 동안 그 계좌의 주인이 사라져버렸다. 아무리 전화를 해도 받지 않다가 겨우 연락이 되었는데, 자기는 이제 빠지겠다는 것이었다. 그렇게 자기 몫의 돈을 빼고 우리에게 나머지를 돌려주었다. 남은 우리는 맥이 빠졌다. 힘들면 그냥 간다고 말하면 될 것을 왜 그렇게 해야 했을까. 인간적인 정이 그리워서 함께했던 것인데 너무 씁쓸했다. 결국 우리는 아파트를 나왔고, 각자의 길을 가게 되었다.

다시 혼자서 매매를 시작했다. 그러던 중 주식포털에서 이름난 고수 한 사람과 연락이 닿았는데, 기꺼이 자신의 기법을 전수해주겠다고 했다. 대신 자신도 그 기법을 깨우치기 위해 고생했으니 수업료로 100만 원을 요구했다. 그 사람이 쓴 글은 상당히 전문적으로 보였기 때문에 나는 선뜻 그러겠다고 했다.

100만 원을 들고 약속한 PC방으로 갔다. 전화로는 자신의 계좌를 보여주기로 했는데, 정작 만나고 보니 공인인증서를 안 갖고 왔다는 핑계를 대는 것이었다. 약간 미심쩍긴 했지만, 그래도 고수의 기법을 배워야겠다는 절박함에 넘어갔다. 하지만 30분 정도 설명을 들었는데 핵심은 하나도 없었다. 양봉이 두 개 나오면 매수하라는 말만 하면서 이런저런 차트를 뒤적거릴 뿐이었다. 그러더니 이것만 알면 반드시 돈을 벌 수 있다고 말하면서 100만 원을 들고 횡하니 가버렸다.

지금이야 몇 마디 말만 들어도 상대가 고수인지 사기꾼인지 알아채지만 그때 나는 초보였다. 심증은 있는데 물증이 없는 것처럼 그의 말이 미심쩍긴 했지만 딱히 따질 만한 실력이 안 되어서 닭 쫓던 개 지붕 쳐다보는 격으로 그의 행동을 바라보기만 할 수밖에 없었다. 집으로 돌아와 혹시나 하는 마음에 그 사람이 가르쳐준 방법을 연구해보았다. 그리고 어느 정도 실험을 해본 후 매매에 적용했다. 하지만 역시나! 들어가는 족족 손실만 내고 나왔다. '내가 미쳤지. 그런 기법에 피 같은 돈 100만 원을 갖다 바치다니.'

당시 나에게 100만 원은 1억 원 같았다.

지금 돌이켜보니 허탈한 일들뿐이었다. 왜 그렇게 어리숙했을까. 왜 그렇게 세상물정 모르고 날뛰었을까. 30대 초반, 아직 인생을 제대로 시작도 하기 전에 2억 원이라는 빚에 묶여 있다는 것을 생각해보라. 물론 내가 자초한 일이긴 하지만 어디에서 무엇을 하든 그 빚의 압박에서 벗어날 수 없다는 좌절감에 미칠 지경이었다. 나는 그 빚을 갚기 위해 하지 못할 일이 없었다. 하지만 그렇게 발버둥 쳤지만 여전히 앞길은 보이지 않고 암담하기만 했다.

몇 달간의 전업생활을 마치고 아파트를 나온 후 어디로 가야 할지 몰랐다. 그때 대학 동아리에서 드럼을 쳤던 후배가 떠올랐다. 그 후배는 선물옵션을 하고 있었는데 당시 1억 원까지 벌었다가 한순간에 다 잃고 오이도에 있다고 했다. 나는 발걸음을 옮겨 오이도로 향했다.

외로운 곳, 오이도에서

오이도로 향하는 길에 오만 가지 생각이 들었다. 왜 주식이라는 걸 알아가지고 이렇게 오갈 데 없는 신세가 되었을까. 착실히 직장 다니면서 결혼도 하고 남들처럼 평범하게 살 수 있었는데…. 오이도에 도착해 후배를 찾아갔다. 그 후배는 원룸에서 재기를 꿈꾸며 짜장면 배달을 하면서 모의투자를 하고 있었다. 나는 상황을 설명하고 당분간 이곳에서 지낼 수 있는지 물었다. 후배는 선뜻 그러라고 했다. 그렇게 나의 오이도 생활이 시작되었다.

오랜만에 만난 우리는 밤새 이야기를 나누었다. 그 후배는 선물옵션 투자를 하면서 옵션으로 큰돈을 벌기도 했지만, 한 방에 모두 잃었다고 했다. 옵션은 도박성이 강하기 때문에 아무리 돈을 잘 벌더라도 한순간에 모두 잃을 수 있는 위험성이 크다고 했다. 지금은 철저하게 시스템트레이딩을 이용한 선물 매매로 돈을 벌기로 결심했다고 말했다.

후배와 생활하면서 나는 선물과 옵션 매매하는 법을 지켜보았다. 처음에는 뭐가 뭔지 전혀 몰랐는데, 매매하는 방법을 보고 설명을 들으면서 점차 매력적으로 느껴졌다.

일단 주식투자처럼 이런저런 분석을 하지 않아도 된다는 점이 좋았다. 주식은 기술적 분석이나 기본적 분석이 어느 정도 된다고 해도 그 종목의 특성과 힘을 파악하는 것이 쉽지 않다. 예를 들어 일봉이 비슷한 모양을 만들어간다고 해도 어느 종목은 20일 이동평균선에서 반등하지만, 어떤 종목은 20일 이동평균선을 깨고 한참을 하락하기도 한다. 즉 같은 상황, 같은 패턴이라도 종목의 특성과 주포(주요 세력)의 힘에 따라 반등 자리가 달라진다.

이걸 깨우치기 위해서는 공부만 한다고 되는 일이 아니다. 가장 중요한 것은 경험치가 쌓여야 한다. 지금은 웬만한 종목의 이름만 들어도 대충 그 힘을 파악할 수 있다. 그러나 오이도에 있던 당시 나는 그런 능력이 없었다. 그 이후로도 한참을 깨지고 복기하면서 점점 터득해나갔다.

당시 주식의 종목별 힘을 파악할 능력이 없었던 나는 선물 매매가 쉬워 보였다. 나는 후배와 함께 대여계좌를 만들었다. 대여계좌는 돈이 없는 사람이 빌려 쓰는 계좌라고 할 수 있는데, 소량의 보증금으로 한 달의 사용료를 내는 것이다. 짜장면 배달을 하던 후배는 일을 그만두고 나와 함께 선물옵션 시장으로 컴백했다.

나는 후배와 함께 선물 매매를 시작했다. 처음이라 조심스럽게 접근했기 때문에 잃지도 않았지만 돈을 벌지도 못했다. 후배도 처음에는 조심스럽게 매매를 잘했다. 그러다 크게 베팅을 했는데, 그것이 잘못되어버렸다. 후배는 옵션 매매까지 하게 되었는데, 너무 무리하게 운영하는 바람에 로스컷(선물 거래를 할 때 계약당 담보금이 10만 원 이하가 되면 로스컷이 발동되어 자동으로 손절매된다)이 걸리고 말았다.

결국 후배는 원룸의 보증금까지 빼야 하는 지경에 이르렀다. 그리고 더는 선물 매매는 하지 않겠다며 오이도를 떠났다. 다시 혼자가 된 나는 어떻게 해야 할지 몰랐다. 그때 내 사정을 들은 집주인이 보증금 없이 월세만 내는 다른 원룸을 알아봐주었다. 나보다 매매 경험이 많은 후배가 로스컷에 걸리는 것을 보고 나는 선물 매매에 대한 미련을 버렸다. 대여계좌를 반납하고 남은 600만 원으로 다시 주식 매매를 해보기로 마음먹었다.

이번에는 정말 욕심 부리지 말고 차근차근 벌어나가자고 몇 번이나 마음을 다잡았다. 유혹의 순간도 많았지만 잘 견디면서 매일 적지만 꾸준히 수익을 쌓아나갔다. 그러면서 커뮤니티에 매매 일지를 올리기 시작했다. 공개적으로 나의 매매 일지를 올리면서 스스로를 채찍질했다. 그러던 어느 날 한 커뮤니티에서 어떤 사람이 나에게 함께 매매를 할 수 있겠느냐며 쪽지를 보내왔다.

그 사람은 사업을 하다 사기를 당한 후 주식을 시작했다고 했다. 그러면서 나에게 주식 매매하는 법을 배우고 싶다고 말했다. 나는 아는 사람 하나 없는 객지에서 외롭기도 하고, 월세에 대한 부담을 줄일 수 있을 거라는 생각에 그러자고 했다.

그는 나를 엄청난 고수라고 생각하는 것 같았다. 그는 계좌에 50만 원 정도 넣어두고 내가 매매하는 것을 옆에서 조용히 지켜보았다. 생활력이 강했던 그는 밤에는 대리운전을 하면서 투자금을 모았다. 암울했던 오이도 생활에 큰 힘이 되어준 그는 지금도 서로의 안부를 물으며 절친으로 지내고 있다.

수익률이 낮은 날도 있고, 약간의 손실을 본 날도 있었지만 꾸준히 조금씩 수익을 거두면서 원금 600만 원은 어느새 1,000만 원이 되어 있었다. 그러자 서서히 자신감이 붙기 시작했다. 하지만 주문 실수를 하는 바람에 50만 원의 손실을 보는 일이 발생했다. 매도해야 하는데 매수 버튼을 눌러버린 것이다. 보통 주문 실수를 방지하기 위해 HTS에는 매수/매도를 눈에 잘 띄게끔 구분해놓는다. 그때까지 한 번도 그런 실수를 한 적이 없는데, 매수 버튼을 누르는 순간 모두 체결되어버렸다. 이후 그 종목의 주가는 몇 호가를 더 내려갔다. 이제 두 배가 되어버린 매수 물량을 정리하느라 바쁘게 움직여야 했다. 하지만 결국 손실을 기록하고 말았다. 장 초반에 힘들게 번 돈을 다 토해낸 것이다.

손실도 손실이지만 어이가 없었다. 지금까지 잘해왔는데 갑자기 이게 뭔가 싶은 생각에 억울했다. 종목을 잘못 선택해서 손실이 났다면 모를까 주문 실수라니. 허공만 바라보던 나는 심기일전해서 좀 전의 실수를 만회하기로 마음먹었다. 며칠째 손실 없이 매매해온 기록을 깨고 싶지 않다는 욕심도 있었다. '결과적으로 장 마감 때 플러스만 되면 되니까.'

하지만 그것은 잘못된 생각이었다. 손실을 복구하겠다고 다른 종목을 억지로 찾아 들어가서 또다시 손실을 보게 됐다. 한 번 리듬이 깨지자 계속해서 엇박자로 춤을 추는 꼴이 되어 결국 그날 지난 보름간의 수익을 모두 토해내고 말았다. 분해서 씩씩거리던 나는 다음 날도 같은 방식으로 덤벼들었고 원금은 반토막이 되어버렸다.

그때 옆에서 지켜보던 친구가 조용히 말했다. "형준이 너는 욕심을 안 부릴 때는 수익을 잘 내는데 가끔 가다 이성을 잃어서 탈이야."

맞는 말이었다. 나도 그런 약점을 알고 있었다. 지금까지 모든 실패가 항상 이성을 잃음으로써 초래됐다. 그런데 또 반복이라니. 나는 그 약점을 알고 있다는 것만으로 극복했다고 생각했던 것이다. 뭐라 대꾸할 말이 없었다. 위로를 건네는 친구를 뒤로하고 밖으로 나섰다. 다음 날은 토요일이어서 주식시장도 열리지 않으니 바닷바람이나 좀 쐬고 와야겠다는 생각이었다.

숙소에서 바닷가까지는 그리 멀지 않았다. 걸어서 몇 분이면 탁 트인 서해를 볼 수 있었다. 처음 오이도로 오던 날 얼핏 본 것 말고는 제대로 바다를 본 적이 없었다. 지난 몇 달간 나는 골방에서 무엇을 했던가. 그 결과 지금 얻은 것은 무엇인가. 온갖 잡념으로 머릿속이 시끄러운 상태로 바닷가에 도착했다.

한산한 금요일 오후였고 놀러온 연인들과 가족들이 행복하게 웃는 얼굴들이 보였다. 배를 타고 섬으로 가려는 건지 선착장에는 여행객들이 점점 늘어나고 있었다. 나는 그 사람들에게서 완전히 고립되어 있다는 생각이 들었다. '저들에게 내 모습이 보이기나 할까?' 투명인간이 되어버린 느낌이었다. 내가 무슨 일을 겪었고 지금 어떤 상태에 처해 있든 세상은 그저 평온하게 잘 돌아가고 있었다. 나는 고개를 돌려버렸다.

그렇게 오랫동안 바다만 바라보고 앉아 있었다. 사방이 점점 어두워졌고, 내 마음도 어두워졌다. 밤이 되니 감정은 더 기세등등해져 나를 낭떠러지로 몰고 갔다. 왜 주식투자를 시작했을까? 또다시 죽고 싶다는 간절한 열망이 가슴을 채워갔다. 초점 없는 시선으로 담배연기를 바라보며 나도 그 연기처럼 사라지고 싶었다. '그냥 연기처럼 사라져서 이 모든 것에서 벗어날 수만 있다면….'

그런데 이상한 것은 죽음을 생각하면 늘 부모님 얼굴이 가장 먼저 떠오르는 것이다. 내게서 연락이 끊긴 지난 1년 동안 아마 두 분은 식사도 제대로 못 하셨을 것이다. 어머니는 아버지 몰래 우셨을 것이고, 아버지는 어머니 몰래 속으로 우셨을 것이다. 두 분께 그런 고통을 주고 있는 나라는 놈은 대체 뭔가. 밤이 새도록 그렇게 앉아 있었지만 나는 죽어야 할지 살아야 할지조차 결정할 수 없었다. 아니, 그것은 내가 결정할 수 있는 문제가 아니었다. 내 인생은 왜 이렇게 풀리지 않는지…. 돈을 아낀다고 라면과 밥, 장아찌만 먹고 지낸 세월이 서글프기만 했다.

그런 나를 위로해주겠다며 그 친구는 없는 형편에 노래방에 데리고 갔다. 마음을 풀라고 했지만 노래를 부를 때인가 싶었고, 큰 사치 같았다. 며칠 후 그 친구 역시 더 이상 오이도에서 버티기 힘들다며 "나중에 성공해서 만나자"라는 말을 남기고 떠났다.

그 친구가 떠난 밤, 외로움과 슬픔이 밀려왔다. 동시에 성공하겠다는 조급함이 강해졌다. 당시 남아 있던 300만 원은 계좌에서 늘었다 줄었다를 반복하다가 결국 모두 사라져버리고 말았다. 한 번 페이스가 꺾이고 나니 자꾸 무리수를 두게 되었고, 고점에 들어가서 손절매를 해버리는 패턴이 반복되었다. 이제나는 회복 불능 상태가 되었다.

더 이상 이래서는 안 되겠다, 무슨 일이라도 해야겠다는 생각이 들었다. 돈을 벌어야겠다는 생각에 모텔 주차 관리 일을 시작했다. 말이 주차 관리였지, 객실 청소까지 해야 했다. 마음이 급했던 나는 한 달 동안 열심히 일해서 번 돈 150만 원을 다시 계좌에 넣고 매매를 했지만 역부족이었다. 남은 돈은 겨우 몇만 원이었고, 그 돈으로는 도저히 생활을 이어나갈 수 없었다. 이제는 정말 막다른 골목이었다.

세상 모든 일이 귀찮아진 나는 오이도 원룸을 정리하고 무작정 서울로 향했다.

하지만 살아야 한다

오이도에서의 생활을 정리하기 전 유일한 재산이었던 지동차를 담보로 사채까지 빌려 썼다. 결국 그 돈을 갚지 못하는 상황에 이르렀고, 이자는 눈덩이처럼 불어났다. 그렇게 빈털터리가 된 나는 도망치듯 오이도를 떠나야 했다.

무작정 전철을 탔고, 서울을 향해 가고 있었다. 하지만 어디로 가야 할지 몰랐다. 목적지 없이 길을 떠나본 경험이 없는 사람은 그 막막함을 이해하지 못할 것이다. 서울로 접어들면서 정차할 때마다 마음이 무거워졌다. 하지만 선택지가 없었다.

그때 서울역이라는 안내방송이 들렸다. 그 소리에 무작정 내렸다. 서울역 광장에서 하루 종일 서성였다. 누군가에게 전화를 하거나 찾아가는 일은 엄두도 나지 않았다. 그냥 하릴없이 오가는 사람들을 바라보다가 밤을 맞이했다. 밤이 되니 서울역은 완전히 다른 세상으로 바뀌었다. 낮 동안 어디서 무엇을 하는지 보이지 않았던 수많은 노숙자가 하나둘 모여들었다. 나라고 그들과 다를 건 없었다. 주머니를 뒤져보니 몇 만 원이 있었고, 술 몇 병을 사들고 그들 틈에 끼어 앉아 함께 마시다 길에서 잠이 들었다.

부스럭거리는 소리에 눈이 떠졌다. 아직 날이 완전히 밝지도 않았는데 사람들은 이부자리, 그러니까 라면박스며 신문지 등을 정리하고 있었다. 습관이란 정말 무서운 것이다. 이들도 밤엔 이불을 깔고 그 위에서 잠을 청하고 아침이 되면 정리를 했다. 하지만 아무것도 없던 나는 그냥 몸을 일으켜 앉아 있었다. 삶에 대한 의욕도 욕심도 없었지만, 돈이 없으니 배고픔은 더 강렬하게 느껴졌다. 옆의 아저씨가 알려준 대로 무료 급식소에 찾아가 끼니를 때우고 밤이 되면 돌아와 사람들 틈에서 잠이 들었다.

노숙자들과 함께 생활한 지 사흘째되던 날이었다. 무심히 길바닥에 앉아 있었는데, 내 앞을 지나가던 한 여성이 만 원짜리 한 장을 주었다. 나는 깜짝 놀랐다. 솔직히 그때는 그것이 무슨 의미인지 알지 못했다. 하지만 자존심이 상했고, 부끄러웠다. 그 순간 오랜 꿈에서 깨어났다. 그러고 나서 내 행색을 살펴보았다. 누가 봐도 노숙자였다. 오이도를 떠나면서 나는 정신을 놓아버린 것 같았다. 나는 공중전화를 찾아 친구에게 전화를 걸었다. 그리고 10만 원을 빌려 목욕탕에도 가고 이발을 한 후 집으로 돌아갔다.

거의 1년 만이었다. 그날 어머니의 눈물을 잊을 수가 없다. 소식 한 통 없던 아들이 돌아왔으니, 그동안 어머니의 마음고생이 어떠했을지 짐작할 수 있었다. 말씀도 못 하시고 부둥켜안고 울기만 하셨다. 정말이지 억장이 무너진다는 것이 어떤 의미인지 그때 알 수 있었다. 어머니의 눈물을 보면서 나는 다시 이를 악물었다. '다시는 어머니께서 눈물 흘릴 일은 하지 않겠습니다.'

집으로 돌아온 내가 가장 먼저 해야 할 일은 빚을 갚는 것이었다. 일단 급한 사채 빚은 아버지께서 갚아주셔서 다시 자동차를 찾아올 수 있었다. 나는 닥치는 대로 일을 했다. 어떤 일도 가리지 않았다. 처음 한 일은 대리운전이었다. 술 취한 사람들의 차를 대신 운전해주며 온갖 일을 다 겪었다. 하지만 나는 꾹 참고 그저 빚을 갚겠다는 일념으로 열심히 일만 했다. 그저 평범하게 살고 싶다는 마음뿐이었고, 주식은 쳐다보지도 않았다.

나는 토목기사, 대기환경기사, 화약류관리기사 자격증이 있었는데, 화약류관리기사 자격증을 가지고 춘천의 한 설계회사에 취직하게 되었다. 9시 출근에 6시 퇴근이었지만 거의 새벽 1~2시까지 일을 해야 했다. 화약류관리기사 자격

중이 있긴 했지만, 설계 일이 너무 어려웠다. 낮에는 현장에 가고 밤에는 설계 보조일을 해야 했다. 월급은 그리 나쁘지 않았지만, 이자를 내고 나면 남는 것이 없었다. 회사생활을 하면서 주말에는 막노동을 했고 밤에는 대리운전을 했다. 잠은 늘 부족했고 체력적으로도 한계가 왔지만 돈을 벌기 위해서는 버텨야 했다. 그렇게 악착같이 일해서 한 달에 번 돈이 400만 원이었다. 몸이 부서져라 일했지만 이자를 내기에도 여전히 벅찼다.

2004년 12월, 나는 많은 생각을 했다. 이렇게 평생 빚만 갚다가 내 인생이 끝나는 게 아닐까 하는 두려움이 밀려왔다. 열심히 일한 만큼 생활은 나아져야 하는데 전혀 그러지 못했다. 기를 써봐야 제자리이고, 조금만 숨을 돌리면 낙오되어버리는 상황이었다. 열심히 일해서 한 달에 400만 원을 번다고 해도 어림없는 일이라는 판단이 서자, 다시 주식투자를 시작해야겠다고 생각했다. 큰돈을 벌기 위해서가 아니라 조금이라도 빚을 줄이기 위함이었다. 그래서 어렵게 모아둔 300만 원으로 다시 매매를 시작했다.

회사 일이 바빠서 장중에 주식시장을 계속 들여다볼 여유가 없었다. 때문에 내가 세워둔 원칙을 지키려고 애를 쓰며 느리게 매매를 했다. 차근차근 매매를 하자 2개월 만에 1,000만 원 가까이 수익이 났다. 하지만 회사생활을 하면서 주식 매매를 하는 것은 한계가 있었다. 저녁에는 대리운전까지 하고 있었기 때문에 체력적으로 한계에 다다랐다. 결국 나는 마지막 승부수를 던지기로 결심했다. '마지막으로 전업투자를 해보자. 이번에도 실패하면 절대 주식시장을 쳐다보지 않겠다'고 다짐하며 회사를 그만두었다.

다시 한번 전업투자에 도전하다

나는 다시 전업투자자가 되었다. 2000년 초 꿈에 부풀어 전업투자의 문을 열어젖힌 후로부터 5년 만이었다. 나는 더 이상 물러설 곳이 없었다. 이번에는 큰돈을 벌기 위해 욕심 부리지 말고, 조급해하지 말고 차분히 내 원칙을 지키는 매매를 하자고 결심했다. 언제나 '내가 이기나, 네가 이기나 해보자'라는 마음으로 뜨겁게 돌진했지만, 이번에는 차갑게 다가섰다. 산전수전 다 겪으며 주식시장이 얼마나 무서운 곳인지 처절하게 느꼈기 때문이다. '시장을 반드시 이기겠다'는 치기 어린 마음은 더 이상 없었다. 숱한 실패를 하면서 기법도 다듬었고, 매수와 매도를 판단하는 감각도 나름 날카로워졌다. 그보다 더 중요한 것은 감정이 날뛰지 않을 만큼 노련해진 것이었다.

2005년 2월, 모아둔 1,000만 원에 1,000만 원을 추가로 융통해서 주식투자를 시작했다. 그렇게 한 달 만에 2,000만 원을 벌었다. 수익률이 100%에 가까웠는데, 지금까지 내 전업투자 생활 중 가장 높은 월간 수익률이었다. 점점 더 기법을 정교하게 다듬어갔고, 자신감이 붙어갔다. 이때 상승음봉 매매법을 개발했는데, 당시 시장 상황에 잘 맞아떨어졌다. 착실히 빚을 갚아나가면서 6개월 만에 5,000만 원을 벌었다.

그러다 원풍물산이라는 종목에 제대로 걸리고 말았다. 6월 28일, 이날은 절대 잊히지 않는다. 예전 조아제약의 악몽이 되살아났기 때문이다. 당시 원풍물산은 계속해서 상한가를 이어가고 있었다. 엘리어트 파동으로 보면 1파 이후 2파째로 가파른 상승 중이었다. 4일째 상한가를 이어가고 있었고, 그날도 시가부터 상한가였는데 갑자기 꺾이는 것이었다. 관심 있게 지켜보던 종목이어서 어떻게 되는지 주시했다.

순간적으로 -10%까지 급락했다. 낙폭으로 보면 25%나 되었다. 그때 상한가에 매수했던 투자자들의 심정이 어떠했을까. 나는 그런 상황을 많이 당해봐서 그 심정을 잘 알고 있다. 하지만 그들을 동정하고 있을 때가 아니었다. 위기를 기회로 만들어야 했다. 주식시장은 그렇게 냉정한 곳이다. 내가 살려면 상대로부터 뺏어와야 한다. 나도 잘살고 너도 잘사는 방법은 없다. 이렇게 말한다고 무자비하게 생각되는가? 절대 그렇지 않다. 상대방도 나와 같은 생각이기 때문이다. 주식시장은 야생의 세계보다 더 처절하게 생존 투쟁이 벌어지는 곳이다.

원풍물산의 주가는 -10%에서 멈출 기미가 없이 하락하여 결국 하한가로 갔다. 나는 먹이를 노리는 사자처럼 눈도 깜빡이지 않은 채 계속 주시하고 있었다. 그때 매수세가 강하게 들어왔다. '이건 급반등이다!' 나는 미수까지 사용해 풀 베팅을 했다. 하지만 주가는 반등 없이 하한가로 마감했다. 정말 눈물이 났다. 잘되고 있었는데 한 번의 실수로 또 원점이 되는 것 같았다. 그나마 다행인 것은 5,000만 원 중 빚을 갚기 위해 예비비로 1,500만 원을 빼놓았다는 것이었다.

다음 날도 하한가 출발이었다. 지독한 악몽이 시작되는 것 같았다. 제발 꿈에서 깨어나라고 주문이라도 외우고 싶었다. 하지만 엄연한 현실이었다. 내가 저지른 일, 처리해야 하는 일이 눈앞에 있었다. 그렇지만 매도할 수가 없었다. 하한가 매도잔량만 잔뜩 쌓여 있을 뿐 거래가 활발하지 않았기 때문이다. 그날 주가는 1호가도 올라가지 못하고 점하한가로 마감했다. 온종일 아무 일도 못한 채 모니터 앞에 묶여 바라보고만 있었다. 지독한 형벌이었다. 내가 매수한 주식을 모두 줄 테니 이 굴레에서 벗어나게 해달라고 매달리고 싶었다. 하지만 나 스스로 이를 극복해야 했고, 다음 날 하한가 근처에서 모두 매도했다.

투자한 3,500만 원 중 800만 원이 남았다. 한 번의 매매로 2,700만 원이 날아가 버린 것이었다. 그 돈을 벌기 위해 얼마나 애를 썼는데, 몇 달 동안 살얼음판을 걷듯 조심조심하며 온 정신을 집중했는데….

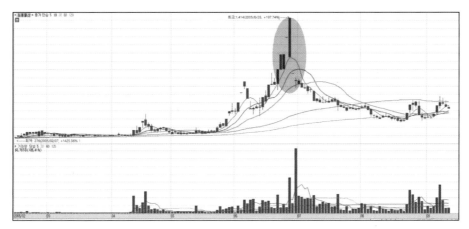

그림 1-7 원풍물산

죽이 되든 밥이 되든 어쨌든 이곳에서 승부를 봐야 했다. 머리를 쥐어뜯고 나를 질책하는 대신 내가 처한 상황을 냉정하게 돌아봤다. 내가 해야 할 일이 무엇인지 따져봤다. 나를 탓한다고 해서 현실은 바뀌지 않는다. '무엇을 할 것인지 생각하고 그것을 해야 한다!'

나는 기계가 아니기 때문에 이럴 때면 언제나 피눈물이 났다. 잃어버린 돈 생각만 하며 울부짖느니 냉정해지는 데 더 힘을 쏟았다. 그랬더니 정말 그렇게 되었다. 예비비로 놔두었던 1,500만 원에 200만 원을 보태 계좌에 입금하고 서두르지 않고 다시 매매를 준비했다. 그렇게 심기일전한 나는 2005년에 1억 5,000만 원의 수익을 거뒀다. 빚도 많이 갚았고, 예전과 같은 실수를 더는 되풀이하지 않았다. 하지만 아직 성공한 것도, 빚을 다 갚은 것도 아니었다. 2002년과 달리 2005년에는 상승장이었기 때문에 그 덕을 보긴 했다. 하지만 2005년 6월 이후부터는 어떤 장세가 오더라도 잃지 않는 매매를 하게 되었다. 마지막으로 원풍물산에서 크게 다친 이후 현재까지 상승장이든, 폭락장이든 월 단위로 손실을 본 적은 한 번도 없다.

나는 이것을 매우 중요하게 생각한다. 손실을 낸 달이 없다는 것은 그만큼 매매 기법이 잘 다듬어진 것이고, 심리적으로 컨트롤이 잘되고 있다는 뜻이기 때문이다. 지난날 내가 실패한 원인은 큰 수익을 낸 적이 없었기 때문이 아니다. 수익은 많았지만 한 번의 실패로 모두 날려버리는 것을 반복했고, 스스로 마인드 컨트롤이 되지 않았기 때문이다. 드디어 나는 실패가 계속되는 무한 반복의 고리를 끊어낼 수 있었다.

주식투자를 할 때 대부분의 투자자는 기법에만 매달리지만 마인트 컨트롤이 매우 중요하다. 주식시장은 내일도 열리고, 기다리다 보면 언젠가 기회가 온다.

드디어 빚을 모두 갚다

2005년은 나에게 의미 있는 한 해였다. 주식시장에서 악몽만 경험하던 내가 희망을 본 해였다. 오피스텔로 이사했고, 오이도에서 생활하던 때와는 달리 매우 행복했다. IT버블, 9·11 테러 등 주식시장에서 별의별 사건을 모두 경험했던 나다. 이제 다시 옛날로 돌아가지 않겠다고 다짐했고, 차근차근 매매를 해나갔다. 미수의 유혹도 있었지만 그 고통을 누구보다 잘 알기 때문에 대박을 꿈꾸기보다는 착실히 수익을 내겠다고 생각했다.

그렇게 차분히 매매를 이어나갔고, 드디어 2006년 모든 빚을 갚았다. 4억 원이나 되는 큰 빚을 모두 갚고 나자 진짜 자유의 몸이 된 것 같았다. 부모님께 빌린 돈도 원금에 이자까지 더해 모두 돌려드렸고, 그동안 나에게 끊임없이 독촉하던 대출회사와의 관계도 말끔히 정리했다.

빚이라는 속박에서 벗어나자 매매를 할 때도 한결 여유가 생겼다. 어떤 종목이 눈에 들어와도 내가 원하는 가격대까지 떨어지지 않으면 매수하지 않았다. 그러자 손실을 낸 달이 없어지고 수익은 계속해서 늘어갔다.

매매로 성공을 거두자 많은 사람이 나를 찾아왔다. 그중 주식투자로 많은 돈을 잃은 분이 있었는데, 원금을 되찾기 위해 대출까지 받아서 나를 찾아왔다. 그는 어떤 비법이나 종목 추천 등을 원했는데, 나는 일언지하에 거절했다. 대신 투자금을 모두 다 빼서 대출금부터 갚으라고 조언했다. 그러자 당신도 빚을 지고 성공하지 않았느냐고 말했다. 나는 이렇게 말해주었다.

"그 빚 때문에 엄청나게 고생했습니다. 내가 얼마나 큰 고통을 받았는지 말로 다 표현할 수 없습니다. 당신도 저처럼 고생하고 싶습니까? 주식시장은 고

생을 많이 한다고 해서 성공하는 그런 호락호락한 곳이 아닙니다."

　　만약 내가 빚이 없이 주식투자를 했다면 내 인생은 어떻게 달라졌을까? 2000년 열정에 가득 차서 전업투자에 뛰어들었던 그때 신용대출을 받지 않았다면 어떻게 됐을까? 직장인으로 평범한 삶을 살면서 약간의 수익과 손실을 반복하는 개미투자자로 살아가거나, 아니면 성실하게 기법을 발전시켜 고난 없이 성공했을 수도 있다. 지나간 날을 가정해보는 것은 무의미하다. 그럼에도 만약 되돌릴 수 있다면 평범한 직장인으로 남든, 소소한 개미투자자로 남든 신용과 미수의 손아귀에 걸리지만 않는다면 어떤 것이든 택할 것이다.

　　모든 빚을 갚고 현금 1억 원이 생긴 날, 큰 행복을 느꼈다. 내가 그 많은 빚을 모두 갚을 수 있을까, 결혼은 할 수 있을까, 아이들을 낳아 키울 수 있을까? 이런 생각으로 내 인생은 암흑 그 자체였는데, 이제는 새로운 희망을 꿈꿀 수 있게 된 것이다. 10억 원을 만들었을 때도 아니고, 주식투자를 해서 한 달에 10억 원을 벌었을 때도 아니다. 바로 그때, 모든 빚을 갚고 현금으로 1억 원을 손에 쥐었을 때 가장 큰 행복을 느꼈다.

　　처음 주식투자를 시작하면서 몇 번의 큰 실패를 맛본 후 성공하기까지의 이야기를 들려주었다. 여기서 말하고 싶은 것은 주식은 잘못 다루면 아주 무섭다는 것이다. 주식투자는 절대로 투기식으로 접근해서는 안 된다. 투기가 아닌 재테크 방식으로 차근차근 접근해야 큰 실패 없이 성공할 수 있다.

투자 성공의 90%는
마음을 다스리는 것으로 시작한다

감정에 지지 마라

주식투자를 하는 목적은 돈을 벌기 위해서다. 취미로 주식시장을 기웃거리는 사람은 아마 없을 것이다. 물론 세상에는 온갖 사람이 있기 마련이니까 "난 취미로 한다니까!"라고 우기면 할 말은 없다. 그런 특별한 사람들 말고 일반적인 경우를 생각할 때 대부분은 돈을 벌기 위해 주식투자를 한다.

우리가 살아가고 있는 자본주의 사회에서는 돈이 차지하는 비중이 매우 크다. 돈이 없기 때문에 많은 분쟁이 일어난다. 각종 범죄의 발생 이유를 보면 80% 이상이 돈과 직접적인 관련이 있다는 통계도 볼 수 있다. 그만큼 우리는 돈 때문에 울고 돈 때문에 웃으며 살아간다. 돈 없이 산다는 게 얼마나 서러운지는 돈 때문에 힘들어본 사람들만이 알 수 있을 것이다.

바로 그 돈을 얻기 위해 우리는 주식투자를 한다. 돈을 벌겠다는 단 하나의 공통점을 빼면 생각도 모습도 사는 환경도 다른 수백만의 사람들이 주식시장으로 몰려든다. HTS를 열어 호가창을 보면 정신을 차릴 수 없을 정도로 바뀌는 숫자들 속에서 얼마나 많은 사람이 이전투구(泥田鬪狗)를 벌이고 있는지 알 수 있다.

누구나 매수할 때는 수익을 얻을 것이라는 기대감으로 버튼을 누른다. 하지만 이것은 매수자의 염원일 뿐 매수한다고 해서 반드시 수익을 얻는 것은 아니다. 막상 매수하고 나면 두려움이나 욕심이라는 감정의 위력이 얼마나 큰지 새삼 실감할 수 있다. 호가가 약간만 내려가도 두려움에 눈이 크게 떠지고, 조금만 올라가도 더 큰 수익을 바라는 마음에 코가 벌렁거린다.

매도는 또 어떤가. 매도 버튼을 누르는 데는 상반된 이유가 있기 때문에 매수와는 약간 다르다. 예를 들어 수익을 확정 짓기 위한 매도가 있고, 손실을 끊어내려는 매도가 있다. 하지만 마찬가지로 매도 행위에도 감정이 크게 작용한다.

주식투자 결과에 치명적인 해를 끼치는 욕심과 두려움이라는 이 상반된 감정은 신용과 미수에서 극단적으로 나타난다. 한방에 크게 먹겠다는 욕심으로 신용과 미수를 동원해 원금을 몇 배로 뻥튀기하고 나면 주가가 움직일 때마다 감정도 몇 배나 크게 움직인다.

현금 매수로 1호가에 1,000원씩 벌어들일 수 있다면 신용과 미수로는 5,000원을 벌어들일 수 있다. 호가가 하나하나 올라갈 때마다 심장이 뛰고 숨이 거칠어질 것이다. 그런데 호가가 아래로 움직이면 어떨까? 현금 매수였다면 1,000원이 아니라 5,000원씩 뭉텅뭉텅 잘려나간다. 두려움은 욕심보다 몇 배나 더 강력한 감정이므로 머릿속이 하얗게 되고, 그 자리에서 도망치고 싶어질 것이다.

앞에서 이야기한 것처럼 나는 이런 일을 수도 없이 겪었기 때문에 너무나도 잘 알고 있다. 내가 알고 있는 또 한 가지는 그런 감정을 극복하지 못하면 절대 주식투자에서 성공할 수 없다는 것이다. 운이 좋아 몇 번 수익을 낼 수는 있겠지만 감정을 이기지 못하는 투자자는 결국 제 무덤을 파게 되어 있다.

시장에서 진검승부를 벌이기 전에 당부하고 싶은 말들이 있어서 이 장을 따로 마련했다. 그중에서도 특별히, 간절히 얘기하고 싶은 말이 있다. 절대 빚을 내서 주식시장에 들어오지 말라는 것이다. 또한 시장을 이기려고 하지 말고 자신의 감정을 이기기 위해 노력하기 바란다.

시장에서 흔들리지 않게 해주는 8가지 마인드 컨트롤

1. 욕심을 버린다

'주식투자로 돈을 벌고 싶다'는 생각은 욕심일까, 아닐까? '주식투자로 떼돈을 벌고 싶다'는 생각은 욕심일까, 아닐까? 주식투자로 돈을 벌고 싶다는 생각은 투자한 만큼의 대가를 바라는 것이므로 욕심이라고 할 수 없다. 하지만 일반적인 수익보다 월등히 높기를 바란다면 욕심이 개입했다고 볼 수 있다. 일반적인 수익이라는 점이 약간 애매하긴 하지만 이것은 투자자마다 분석 능력과 매매 실력이 다르기 때문에 일률적으로 말할 수 없다.

어느 수준부터 욕심인지에 대해 자기 자신을 평가해보는 것이 가장 우선시되어야 한다. 그런 후 구체적인 대비책으로 투자금을 감당할 수 있는 수준(자산 대비 20%)으로 축소하는 것이 좋다. 매매에 들어가기만 하면 스스로 통제가 되지 않는다는 사람들을 자주 볼 수 있다. 이런 경우라면 현금을 모두 주식계좌에 넣지 말고 입금 경로를 까다롭게 하는 것이 도움이 될 수 있다. 눈이 뒤집혀서 물타기를 하려고 할 때 계좌에 돈을 추가하는 데 여러 단계를 거쳐야 한다면 짜증이 나겠지만, 결과적으로 그것이 자산을 보호해줄 것이다. 감정이 폭발한 순간이 지나면 왜 자신이 그런 어리석은 짓을 하려 했는지 의아할 것이다.

2. 평정심을 유지한다

흔히 포커페이스라는 말을 한다. 어떤 패가 들어오든 얼굴에 감정이 드러나지 않아 상대방으로 하여금 애를 먹게 하는 사람을 말한다. 주식투자를 할 때도 '평정심'은 정말 중요한 요소다. 인간은 이성적인 동물이지만 감정에 제압당하기 쉬운 동물이기도 하다.

오전 장 매매에서 큰 수익을 냈다가도 그날 나머지 시간 동안 오전의 수익을 모두 잃는 사람들이 많이 있다. 이 경우는 자만심이라는 감정에 취해 있기 때문이다. 이런 사람들은 수익이 나면 '나 진짜 좋은 패 잡았어!'라는 것이 얼굴에 모두 드러난다.

오전 장에서 손실을 봤다면 더더욱 위험하다. 수익을 내 들떠 있는 사람보다 심리적으로 위축되고 실망스러운 상태이기 때문에 유연하게 판단할 수 없다. 결국 크게 갈 수익은 짧게 끊어버리고, 깊은 손실에는 망연자실해서 손실을 키울 확률이 커진다.

어떤 상황에서든 평상시와 같은 감정 상태로 출발할 수 없다면 그날 매매는 그만두는 것이 좋다.

3. 집중력을 갖춰야 한다

단기 매매에서는 특히 집중력이 필요하다. 짧은 시간에 많은 정보를 받아들여야 하고 순간적으로 판단을 내려야 하기 때문이다. 매매 결정을 하기 위해 HTS에서 확인해야 하는 창만 해도 호가창, 차트창, 시황창 등 한두 개가 아니다.

이때 집중력을 높이려면 학생들이 성적을 올리기 위해 하는 예습, 복습을 하면 된다. 매일 장이 끝나면 그날 매매를 기록하고 복기하고, 다음 날 장 시작 전에는 당일의 새로운 소식들을 미리 검색해두는 것이다.

아무런 준비도 없이 뉴스창이 움직일 때마다 매수 버튼을 눌러대다간 주식 시장에서 금방 쫓겨나게 된다.

4. 결단력을 갖춘다

아무리 분석을 잘해서 매수했다고 하더라도 주가가 내 생각과 다르게 움직이는 경우는 비일비재하다. 그럴 때는 조금만 더 지켜보자며 우유부단하게 있을 것이 아니라 재빨리 결단을 내리는 것이 중요하다. 설령 다시 매수하더라도 일단은 생각과 다른 그 상황에서 벗어나는 것이 좋다. 분석은 그곳에서 벗어난 다음에 한다. 실제로 주식을 보유한 상태에서 분석하는 것과 주식을 갖고 있지 않은 상태에서 분석하는 것은 큰 차이가 있다.

5. 항상 만약을 생각하고 최악의 상황을 염두에 둔다

주식투자에서 100%란 없다. 아무리 고수라도 주가가 오를지 내릴지를 정확히 맞힐 수는 없다. 다만 확률을 보는 것이다.

나의 뼈아픈 경험 중 하나가 이 확신에 당한 일이다. 앞에서 DSR제강에 대해 얘기한 것처럼 당시는 신규주가 상장만 하면 상한가를 가곤 했다. 나는 약간의 투자금으로 서너 종목을 연습해봤다. 그랬더니 어김없이 상한가로 가는 것이었다. 그때 나는 DSR제강이라는 종목에 투자하면서 주식시장에서 저지를 수 있는 바보 같은 일을 총동원했다. 일단 1단계로 원금을 모두 넣었고, 2단계로 미수와 신용까지 최대한 끌어모았으며, 3단계로 하한가로 갔는데도 손절매를 하지 않았다. 지금 생각하면 주식투자로 돈을 날리기 위해 발악을 했다고 볼 수 있다. 그때 내가 최악의 상황을 염두에 두었다면 1단계부터 그렇게 행동하지 않았을 것이다.

6. 융통성을 갖는다

주식투자를 하다 보면 자신도 모르게 꽉 막힌 사람이 될 때가 있다. 특히 혼자 분석하고 혼자 매매하는 것이 습관이 된 사람은 제3자가 볼 때는 아닌데도 무조건 간다고 우기는 경향이 있다. 물론 항상 틀리는 것은 아니지만 틀릴 경우에는 크게 손실을 보기 십상이다. 융통성이 없기 때문이다. 자신이 잘못 분석했다는 것을 인정할 수 없는 것이다.

주가 움직임이 내가 분석한 것과 다르면 '내가 잘못 분석했구나' 하면서 전술을 바꿔야 하는데, 끝까지 고집을 부리다가 손실을 내곤 한다. 주식시장을 상대로 자존심을 세울 것이 아니라 융통성을 발휘해야 한다.

7. 인내심을 갖는다

어떤 종목을 분석해서 어느 가격대에 이르면 매수하겠다고 기준을 정했다고 하자. 이윽고 주가가 반락하여 서서히 내려오기 시작하는데 너무나 천천히 내려오는 것이다. 그럴 때 어떤 사람은 '어차피 내가 사려던 가격과 크게 차이가 나지도 않으니까' 하는 생각으로 미리 매수해버리기도 한다.

'어느 가격대에 이르면 매수하겠다'라는 것은 그 가격에서 지지가 일어나 반등될 것을 가정한 것이다. 단지 가격이 중요한 것이 아니다. 지지가 되는지 확인하지 않고 매수하면 어떤 일이 일어날까? 물론 그 자리에서 지지를 받고 반등이 나올 수도 있지만 지지받지 못하고 하락할 수도 있다. 흔히 생각하는 지지라인이 깨지면 낙폭이 심해지기 마련이므로 서둘러 매수했다가는 큰 손실을 볼 수도 있다.

반면 생각했던 가격까지 오지 않고 반등이 일어나 급히 상승하는 주식도 있는데 이때도 급하게 추격매수를 하면 위험하다. 상투를 잡게 될 확률이 높기 때문이다. 분석을 제대로 했더라도 분석을 하면서 전제로 삼았던 기준들이 모두 충족되는지 인내심을 갖고 확인한 후 매매에 들어가야 한다. 오늘 당장 그 종목을 매수하지 못했더라도 시장은 내일도 열린다. 다른 기회를 찾으면 된다. 긴 안목으로 시장을 대하면 쫓기는 일이 없다.

8. 자신의 원칙을 지킨다

원칙은 사람마다 다를 수 있다. 내 원칙은 바로 뒤에 소개할 것인데 주로 경험을 토대로 정리했다. 원칙 하나하나마다 내 아픈 과거의 산물이라고 할 수 있다. 그 원칙을 정한 것은 오이도로 떠나기 전이었지만 오랫동안 지키지 않았다. 내가 손실 인생에서 수익 인생으로 전환한 것은 그 원칙들의 중요성을 깨닫고 지키기 위해 많은 노력을 하면서부터였다.

보기 좋고 그럴싸한, 남들이 중요하다고 말하는 원칙이 필요한 것이 아니다. 스스로 생각할 때 자신의 돈을 지켜줄 수 있는 것이라면 남 보기에 우스꽝스러워도 좋다. 가장 중요한 것은 그 원칙을 지키는 것이다.

'그래, 원칙을 잘 지켜야 해'라고 대부분의 사람은 생각하겠지만, 실전투자에서 그렇게 한다는 것은 정말 어려운 일이다. 특히 단기 투자자들은 원칙을 어기고 싶은 상황이 수시로 발생한다.

이런 때는 아예 만 원짜리를 찾아서 옆에 두고 매매해보라고 말하고 싶다. HTS상에 찍히는 돈은 실제 손으로 만져지지 않는 숫자이기 때문에 사이버 머니라는 느낌을 갖는 사람들이 의외로 많다. 만 원짜리를 100장 정도 쌓아놓고 돈을 벌면 거기에 돈을 추가하고, 잃으면 거기서 돈을 빼보자. 내가 하는 매매의 결과가 훨씬 더 실감이 날 것이다.

나의 오늘을 만든 매매 원칙

오이도로 떠나기 전 나는 다음과 같은 원칙을 세워놓았다. 하지만 원칙은 세우는 것이 중요한 것이 아니라 지키는 것이 중요하다. 그동안 내가 했던 수많은 어리석은 매매와 그로 인한 실패는 원칙을 지키지 못한 데서 발생했다.

'이번 한 번만, 어떻게 되겠지…' 하는 방심 때문에 재앙이 닥치는 법이다. 돈을 빨리 벌고 싶다는 조급함 때문에 원칙을 어기게 된다. 하지만 결과를 보면 가장 빠른 길은 원칙을 꾸준히 지키는 것임을 깨닫게 될 것이다.

나의 경우는 빚이 있었기 때문에 항상 쫓기는 매매를 했다. 그런데 이 문장은 언뜻 일리가 있어 보이지만 전혀 논리적이지 않다. 빚이 있다면 원칙을 지켜 가장 빠른 길을 가야 했다. 단지 돈을 벌고 싶다는 욕망에 사로잡혀 있으면서 빚을 핑계 대며 자기합리화를 했던 것에 불과하다.

이 책을 읽고 있는 분들은 절대 빚을 내서 매매하는 일은 없길 바란다. 단기건 장기건 마찬가지다. 혹시 장기 투자는 덜 투기적이므로 괜찮다고 생각하는가? 네오세미테크가 상장폐지된 경우를 보면 확실히 이해할 수 있을 것이다 (309쪽 '상장폐지' 사례에서 확인할 수 있다).

주식시장은 어떤 일도 일어날 수 있는 곳이다. 때문에 손실을 보더라도 생활에 타격을 받지 않을 수준, 감당할 수 있는 만큼의 자금만으로 매매해야 한다. 미수와 신용대출이라는 올가미에 걸려 너무나도 힘든 삶을 살았기 때문에 진심으로 당부하는 것이다.

1. 추세에 역행하지 마라

초기에 이런 실수를 너무도 많이 해서 제1원칙으로 정해놓았다. 하향 추세가 분명한데, 곧 변곡점이 나올 거라고 섣불리 판단해서 매수했다가는 추세에 휩쓸려 떠내려가고 만다. 데이트레이더는 일반 개미일 뿐이다. 외국인이나 기관처럼 추세를 되돌릴 만한 힘이 없다. 물론 외국인이나 기관 역시 시장의 도움 없이는 추세를 되돌리지 못한다.

2. 손절매를 빨리 판단하라

앞에서 얘기했던 조아제약의 매매 경험에서처럼 손절매를 빨리 판단하는 것이 계좌를 오래 보존하는 길이다. 그보다 더 우선적으로는 물타기를 해서는 안 되겠지만 상황에 따라 필요하다고 판단되는 때가 있다. 물타기를 해서 추가 매수를 했다면 반등 시점에 매도해야 한다. 반등이 되면 이번에는 수익을 키우고 싶다는 욕심이 나서 매도하지 못하고 있다가 물타기한 물량까지 손실을 보게 된다.

손절매는 장기 투자자에게도 중요하다. 장기 투자자는 매수 후 상승 시에만 물량을 추가한다는 원칙을 지켜야 한다. 이를 피라미딩이라고 한다. 주가 하락 시 물량을 추가하게 되면 기업의 가치를 믿고 오래 들고 갈 수가 없다.

예를 들어 2007년 2,000포인트에서 매수했던 투자자들 중 일부는 지수가 꺾이자 1,700포인트에서 물타기를 했고, 1,500포인트나 1,300포인트에서도 계속 물타기를 했다. 그러다가 서브프라임 사태가 터지면서 1,000포인트가 깨지자 공포심에 투매하느라 난리도 아니었다. 그러므로 장기 투자자라 하더라도 어느 수준까지 떨어지면 매도했다가 안정된 후 재진입하는 것이 현명하다.

3. 매매 실수를 한 후에는 조심해서 매매하거나 아예 매매를 하지 마라

내가 정해놓고 지키지 못한 원칙 중 가장 뼈아픈 상처를 준 항목이다. 어이 없게 손실을 보면 누구나 이성을 잃기 마련이다. 나는 특히 그런 경향이 심해서 내가 깡통 찬 대부분의 경우가 이 원칙을 지키지 못해서라고 해도 과언이 아니다. 매매에서 실수가 났다면 정말 조심해서 매매해야 한다. 만약 자신의 매매 원칙을 못 지킬 것 같으면 차라리 그날은 HTS를 꺼버리는 것이 나도, 계좌도 살리는 길이다.

4. 성급하게 매수하지 마라

딱히 신호가 나오는 종목이 없는데도 돈을 벌어야 한다는 강박관념 때문에 매수하고 보는 것은 정말 안 좋은 습관이다. 이 원칙 역시 내가 지키지 못한 것이기도 하다. 예를 들어 아침에 노렸던 종목이 급등하는데 다른 종목을 보느라 매수 타이밍을 놓쳤거나, 몇 호가만 더 내려오면 사려고 기다리고 있는데 급반등을 해버리면 매우 억울한 감정이 든다. 그 억울함 때문에 급하게 올라가는 종목을 추격매수하는 경우가 많은데, 이렇게 한다면 수익보다 손실을 볼 확률이 월등히 높다.

5. 주식을 도박처럼 하지 마라

주식은 도박이 아니므로 한탕주의가 통하지 않는다. 보통 크게 손실을 본 사람들은 이 경우에 속한다. 나 또한 한방에 승부를 보려다가 치명적인 타격을 입었다. DSR제강이라는 한 종목으로 승부를 보려고 했던 것이 그 예다. 더군다나 그 후에 손실을 복구하겠다고 미수로 풀 베팅을 한 것도 한탕주의 때문이었다. 앞에서 부끄러운 내 과거를 다 털어놓았듯이 이런 관점을 갖고 주식시장에 뛰어들면 반드시 계좌는 깡통이 된다.

6. 주식시장을 볼 때 항상 유쾌하게 생각하라

대상은 우리가 어떻게 바라보느냐에 따라 달라지는 경우가 많다. 내가 먼저 유쾌한 기분으로 주식시장을 바라보면 주식시장도 나에게 우호적인 느낌을 준다. 그런 상황이라면 두려움을 느끼지 않고 안정된 마음으로 분석하고 매매에 임할 수 있다. 여기서도 내 어리석음을 고백하자면, 나는 주식시장을 싸움판의 상대로 봤고, 후에는 두려움의 대상으로 여겼다. 내가 잘못해서 일어난 일인데도 마치 주식시장이 나를 경계하거나 벌을 주는 것처럼 느끼기도 했다. 물론 지금은 그 감정을 극복했고, 유쾌하고 편안한 상태에서 시장을 대하고 있다.

7. 많이 연구하고 경험을 쌓아라

이 원칙만큼은 정말 잘 지켰다. 학교 다닐 때 이만큼 공부했다면 서울대는 물론, 사법고시도 패스하지 않았을까 하는 생각이 들 정도로 파고들었다. 일단 내가 모른다는 사실을 자각하는 것이 중요하고, 모르는 것을 알기 위해 백방으로 노력해야 한다. 그 과정에서 책을 읽을 수도 있고, 돌팔이 같은 고수를 만날 수도 있을 것이다. 일단 배운 뒤에는 그것들이 단지 이론일 뿐인지, 실전에서도 힘을 갖는지는 자신의 경험으로 판별해야 한다. 아무리 천재라도 노력하는 바보를 이길 수 없다.

8. 오전에 매매하고 오후에는 조심해라. 오후에는 차라리 매매를 하지 마라

나는 늘 오전에 많이 벌다가 오후에 다 잃곤 했었다. 이런 일을 하도 많이 당했기 때문에 나 나름대로의 원칙을 세웠다. 지금은 물론 오후에도 매매를 한다. 경험치가 쌓여서 노련하게 매매할 수 있지만 초보라면 오전 장만 노리고 오후 장에서는 공부를 하는 것이 좋다고 생각한다. 오전에는 물리더라도 빠져나올 시간이 있지만 오후에 손실을 보면 차분하게 판단하지 못해 손실을 보기 쉽다. 특히 2시 30분 안팎으로 장 막판에 가까워지면 급락이 나오는 경우가 많다. 이때 공포감에 손절매하는 물량은 대부분 개미들의 것이다. 안전하게 매매하려면 차라리 종가 매매를 하기 권한다.

9. 공시 매매를 하지 마라

어떤 종목에 공시가 뜨고 상승 움직임이 나오기만 하면 개미들이 불나방처럼 달려든다. 그런데 몇 분 사이 급등했다가 급락하면서 상투를 잡게 되는 경우가 많다. 나 역시 이 원칙을 적어놓은 뒤에도 공시에 달려들어 손실을 많이 봤다. 지금도 공시 매매를 하긴 하지만 아주 소액으로 가끔씩 할 뿐이다.

10. 시장의 소문을 믿지 마라

가끔 보면 인터넷이나 아는 사람들 무리에서 특정 종목에 대한 루머가 돈다. 나는 주식투자 초기에 그것들을 모두 믿었고, 그래서 손실을 입은 경우가 많았다. 주가를 올리기 위해 거짓 정보를 뿌리는 일은 우리나라 주식시장에만 있지 않다. 동서고금을 막론하고 주식시장이 열리는 곳에서는 늘 있어 왔던 일이다. 갈수록 교묘해지고 정교해진다는 점이 다를 뿐이다.

일급 정보라면서 다가와 알려주는 사람이 있다면 한번 물어보라. "그 정보로 네가 다 사지, 왜 남들한테 알려줘?"

11. 시장에 겸손하라

돈을 벌고 있을 때 더 조심해야 한다. 돈을 버는 상황이 꾸준히 이어지면 어느새 자만심에 가득 차서 무슨 일이든 마음먹은 대로 될 것 같은 착각에 빠지기 쉽다. 심지어 주식시장조차 내가 생각한 대로 움직일 것 같다는 지극히 위험한 발상을 하게 된다. 말이 안 된다고 생각하는 사람이 있을지 모르지만 직접 겪어 보면 알 것이다.

수익이 계속 늘어나면 우쭐해지고 긴장감도 풀어진다. 그래서 평상시 같으면 지극히 조심할 일조차 무시하고 넘어가버린다. 그런 일이 반복될수록 주식 시장의 무서움을 크게 경험하게 될 것이다.

12. 주식을 믿지 마라

아무리 확실한 기법을 갖고 있다 하더라도 주식이 반드시 그 기법대로 갈 거라고 믿어선 안 된다. 나 역시도 이전에 나름대로 확신에 찬 기법이라는 생각으로 원하는 가격대에 이르렀을 때 미수로 풀 베팅을 했다가 크게 당한 적이 있다. 주식은 내가 어떤 기법을 쓰고 있는지 모르고, 관심도 없다. 내 생각대로 주식이 움직여줄 거라고 기대하지 말아야 한다.

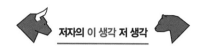

데이트레이더의 빛과 어둠

내가 주식시장에서 큰돈을 번 것은 대부분 데이트레이딩의 결과이긴 하지만 이렇게 되기까지는 정말 쉽지 않은 시간을 살았다. 그렇지만 더 이상 물러날 곳이 없다는 생각으로 처절하게 스스로를 단련시켰기에 살아남을 수 있었다.

지금도 많은 사람이 전업투자를 꿈꾸고 있다. 직장을 다니는 것보다 시간을 여유롭게 쓸 수도 있고 누구의 간섭도 받지 않고 주식투자를 할 수 있기 때문이다. 직장을 다니며 간간이 매매를 하다가 수익을 많이 낸 사람이라면 특히 그런 열망을 갖게 된다.

그런데 전업으로 뛰어들기 전에 반드시 알아야 할 것들이 있다. 나도 그런 과정을 거쳐 전업투자자가 됐고 5년이라는 암흑기를 보내야 했다. 당시는 개인이 전업투자를 하는 경우가 많지 않아서, 아니 많았을지 모르지만 지금처럼 정보를 교류하는 것이 쉽지 않았기 때문에 나는 그야말로 아무것도 모른 채 전쟁을 시작했다. 나와 같은 일을 다른 사람들은 덜 겪기를 바라는 마음에서 이 이야기를 하고자 한다.

전업투자자, 정말 돈도 쉽게 척척 벌고 자유로운 직업일 것 같다는 생각이 들 것이다. 하지만 모든 것이 그렇듯이 빛이 있으면 어둠이 있기 마련이다. 전업투자 역시 마찬가지다.

첫 번째로 생각해야 할 점은 매매를 통해 반드시 수익을 내야 한다는 것이다. 전업투자자가 되면 이것이 생계수단이 되기 때문에 직장이나 다른 돈벌이 수단이 있을 때와는 긴장감의 정도가 완전히 달라진다. 매수나 매도 버튼을 누를 때마다 이것이 최선의 결정인가를 수없이 생각하게 된다.

두 번째는 모든 결정을 스스로 내려야 하고, 그 책임도 자신이 져야 한다는 점이다. 직장에 다닐 때는 상사도 있고 동료도 있고 거래처도 있어서 어떻게 할 것인지를 함께 의논하여 좋은 방법을 찾아나갈 수 있다. 그렇지만 주식시장에서는 이 종목을 매수하는 것이 좋은지 어떤지 물어볼 상대가 없다.

주식 관련 사이트를 보면 종목에 대한 고민이나 상담글이 올라오는 것을 볼 수 있다. 하지만 전업투자자라면 계속해서 남의 의견에 기대서 매매해서는 안 된다. 그리고 반드시 그 답변들이 맞다고 할 수 없으며, 책임은 온전히 자신이 져야 한다. 돈이 들어와도 내 계좌로 들어오고, 빠져나가도 내 계좌에서 빠져나간다는 것을 명심하자.

세 번째는 매매할 때마다 발생하는 수수료 문제인데 이것도 무시할 수 없는 금액이다. 매수주문이 체결되면 증권사에 위탁수수료가 무조건 나간다. 수수료율은 증권사마다 조금씩 차이가 있는데 최저 수수료율은 0.015%다. 그리고 매도주문이 체결될 때는 같은 비율의 위탁수수료를 한 번 더 내야 하고 거기에 0.23%의 증권거래세가 무조건 매겨진다.

수수료와 세금이 거래를 할 때마다 기본적으로 빠져나간다. 매도 시의 수수료와 거래세는 만약 주가가 오른 경우라면 금액이 더 높아지고, 주가가 빠져 손절매를 하는 경우라도 면제되지 않는다. 소수점 이하 백분율이라고 해서 우습게 볼 수도 있겠지만 지금 당장 계좌 내역을 검색해 월별로 얼마의 수수료를 냈는지 확인해보면 기절초풍할 것이다.

수익도 손실도 없이 매수한 가격에 매도했다고 생각해도 계좌는 조금씩 조금씩 깎여나간다. 매매 횟수가 잦고 투자금의 규모가 큰 사람이라면 매월 몇 천만 원의 수수료와 세금을 내게 된다.

　이 때문에 주식 매매가 마이너스섬 게임이라 불리는 것이다. 전업투자자에게만 해당되는 얘기는 아니지만, 계좌가 줄어드는 것은 전업투자자에게는 엄청난 심적 압박을 가져오므로 특히 신경 써야 한다.

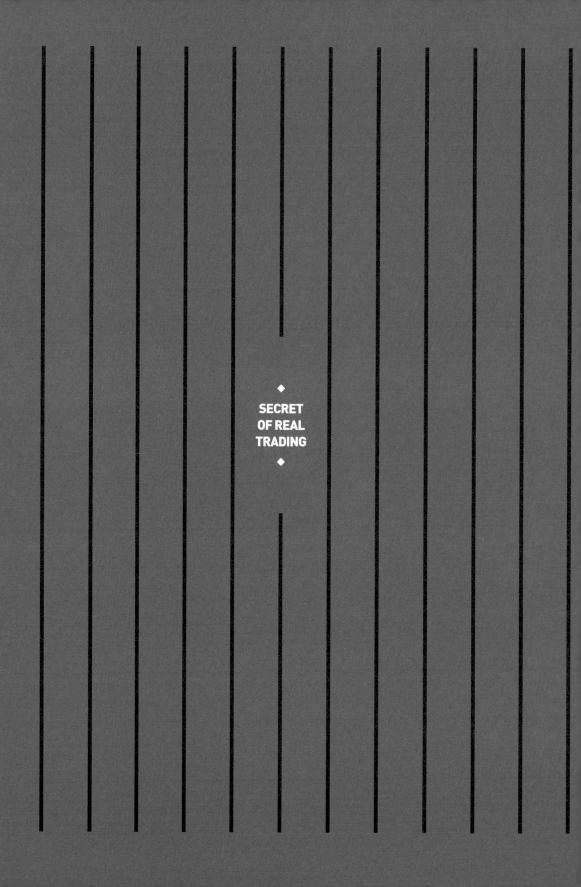

◆

**SECRET
OF REAL
TRADING**

◆

PART 2

매매 전 갖춰야 할
핵심 분석능력

주식시장이 발달하면서 기술적 분석도 끊임없이 발전해왔다. 그 모든 연구 결과를 논하자면 끝이 없다. 때문에 그 모든 것을 배우기란 불가능할 뿐더러 알 필요도 없다. 이 책에서는 실전에 필요한, 내 경험상 반드시 알아야 한다고 생각하는 것들만 압축해서 다루었다. 각 항목을 수박 겉핥기식으로 읽고 넘어가지 말고 행간을 읽으면서 음미하길 바란다.

기술적 분석,
이것만 알면 된다

매매에 필요한 것을 익혀라

주식시장에서 실제로 주가가 결정되는 것은 주식의 수요와 공급에 의해서다. 주식의 수급에는 기업의 내재적 가치뿐만 아니라 시장의 자금흐름이나 테마 등 기업이 가지는 본질적인 가치와는 무관한 많은 불합리한 요인이 영향을 미친다. 따라서 실제 주가는 기업의 내용과는 동떨어진 상태에서 형성되는 것이 일반적이다.

기업의 내용과는 별개로 실제로 주식시장에서 주가가 움직이는 모양이나 추세만을 집중적으로 분석해서 주가를 예측하는 것을 '기술적 분석'이라고 한다. 다시 말해 주가가 만들어내는 차트와 거기서 나타나는 신호를 보고 매수와 매도를 결정하는 투자 방법이다.

주식시장이 발달하면서 기술적 분석도 끊임없이 발전해왔다. 그 모든 연구 결과를 논하자면 끝이 없다. 때문에 그 모든 것을 배우기란 불가능할 뿐더러 알 필요도 없다.

실전에서 필요한 분석 방법은 사실 몇 가지에 불과하다. 나도 이 책을 쓰면서 되도록이면 많은 내용을 전달하고 싶다는 욕심에 100페이지가 넘는 분량을 썼지만 다 지워버렸다. 내가 사용하지 않고 유용성을 느끼지도 못하는 분석법을 소개한다는 것이 무의미하다고 생각했기 때문이다.

이 책은 실전을 다루는 책이므로 실전에 필요한, 내 경험상 반드시 알아야 한다고 생각하는 것들만 압축해서 다루었다. 각 항목을 수박 겉핥기식으로 읽고 넘어가지 말고 행간을 읽으면서 음미하길 바란다.

먼저 기술적 분석에서 반드시 알아야 하는 것으로 저항과 지지, 캔들, 이동평균선, 거래량에 대해 알아보자.

저항선과 지지선

저항과 지지를 판단하는 데에는 여러 방법이 있고, 투자자마다 자신에게 맞는 방법을 사용한다. 전고점(전저점)이나 이동평균선, 추세선 등 여러 가지가 있는데 나는 주로 전고점(전저점)으로 판단한다. 전고점과 전저점은 그냥 생긴 것이 아니라 매수세와 매도세가 사투를 벌여 결정된 가격이기 때문이다.

저항선이란 주가의 고점들을 연결한 선으로 추가적인 주가 상승을 억제시킬 정도로 매도세력이 매수세력을 압도하는 주가 수준을 의미한다. 지지선은 저항선의 반대 개념이다. 주가의 저점들을 연결한 선으로 추가적인 주가 하락을 떠받칠 수 있을 정도로 매수세력이 매도세력을 압도할 수 있는 주가 수준을 의미한다.

> **전고점은 저항, 전저점은 지지 역할을 한다.**

저항선과 지지선은 실전 매매에서 다음과 같은 경우에 활용할 수 있다. 물론 항상 그렇다고 말할 수는 없으며 그러한 경향을 갖는다는 수준으로 이해해야 한다.

- 현재 주가가 최소한 어느 수준까지 상승할지 하락할지를 예측하는 데 도움을 준다.
- 매수, 매도 시 기준점이 된다. 예를 들어 지지선에서 지지되면 매수, 붕괴할 때는 매도 신호로 볼 수 있다. 저항선의 경우 돌파되면 매수, 저항을 받으면 매도로 판단한다.
- 추세 전환의 신호가 된다.
- 고점과 저점의 봉우리가 많을수록 신뢰도가 커진다.

- 일봉 차트뿐만 아니라 주봉 차트에서도 신뢰도가 높다. 주봉의 경우 저점을 잘 잡으면 높은 수익률을 올릴 기회가 된다.

또한 저항선과 지지선의 또 다른 특성은 돌파와 함께 성격이 바뀐다는 점이다. 저항선은 일단 돌파되면 이후에는 지지선으로 작용하고, 지지선은 일단 돌파되면 이후에는 저항선으로 작용한다.

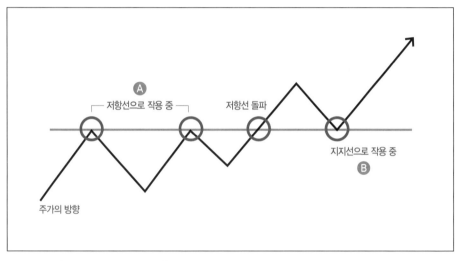

그림 2-1 저항선과 지지선의 역할 전환

다음 두 차트 〈그림 2-2〉와 〈그림 2-3〉에서 볼 수 있듯이 고점들을 연결한 선 A는 저항선이고 저점들을 연결한 B는 지지선이다. 〈그림 2-3〉의 부광약품 주봉 차트를 예로 들면 흔히 사용하는 박스권 매매 기법에 의하면 1만 6,000원 부근에서 매수하여 2만 2,000원 정도에서 매도했을 것이다. 물론 주봉이므로 어느 정도 장기 관점을 가진 투자자들의 방법이다. 그런데 2019년 8월에 주가가 지지선을 이탈하며 떨어졌다.

그림 2-2 현대차(주봉)

그림 2-3 부광약품(주봉)

당시는 코스피와 코스닥이 하락하면서 대형주도 특별한 악재 없이 큰 낙폭을 보였다. 부광약품의 주가는 회복되는 과정에서 B선에 이른 후 코로나 치료제 관련주로 2020년 3월 부근부터 큰 폭으로 상승했다. 상승 과정에서 이전 지지점을 저항으로 조정을 거친 후 저항이던 전고점을 돌파하고 그 전고점을 지지삼아 재차 상승이 일어난 사례이다.

저항과 지지만 알아도 돈을 벌 수 있다는 것을 〈그림 2-4〉 현대차 일봉 차트를 통해 알 수 있다. 주가는 보통 저항선 근처에서 다시 떨어지려고 하고 지지선에서는 다시 올라가려고 하는 경향을 보인다.

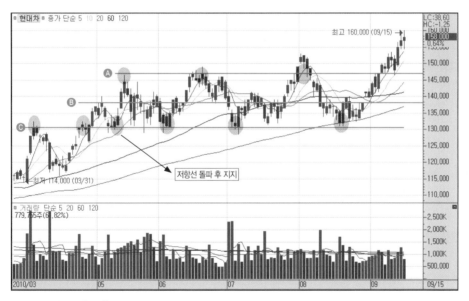

그림 2-4 현대차(일봉)

그림 2-5 부광약품(일봉)

〈그림 2-5〉 부광약품의 2020년 3월 일봉 차트를 보자. 이 시기 고점으로 저항선 역할을 했던 A를 보면 3월 말 가격대를 강하게 돌파한 뒤 지지선으로 뒤바뀌게 된다. 저항선을 강하게 돌파한 후 4월 중순 이 고점 가격대를 지지하며 재차 상승했다. B도 마찬가지이다.

캔들 차트 활용 노하우

현대 주식시장에서 캔들 차트는 기술적 분석에서 아주 중요한 요소가 되었다. 캔들 차트 없이 어떻게 주가를 분석할 수 있을까 싶을 정도이다. 캔들 차트는 일본에서 만들어진 것으로 시가, 종가, 고가, 저가라는 네 가지 가격을 하나의 그림에 포함하고 있다.

캔들의 중요성은 보통 사람들이 생각하는 것 이상이다. 다른 상황 없이 캔들 하나만 그려놓고 주가의 방향을 예측한다는 건 말이 안 되지만 각각의 캔들과 나타난 위치 등을 감안하면 전체 흐름을 파악하는 데 큰 도움이 된다. 단기적으로 분봉 차트를 이용하여 매매 시점을 잡거나 추세 반전을 예상하는 데에도 캔들을 빼놓을 수 없다.

캔들에 대해서도 자세히 소개하려고 기초부터 정리했다가 모두 지워버렸다. 사실 주식투자자라면 대부분 캔들 공부를 했을 것이고 극소수를 생각하며 설명한다는 것이 비효율적이라는 생각이 들었다. 대신 실전에서 정말 중요한 핵심들만 요약하는 것이 내가 할 일이라고 생각했다. 캔들에 대해 기초부터 자세히 공부하고 싶은 사람은 서점에 가면 좋은 책을 금방 찾을 수 있을 것이다. 캔들 공부를 할 때도 인터넷에 떠도는 내용을 짜깁기식으로 주워 모을 것이 아니라 가장 원론적으로 다룬 책을 선택해 공부하는 것이 훨씬 도움이 될 것이다.

캔들을 매매에 활용할 때 장대양봉이나 망치형, 역망치형 등을 매수 관점으로 보고 장대음봉이나 비석형, 교수형 등이 나타나면 매도해야 한다고 생각하는 사람이 많다. 하지만 이를 교과서적으로 적용할 경우 아주 큰 함정에 빠질

소지가 있다. 이것이 바로 캔들의 원론을 배워 그 안에 담긴 투자자들의 심리까지 꿰뚫어야 하는 이유다.

다음 〈그림 2-6〉과 〈그림 2-7〉을 보며 흔히 저지르는 오류를 확인해보자.

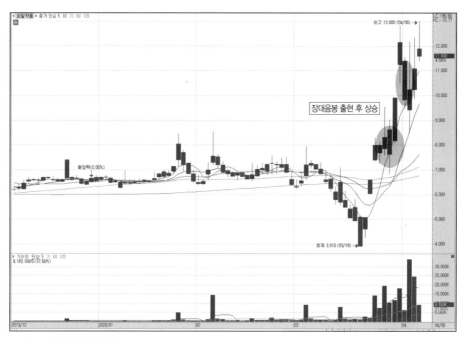

그림 2-6 화일약품(일봉)

차트 오른쪽 부분에 타원으로 표시한 캔들이 장대음봉이다. 더욱이 직전에 어느 정도 상승이 진행된 다음에 나타난 장대음봉이기 때문에 '고점에서 장대음봉은 매도'라는 교과서적 신호에 딱 들어맞는다. 하지만 그다음 날부터 주가는 지속적으로 상승을 이어갔다.

〈그림 2-7〉은 역망치형 캔들의 사례를 보여준다. 왼쪽 타원으로 표시한 부분을 보면 마지막에 가서 역망치형과 적삼병까지 나왔다. 고점에서 하락이 이어졌지만 진정이 되는 것으로 볼 수도 있는 상황이다. 그렇지만 이후 주가는 이전 낙폭을 훨씬 넘어 더 하락했다.

이번에는 오른쪽 타원을 보자. 원의 가운데에 역망치형이 출현했다. 지난번과 달리 여기서는 상승으로 나아갔다.

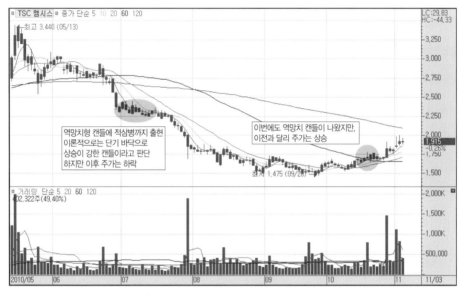

그림 2-7 TSC멤시스(2018년 9월 에이아이비트로 상호 변경) 일봉

이 두 사례를 통해 강조하고 싶은 것은 캔들을 그 자체로만 보지 말고 먼저 추세를 파악해야 한다는 것이다. 상승 추세일 때는 장대음봉이 나오더라도 이후 양봉이 나오며 상승하는 경우도 있고, 하락 추세일 때는 상승형 캔들이 나오더라도 일시 반등일 경우가 많다.

고수는 음봉을 좋아한다는 말이 있다. 상승 추세에 있는 종목을 매수했는데 음봉 도지나 유성형이 출현하면 매도하는 사람들이 많다. 음봉을 두려워하는 것이다. 하지만 이곳은 상승 중에 잠깐 숨을 돌리는 눌림목인 경우가 많다. 이후 더 크게 상승하기 위해서 잠깐 힘을 모으는 것이다.

반대로 어떤 종목에서 장대양봉이 나오면 조건을 따지지 않고 매수하는 사람들이 많다. 그런데 예전과 달리 지금은 장대양봉이 고점 신호인 경우가 드물지 않다. 나도 양봉에 자신 있게 들어갔다가 고점에 물린 경험이 많다.

이상하게도 사람 심리가 양봉에서 매수한 경우는 음봉에서 매수했을 때보다 손절매를 하는 게 쉽지 않다. 다시 올라갈 것 같기 때문이다. 매수한 후 곧바로 주가가 꺾여도 장중 조정을 받고 올라갈 거라고 생각한다. 오전 장에 장대음봉이었다가 오후에 위로 긴 꼬리를 다는 종목들이 얼마나 많은지 한번 찾아보기 바란다.

이동평균선도 그렇지만 캔들에도 속임수가 너무나 많다. 그 이유는 널리 알려진 분석법이기 때문이다. 누구나 알고 있는 기법은 더 이상 기법이 아니다. 도리어 이를 역이용하는 세력들이 등장하면 먹잇감이 되기 딱 알맞다.

거래량도 마찬가지다. '거래량은 속일 수 없다'는 말이 주식시장에는 거의 변하지 않는 법칙인 것처럼 여겨지고 있다. 거래할 때마다 실제 돈이 들어가기 때문이라고 말한다. 하지만 반드시 그렇지만은 않다. 이에 대해서는 거래량(97쪽 참고)에서 자세히 알아보도록 하자.

갈수록 캔들에 속임수가 많아지고 있지만 그렇다고 해서 캔들을 몰라도 되는 것은 아니다. 오히려 속임수를 이겨내기 위해 더 철저히 공부해야 한다.

실전에서 활용할 수 있는 캔들의 핵심 포인트를 살펴보자.

가장 먼저 알아야 할 사실은 캔들이 보여주는 가격 중 시가와 종가가 가장 중요하다는 것이다. 시가와 종가는 일반 개미들이 만들 수 없다. 세력이 자금력으로 만드는 것이다.

그중에서도 가장 중요한 것이 시가인데, 시가는 전일 장 마감 후의 모든 변동 상황을 포함하는 가격이다. 실전적으로 보자면, 전일 대비 호가 공백이 많고 물량이 한산한 것은 좋지 않다. 시가 물량이 전일과 비교했을 때 증가해야 하며, 이 종목들을 기준으로 시가가 얼마에 형성되는지 살펴봐야 한다. 동시호가 때의 시가 변화와 시가의 의미를 이해한다면 데이트레이더로서 30%는 먹고 들어간다고 해도 과언이 아니다.

초보 투자자들이 실수를 많이 하는 지점이 바로 시가에 대한 것이다. 동시호가가 높게 또는 낮게 출발한다고 해서 매수하면 오히려 손실이 난다. 높든 낮든 왜 그렇게 출발하는지 이유를 알고 접근해야 한다.

시가를 보고 판단할 수 있는 상승 징후로 다음과 같은 것들이 있다.

1. 역배열 상태에서 주가가 바로 위의 이동평균선을 넘어 갭 출발하면 상승 확률이 높다.
2. 전날 음봉이었는데 갭 상승을 한다면 상승 확률이 높다.
3. 강한 테마에 속해 있거나 호재가 있는 경우 +10% 이상 출발한다면 일단 상한가를 찍을 확률이 높다. 단, 상한가를 찍은 후에 떨어지는 경우도 있으니 상한가 문을 닫은 후에도 경계심을 늦추면 안 된다.

그럼 시가와 이동평균선의 관계를 알아보자.

1. 상승하던 주식의 상승이 둔화되고 시가가 5일 이동평균선 아래로 찍히면 단기 매도이며, 재매수 시점은 10일과 20일 이동평균선 사이가 된다.

2. 시가가 20일 이동평균선 아래로 결정되면 중기적인 관점에서 매도이다. 다음 지지선은 45일 이동평균선에서 60일 이동평균선 정도가 되며 중간에 단기 반등이 나올 수도 있지만 지속적인 하락으로 봐야 한다.

3. 5일 이동평균선이 깨진 상태에서 20일 이동평균선이나 60일 이동평균선 위에서 시가가 형성되면서 초반부터 많은 거래량을 동반하면 추세가 상승으로 반전될 확률이 높다.

데이트레이딩에서 최적의 매수 시점은 시가 형성 후 주가가 하락했다가 반등할 때 시가를 돌파하는 바로 그 시점이다. 시가는 강력한 저항대이므로 그 저항을 뚫으면 상승할 확률이 높다.

결론적으로 캔들이란 가격에 의해 만들어지는 것이다. 때문에 가격이 어떻게 형성되는지가 중요하다. 또한 추세를 잘 살펴야 하며 캔들 해석에는 여러 가지 변수가 있으므로 각각의 경우를 대입시켜 연구해보기 바란다.

거래량의 의미 제대로 읽는 법

시장의 눈이 한곳에 쏠리는 가장 큰 이유는 연속 상한가나 연속 하한가가 나타날 때이다. 그리고 그에 못지않게 대량 거래가 터지는 종목들도 집중적인 관심을 받는다. 바닥권에서 대량 거래가 일어나든, 고가권에서 대량 거래가 일어나든 거래량이 증가하면 시장 참여자들은 당연히 무슨 일인가 하고 몰려들게 된다.

그중에서도 데이트레이더들은 특히 대량 거래 종목에 주목한다. 어느 날 느닷없이 어떤 종목의 거래량이 평소 대비 3, 4배 증가해 있다면 전국의 데이트레이더는 한 번쯤 들여다봤다고 생각하면 된다. 그 이유는 주가의 변동성 때문이다.

대량 거래가 발생하면 평소보다 힘이 있는 상태이므로 주가는 위로든 아래로든 더 많이 움직인다. 주가 변동폭이 크다는 것은 데이트레이더들이 매매 기회를 찾아내기가 쉽다는 얘기다.

대량 거래가 터진 지점이 어디인지에 따라 해석을 달리해야 한다. '고가권에서의 대량 거래는 일단 피하라.' 이 말은 대체로 맞다. 특별한 이유가 없는 한 고가권에서 거래량이 터지면 일단 피하는 것이 상책이다. 물론 종목의 주포들이 고가권에서 장대음봉에 대량 거래를 터뜨리고도 종종 올리는 경우가 있긴 하지만, 이런 예외적인 상황에 내 돈을 맡기다가는 곡소리가 날 수도 있다.

그런데 바닥권에서 대량 거래가 일어나는 경우라면 어떨까? 이때는 무조건 매수라는 공식이 통하지 않는다. 일단 관심종목으로 편입시켜 놓고 이후 추이를 봐야 한다. 이때도 리스크 관리 차원에서 회사가 정말 부실한 경우는 무조건 배제시켜야 한다.

거래량이 터지더라도 본격 시세를 주기까지 짧게는 15일에서 길게는 6개월 또는 그 이상 걸리는 경우가 있다. 그런데 바닥권에서 대량 거래라고 해서 무조건 매수한다면 물론 언젠가는 상승할지 몰라도 기회비용 차원에서 현명한 일이 아니다. 매일 주가의 추이를 보면서 저항선을 돌파할 때 매수해도 시세에 충분히 동참할 수 있다.

다음 사례들에서 실제로 확인해보자.

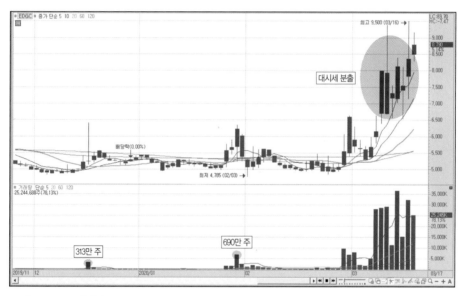

그림 2-8 EDGC(일봉)

〈그림 2-8〉은 2020년 3월 초·중순부터 코로나 테마를 등에 업고 한 달도 안되어 두 배 이상의 폭발적인 주가 상승을 보인 EDGC 차트다. 차트에 표시한 것처럼 2019년 12월 16일 바닥권에서 313만 주라는 대량 거래가 일어났다. 평상시 거래량이 10만 주도 안 되던 종목에서 무려 30배 가까운 거래량 폭발이 나타

난 것이다. 하지만 주가는 바로 급등하지 않았다. 20여 일 후인 2020년 1월 30일 또 한 번 690만 주의 폭발적인 거래가 발생했는데도 주가는 이후 3월까지 횡보했다.

주가가 본격 시세를 분출한 것은 2020년 3월부터였다. 주포들은 절대 개미투자자들과 같이 가려고 하지 않는다. 대량 거래가 터지면 개미가 몰려들 걸 뻔히 알기 때문에 계속 주가를 관리하며 관심이 사라지길 기다리는 것이다. 의도했든 의도하지 않았든 EDGC가 코로나 진단키트 관련주로 테마에 엮여서 큰 급등이 나왔다. 단순한 테마의 발생으로 볼 수도 있지만, 상승 준비가 되어 있는 종목이 테마에 엮였을 때 여러 테마군 종목 중에서도 선택과 압축으로 종목을 선정하기에 용이하다.

그림 2-9 디피씨(일봉)

〈그림 2-9〉의 디피씨도 비슷한 패턴을 보였다. 방탄소년단으로 주가가 크게 상승하였다가 다시 제자리 부근으로 돌아왔다. 그리고 2019년 8월 27일 2,000만 주가 넘는 거래량이 일어났다. 평상시 거래량은 많아봐야 100만 주였는데, 이에 비하면 10배가 넘는다. 하지만 주가는 곧바로 급등하지 않았다. 약 20일 뒤인 9월 17일 1,700만 주의 거래량이 터졌는데 오히려 시가보다 떨어진 상승음봉으로 마감했다. 이후에는 지속적으로 횡보와 하락을 반복하며 박스권 구간을 형성하였다. 그런 후 2020년 1월 31일부터 본격적으로 시세를 냈다. 참고로 앞에서 얘기한 전고점 돌파 후 매수 기법을 활용했다면 큰 수익을 낼 수 있는 주가 흐름이었다.

두 사례에서 확인했듯이 대량 거래가 터지면 개미투자자들이 불나방처럼 들어오기 때문에 주가는 금세 급등 구간으로 가지 않는다. 개미들이 많이 붙지 않았다는 판단이 들면 바로 급등시키는 경우도 있지만 이는 극소수에 불과하다. 요즘에는 바닥권에서 두 번 정도의 대량 거래가 발생한 후 조정 기간을 거친 다음 급등하는 경우가 많다. 하지만 이것도 지금까지의 패턴이지 알 만한 사람들이 모두 알아버리면 또 바뀔 것이다. 때문에 시장의 패턴을 항상 연구해야 한다.

요즘 주식시장을 보면 예전 같지 않다는 걸 느낀다. 예전에는 눌림목 구간에서 거래량이 감소하면 상승하고, 거래량이 터지면 하락하는 경우가 많았다. 그러나 요즘에는 거래량이 실리더라도 선도세력이 물량을 모두 던지지 않고 물량을 조절하기도 한다. 그래서 더 하락할 확률이 높아 보이는데도 불구하고 재상승을 하는 경우가 종종 있다.

기술적 분석 중에서도 제일 확률이 높은 것이 거래량이다. 수급이 받쳐주려면 거래량이 터져야 되기 때문이다. 거래량이 터지지 않는 주식은 단기 매매나 스윙 매매로는 절대 불가능하다. 아주 소액으로 주식투자를 한다면 거래량이 없는 곳이라 해도 별 상관은 없을 것이다. 하지만 진짜 단기 매매를 하려면 거래량이 터지는 곳에서 놀아야 한다.

세력주를 예로 들어보자. 수급은 모든 재료에 우선하게 되어 있다. 보통 거래량이 터지면서 올라가는 주식들 중에 악재가 나와서 이틀 정도 큰 폭의 하락이 나오기도 한다. 보통은 추세가 무너졌다고 생각하지만 곧바로 올려버리는 경우가 가끔 있다. 강한 수급의 힘이 있기 때문이다.

거래량은 매수세의 힘이다. 하지만 주포가 있는 거래량인지, 공시에 개미들이 중심이 되는 거래량인지를 잘 파악해야 한다. 주포가 있는 거래량은 쉽게 꺾이지 않지만 개미들이 많이 붙은 거래량은 쉽게 꺾여버린다.

실전에서 활용할 수 있는 거래량의 핵심 포인트를 주가 위치별로 정리해보면 다음과 같다.

■ 주가가 바닥일 때

주가가 장기간 하락한 후 바닥권에서 횡보하면서 거래량이 현저하게 줄어든 상태다. 주가가 하락하면서 팔 사람들은 이미 대부분 팔았기 때문에 매도 물량도 적고, 거래량이 너무 없기 때문에 매수세도 손쉽게 들어가기 어려운 상황이다. 그런 바닥권에서 거래량이 증가한다면 관심종목 1순위로 등록시켜야 한다. 이때 평상시 거래량과 비교했을 때 10배 이상 증가하는 경우가 많다.

물론 거래량이 터진다고 바로 매수에 들어가는 것이 아니라 관심종목으로 등록한 후 준비만 하고 있어야 한다. 이후 저항선을 강하게 돌파하는 시점이 최적의 매수 시점인데, 그 시점에서 회사 상황과 수급 주체, 차트 모양 그리고 가장 중요한 상승 모멘텀 등을 반드시 확인해야 한다.

■ 주가 바닥권에서 급락 중 거래량 증가

주가가 급락하는 와중에 거래량이 증가한다는 것은 일단은 급락을 멈출 것이라는 신호가 될 수 있다. 그리고 대개는 급락이 멈춘 후 곧바로 상승세로 이어지곤 한다. 그런데 요즘 같은 경우는 바닥권에서 급락 중에 거래량이 증가한 후 재차 급락하기도 한다. 이럴 때는 당시 상황이 어떤지를 파악하고 매매 결정을 내려야 한다.

■ 주가 바닥권에서 급락 중 거래량 감소

보통 주가가 급락을 하면 거래량이 터질 수밖에 없다. 수급이 무너져서든, 악재가 터져서든 주가가 단기적으로 크게 빠진다면 데이트레이더들이 기회를 노리고 진입하기 때문이다.

그런데 단기 급락 구간이 진정된 후 급락이나 급등을 하지 않으면 거래량이 줄어들면서 횡보하는 경우가 많다. 그럴 때는 관망해야 하며, 관심종목에 넣어두고 있다가 거래량 감소 이후 주가가 다시 위로 향하면서 거래량이 터질 때 진입하는 것이 좋다.

■ 급등 중에 거래량 증가

급등 중에 거래량이 증가한다는 건 위험부담이 있다. 변동성이 워낙 심해지기 때문에 매매를 잘하는 사람들에게는 매력적인 구간이 되겠지만, 일반 개미투자자나 초보 투자자들에게는 어려운 구간이다. 거래량이 증가하면서 상한가를 굳힌다면 괜찮겠지만 상한가 문을 완전히 닫지 못하면 오후 장에 급락할 위험도 있으므로 관망하는 것이 좋다.

■ 급등 중에 거래량 감소

급등 중에 거래량이 감소하면서 주가가 조정을 받는 경우가 있는데 이때가 눌림목 구간의 급소다. 이후 거래량이 증가하면서 급등할 때가 종종 있다.

■ 상투권 거래량

상투권이란 주가가 장기간 상승 후 조정을 받으며 대량 거래가 이루어지고, 그 이후 주가가 하락하는 국면을 말한다. 일반적으로 상승하면서 이루어진 거래량의 몇 배가 더 거래되고, 수일간 지속되기도 한다.

저렴한 가격에 대량으로 주식을 산 주포 또는 대량 보유자들이 주식을 처분한 것으로, 이 물량을 받은 사람으로부터 더 높은 가격으로 사줄 다른 매수세가 나타나지 않을 때의 전형적인 모습이다. 일반적으로 거래량 상투 후에는 주가 상투가 뒤따르는데, 당시로서는 그것이 중간 과정인지 진짜 고점에서의 상투인지를 파악할 수 없다. 다만, 아주 고가권에서 상승 중 거래량의 다섯 배 이상 대량 거래가 터진다면 상투라고 판단하는 것이 현명하다. 그 종목을 보유하는 상황이라면 매도하고, 더 올라가더라도 관심을 두지 말아야 한다.

이동평균선의 실전 급소

이동평균선이란 쉽게 말해 일정 기간 동안 종가의 평균값을 연결한 것이다. 예를 들어 20일 이동평균선이라면 20일 동안의 종가를 모두 더한 뒤 20으로 나눈 값이다.

이동평균선을 이용하면 단기, 중기, 장기별 시세 흐름을 쉽게 파악할 수 있고 이를 토대로 이후 주가를 예측하기가 용이하다. 가장 흔한 예로는 이동평균선의 골든크로스와 데드크로스를 가지고 상승과 하락을 예상하며, 기간별 이동평균선의 배열 상태를 보고 정배열과 역배열에 의한 주가 흐름도 판단한다.

이렇듯 이동평균선 역시 기술적 분석의 가장 기본에 해당하는 요소이지만 그 신호를 지나치게 확신하는 것은 이롭지 않다. 대개 이동평균선을 기준으로 지지와 저항을 설정하지만, 이것은 언제든 깨질 수 있다는 사실을 항상 염두에 두고 있어야 한다.

내가 이동평균선이 무엇인지 배우던 시절에는 그래도 지지와 저항 역할을 꽤 정확하게 볼 수 있었다. 예를 들어 20일 이동평균선 근처에서 매수하면 대부분 수익을 내고 매매를 마무리할 수 있었다. 그런 상황들에 기반하여 생명선이니 세력선이니 수급선이니 하는 별칭이 붙었다.

하지만 언제부턴가 이를 깨는 경우가 더 많아졌다. 철석같이 믿고 있던 나로서는 이동평균선에 대한 믿음을 버리는 데 상당히 애를 먹었다. 지금은 이동평균선을 기준으로 매수하더라도 언제든지 깨질 수 있음을 알기 때문에 설마라고 생각하지 않고 빠르게 손절매를 할 수 있게 되었다.

앞서 설명한 캔들, 거래량과 마찬가지로 이동평균선도 그 자체만으로만 판단해서는 무리가 있다. 호가와 수급의 흐름, 거래량 등을 동시에 파악해야 한다. 하지만 그런 실력을 갖추기까지는 어느 정도의 경험과 시간이 필요하다.

그 시간을 단축시키는 데 도움이 될 수 있도록 실전에서 반드시 필요한 이동평균선과 관련된 노하우를 정리해보자. 다시 강조하지만 이동평균선은 이미 지나가버린 과거 주가를 평균하여 미래의 주가를 예측하는 후생성 지표라는 사실을 명심하기 바란다.

이동평균선은 추세의 변화를 하나의 값으로 압축해서 나타낸 것이므로 추세의 변화를 한눈에 알 수 있도록 해준다. 단기 선은 주가의 움직임에 예민하여 추세의 전환을 일찍 알려주지만 정확성은 약간 떨어진다. 반면 장기 선은 단기 선에 비해 주가 움직임에 상대적으로 둔감하여 추세의 전환을 알려주는 시기는 늦지만 보다 정확하다.

각 선들의 의미를 실제 사례를 보면서 확인하도록 하자.

■ 5일 이동평균선

5일 동안 평균 매매가격을 산출하여 나타낸 선으로 보통 일주일간의 흐름을 대변한다. 단기 매매를 할 때 중요한 지표 중 하나라고 할 수 있다. 5일 이동평균선을 타고 가는 경우에는 급격한 상승이 나올 수 있다. 이보다 빠른 3일 이동평균선을 타는 종목이라면 상승 각도는 더 가팔라진다. 5일 이동평균선을 기준으로 스윙 매매를 하려고 한다면 5일 이동평균선 위에 올라선 초기에 진입해야 리스크가 적다.

그림 2-10 NHN한국사이버결제(주봉)

〈그림 2-10〉은 NHN한국사이버결제 주봉 차트다. 2020년 3월 말에 5일 이동평균선에 올라선 뒤 중간에 잠시 5일 이동평균선을 깨기도 했지만 주가는 이후 꾸준한 상승을 지속했다. 이처럼 5일 이동평균선 위에 올라선 초기에 매수하면 안정적으로 스윙 기법을 적용할 수 있다. 하지만 지수 상황과 상승 모멘텀을 항상 같이 살펴보는 것이 좋다. 2020년 3월 중순부터 해당 구간은 코로나로 인한 지수의 급락이 반등을 일으키는 시기였으며, NHN한국사이버결제는 언택트 관련주이자 코로나 수혜주로서 상승 모멘텀이 있었다.

〈그림 2-11〉은 5일 이동평균선을 타는 또 다른 종목을 보여준다. 차트를 보면 알 수 있듯이 5일 이동평균선 위로 올라선 초기에 매수하려고 마음먹는다 하더라도 이렇듯 급등세가 진행된다면 매수하기 쉽지 않다. 급락이 나오면 순간적으로 5일 이동평균선이 깨져버릴 수도 있기 때문이다.

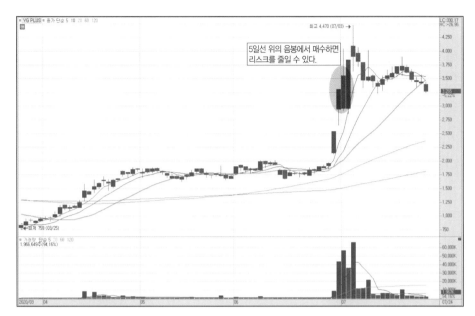

5일선 위의 음봉에서 매수하면
리스크를 줄일 수 있다.

그림 2-11 YG PLUS(일봉)

이럴 때는 종가상 5일 이동평균선 위에 있는 음봉에서 매수하는 것이 안전
하다. 종가 매수 후 다음 날 장 초반에 힘이 없으면 바로 손절매하고 나오는 것
이 좋다. 하지만 대개는 다음 날 크게 오를 확률이 높으며 상승률도 10% 이상
인 경우가 많다.

■ 20일 이동평균선

20일간 종가의 흐름을 연결한 것으로 한 달간의 주가 흐름을 보여준다. 중·
단기를 막론하고 대부분의 투자자가 예전부터 가장 중요하게 여겨온 이동평균
선으로 '생명선'이라고 부르기도 한다. 상승 추세에서 눌림 현상이 나올 때는 보
통 20일 이동평균선을 기준으로 반등이 나왔고, 20일 이동평균선을 깬 경우에
는 반등이 나오더라도 추세가 꺾여 일시 반등에 머무르는 경우가 많았다.

그런데 요즘에는 20일 이동평균선을 깨는 경우가 다반사로 일어나고 있다. 그 후 반등하여 20일 이동평균선까지 닿고 다시 하락하거나 20일 이동평균선을 재돌파하며 큰 상승으로 이어지기도 한다.

이동평균선도 추세가 상승이냐 하락이냐에 영향을 받는다. 상승 추세에서는 눌림목 구간도 잘 맞고 이동평균선 위에서 반등이 나와 추세를 이어가는 경우가 많다. 하지만 하락 추세에서는 이동평균선을 깨는 경우가 많다.

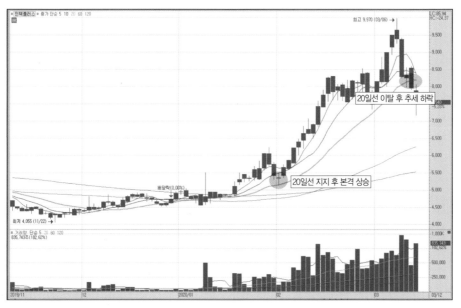

그림 2-12 인텍플러스(일봉)

〈그림 2-12〉에서는 주가가 20일 이동평균선을 딛고 일어서면서 본격 상승세를 만들었고, 이후로도 계속해서 20일 이동평균선 위에서 움직이고 있다. 오른쪽 끝부분을 보면 장대음봉으로 일시에 20일 이동평균선을 붕괴시킴으로써 추세가 완전히 끝났음을 알려준다.

■ 60일 이동평균선

3개월간의 평균 매매가격으로 중기 추세선이라고 부른다. 주가가 초기 상승 구간을 형성할 때는 5일, 10일, 20일, 60일 이동평균선을 차례로 골든크로스하면서 큰 반등으로 이어진다. 또한 상승 구간에서도 크게 급등한 후 하락하더라도 60일 이동평균선에서는 대개 반등이 나온다.

〈그림 2-13〉의 대우건설 일봉 차트를 보면 몇 달 동안 바닥을 다진 주가는 9월 중순 이동평균선의 골든크로스가 발생하면서 단기간에 큰 시세를 주었다. 이처럼 오랜 하락이 이어진 뒤 하락이 진정되고 더 이상 하락하지도 상승하지도 않는 횡보 구간을 거치는 종목이 있다. 자세히 보면 이런 종목의 이동평균선들이 비슷한 가격대에 모여 있음을 볼 수 있다. 이것을 이동평균선이 수렴됐다

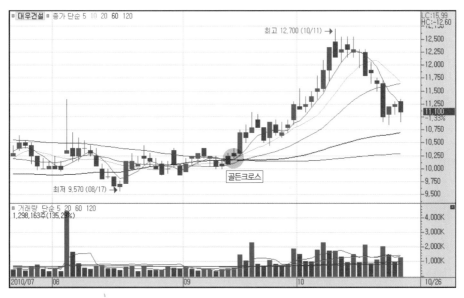

그림 2-13 대우건설(일봉)

고 말하는데 이 상태에서는 약간의 모멘텀만 주어져도 주가가 크게 움직인다.

하지만 반드시 급등한다고 말할 수는 없다. 하락으로 방향을 잡는다면 큰 낙폭을 보일 것이고, 상승으로 잡는다면 급등을 보일 것이다. 회사가 양호하고 이동평균선이 모여 있는 종목을 보면 관심종목에 등록해두는 것도 한 가지 방법이다.

〈그림 2-13〉의 대우건설 일봉 차트를 다시 보면 이동평균선 수렴 후 급등세를 보였고, 고점을 찍고 하락하면서 20일 이동평균선까지 붕괴시켰다. 하지만 60일 이동평균선에 가까워지자 하락이 진정되고 반등 기미를 보이고 있다.

■ 120일 이동평균선

6개월간의 평균 매매가격으로 장기 추세선이라고도 하고 경기선이라고도 한다. 주식시장은 보통 경기보다 6개월 정도 선행하는데 여기서 중요한 지표가 120일 이동평균선이다. 골든크로스가 이루어질 때도 60일 이동평균선만 있는 것보다 120일 이동평균선이 있는 것이 상승 확률이 더 높으며, 상승 후 하락을 하더라도 120일 이동평균선에서는 대개 반등이 나온다.

특히 급등주는 상승이 급한 만큼 하락도 급격히 진행된다. 때문에 20일, 60일 이동평균선을 깨는 경우도 종종 있는데 120일 이동평균선을 노리면 대부분은 성공한다. 120일 이동평균선은 급등주 마지노선이기 때문에 일반적으로 120일 이동평균선에서 큰 반등이 나온다.

그림 2-14 에스맥(일봉)

〈그림 2-14〉 에스맥의 일봉 차트를 보면 주가는 2019년 11월 초반부터 며칠 간 급상승했다. 그러다가 2019년 11월 중·후반부터 하락했다. 하락하던 주가는 2019년 12월 초반 60일 이동평균선과 120일 이동평균선의 골든크로스 부근에서 지지를 받고 며칠 후 상한가까지 갔다. 모든 종목이 이 정도의 상승을 보이는 것은 아니지만 이런 패턴일 경우 최소한 상승 반등 확률이 높다고 볼 수 있다.

〈그림 2-15〉는 2020년 코로나19로 인해 급격히 하락한 후 방탄소년단 드라마 제작 이슈로 급등했던 초록뱀미디어이다. 급등주들은 급등한 후에는 그만큼 급락하는 경우가 많다. 일반적으로 하락에서는 적어도 60일 이동평균선에서는 반등이 나오는데, 이 종목의 경우는 달랐다.

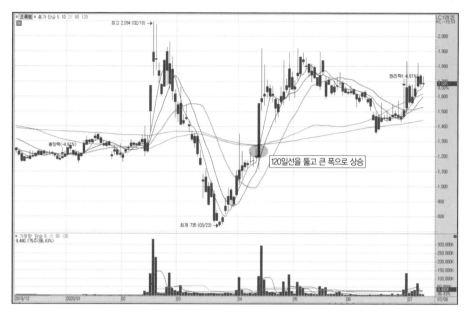

그림 2-15 초록뱀미디어(일봉)

60일 이동평균선에 이르러 반등하지 못하고 곧바로 하락을 재개했다. 120일 이동평균선을 이탈하며 큰 폭으로 하락했다. 이후 하락이 진정되면서 반등하여 120일 이동평균선을 돌파하면서 큰 폭으로 상승했다.

■ 이동평균선의 방향성과 배열 상태

이동평균선에서 방향성은 정말 중요하다. 이동평균선의 방향이 우상향이라는 건 추세가 살아 있다는 뜻이고, 우하향이라는 건 추세가 꺾였다는 뜻이다. 추세가 살아 있다는 것은 수급이 강력하다는 뜻이므로 웬만한 악재를 이길힘이 있다. 반면 추세가 꺾인 상태에서는 아무리 메머드급 호재가 나와도 속칭 '약발이 먹히지 않는다'.

또한 이동평균선이 정배열인지 역배열인지를 살펴야 한다. 정배열이란 단기 선이 제일 위에 있고 순차적으로 중기, 장기 선이 배치된 것을 말한다. 역배

그림 2-16 삼성엔지니어링(일봉)

열은 이와 반대 상황을 말한다. 이에 대한 활용법에 대해 〈그림 2-16〉을 보면서 잠깐 살펴보자.

정배열인지 역배열인지가 중요한 이유는 바로 이동평균선이 갖고 있는 지지와 저항의 역할 때문이다. 〈그림 2-16〉에서 보듯이 정배열 구간에서는 주가가 상승 추세에서 하락할 때 순차적으로 이동평균선의 지지를 받는다. 5일 이동평균선이 깨진 다음에는 10일 이동평균선에서 지지를 받아 상승을 이어가고 10일 이동평균선이 깨질 때는 20, 60일 이동평균선순으로 지지를 받는다.

그리고 역배열 구간에서는 주가가 하락 추세에서 반등이 일어날 때마다 순차적으로 이동평균선의 저항을 받는다. 위 차트의 역배열 구간에서 확인할 수 있듯이 주가는 맨 처음 5일 이동평균선의 저항을 받아 되밀리고, 이후 반등 시에는 10일, 20일, 60일 이동평균선순으로 저항을 받으며 오랜 하락을 이어가고 있다.

기본적 분석,
이것만 알면 된다

단기 매매에 더 중요한 기본적 분석

단기든 중기든 장기든 주식에 투자해 돈을 벌려면 최소한의 회사 분석은 할 수 있어야 한다. 내가 태어나서 처음 산 주식은 유한양행이었다. 그 주식을 산 이유는 유한양행에서 생산하는 안티푸라민이 잘 팔리고 있었고, 너무나 익숙한 상품이었기 때문이다. 단순무식하긴 하지만 기본적 분석의 관점이었던 것은 확실하다.

그 후 기술적 분석이라는 신세계를 접하면서 오로지 차트만으로 매매 결정을 할 수 있다고 믿었다. 하지만 그 과정에서 상장폐지를 당하거나 갑자기 공시가 뜨면서 일방적으로 거래정지가 되는 일도 겪었다. 그러면서 회사의 내재적인 가치를 무시하고 투자해서는 안 된다는 사실을 배웠다. 지금은 이름만 들어도 부실기업인지 우량기업인지를 판단할 수 있게 되었다.

　장기 투자자만 기업 분석을 해야 하는 것이 아니다. 어떻게 보면 단기 투자자에게 더 중요할 수도 있다. 기업이 부실할수록 세력의 타깃이 되기 쉽고 유혹적인 차트를 만들기 쉽기 때문이다. 차트를 보고 들어가서 오버나이트(종목을 보유한 채 다음 날로 넘어가는 것)를 결정했는데 장이 마감된 후 이상한 공시가 터져서 매도할 시간도 주지 않고 상장폐지가 거론된다면 얼마나 막막하겠는가.

　단기 매매를 잘하는 사람일수록 현재 시장을 끌고 가는 산업이 무엇인지, 테마 동향은 어떤지, 업종별로 어떤 사안이 중요한지 등을 실시간으로 파악하고 있다. 대개는 회사의 재무제표와 분기나 반기보고서 정도를 분석하는데, 시간이 지나면 일일이 분석을 하지 않고 뉴스에 요약된 내용만 보고도 흐름을 알 수 있게 된다. 그만큼 시간과 경험이 필요한 일이긴 하지만 이 역시 관심을 기울이는 만큼 분명히 성과가 나타난다.

　그런데 기본적 분석이라는 말만 들어도 투자자들은 어렵다는 느낌을 먼저 갖는다. 수많은 수치와 표에 지레 겁을 먹어서이기도 하고, 도대체 어디서부터 어디까지 분석해야 되는 것인지 그 폭을 알 수 없기 때문이다.

　만약 당신이 가치투자를 지향하고 있고, 회사의 가치가 성장함에 따라 투자 성과를 얻을 수 있다는 관점을 갖고 있다면 그야말로 본격적으로 분석을 해야 할 것이다. 하지만 만약 당신이 나와 같은 트레이더라면 내가 제시하는 내용만 가지고도 충분히 수익 나는 매매를 할 수 있을 것이다.

　나는 트레이더다. 나도 처음에는 모든 걸 알아야 한다는 생각으로 끊임없이 파고들었지만 그 끝을 알 수가 없었다. 수많은 시행착오 끝에 내가 알아야 할 기본적 분석의 범주는 장기 관점의 투자자들과 완전히 다르다는 것을 알게 되었다. 이 책 역시 그 관점으로 서술해나가고 있다. 그렇다 하더라도 '기본적 분석 10분 만에 마스터'라는 식으로 내용이 간단한 것은 아니다. 어떤 일이든 대가를 얻기 위해서는 그만큼 자신의 에너지를 쏟아야 한다.

지금부터 분기보고서를 함께 해부해보자. 기업이 주주들에게 제시하는 투자 참고 자료는 그 외에도 여러 가지가 있지만 분기보고서 보는 법을 익히면 충분히 응용할 수 있다.

분기보고서 속속들이 이해하는 법

기업을 분석하기 위해 가장 기본이 되는 자료는 분기보고서다. 이 한 가지만 갖고도 현재 기업의 매출과 수익 수준은 어느 정도인지, 분기 동안 기업 상황에서 무엇이 변화했는지, 속해 있는 산업 분야의 현황과 전망이 어떠한지, 자본금과 주식 수의 변동 그리고 주주의 변동이 있었는지 등을 모두 알 수 있다.

이를 투자에 활용할 때는 같은 산업에 속하는 기업들과 상호 비교함으로써 유용성을 높일 수 있다. 주식시장에서 모든 가치는 상대적이기 때문에 보다 열등한 것을 솎아내고 우위를 갖는 것을 선택하면 당연히 승률이 높아진다.

■ 보고서 제출은 상장기업의 의무

모든 기업은 해마다 사업보고서를 제출해야 하며 2회의 분기보고서와 1회의 반기보고서를 공시해야 한다. 기업은 중대한 변화가 있을 경우 이를 주주들

그림 2-17 DART(금융감독원 전자공시 시스템)

에게 알려야 할 의무가 있는데, 공시라는 제도를 통해서 한다. 기업이 제출하는 공시는 국가기관인 금융감독원에서 관리하며 사이트를 방문하면 언제든 볼 수 있다.

금융감독원 전자공시시스템 사이트(http://dart. fss. or. kr/)에 접속하면 〈그림 2-17〉과 같은 화면이 뜬다. 그림에 나와 있듯이 정기공시와 주요사항보고, 발행공시, 지분공시 등 종류별로 구분이 되어 있으며 기간을 설정해 열람할 수 있게 되어 있다. HTS의 뉴스창에 뜨는 내용만 개략적으로 훑어볼 것이 아니라 이 사이트를 즐겨찾기에 추가해놓고 수시로 들여다본다면 분명 기업을 읽는 안목이 생길 것이다.

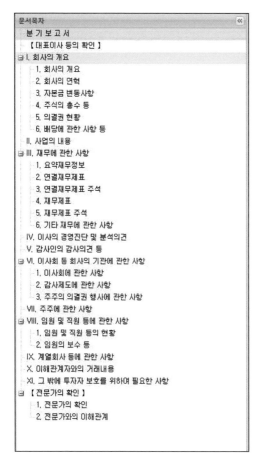

그림 2-18 분기보고서의 목차

■ 분기보고서의 구성

분기보고서의 전체 목차는 〈그림 2-18〉과 같이 구성되어 있다. 목차만 봐도 회사가 주주들에게 알려야 할 사항들이 대부분 포함되어 있음을 알 수 있다.

지금부터는 실제 상장기업인 한화솔루션(2020년 5월)과 영보화학(2010년 11월)이 제출한 분기보고서를 기본으로 중점적으로 살펴봐야 할 지점들을 논의해보도록 하자.

■ 회사의 개요

문서목차
- 분 기 보 고 서
- 【 대표이사 등의 확인 】
- I. 회사의 개요
  - 1. 회사의 개요
  - 2. 회사의 연혁
  - 3. 자본금 변동사항
  - 4. 주식의 총수 등
  - 5. 의결권 현황
  - 6. 배당에 관한 사항 등
- II. 사업의 내용
- III. 재무에 관한 사항
  - 1. 요약재무정보
  - 2. 연결재무제표
  - 3. 연결재무제표 주석
  - 4. 재무제표
  - 5. 재무제표 주석
  - 6. 기타 재무에 관한 사항
- IV. 이사의 경영진단 및 분석의견
- V. 감사인의 감사의견 등
- VI. 이사회 등 회사의 기관에 관한 사항
  - 1. 이사회에 관한 사항
  - 2. 감사제도에 관한 사항
  - 3. 주주의 의결권 행사에 관한 사항
- VII. 주주에 관한 사항
- VIII. 임원 및 직원 등에 관한 사항
  - 1. 임원 및 직원 등의 현황
  - 2. 임원의 보수 등
- IX. 계열회사 등에 관한 사항
- X. 이해관계자와의 거래내용
- XI. 그 밖에 투자자 보호를 위하여 필요한 사항
- 【 전문가의 확인 】
  - 1. 전문가의 확인
  - 2. 전문가와의 이해관계

1. 회사의 개요

1. 연결대상 종속회사 개황(연결재무제표를 작성하는 주권상장법인이 사업보고서, 분기 · 반기보고서를 제출하는 경우에 한함)

(단위 : 백만원)

상호	설립일	주소	주요사업	최근사업연도말 자산총액	지배관계 근거	주요종속 회사 여부
㈜경기용인테크노밸리	2015-06-05	경기도 용인시 처인구 명지로 81, 202호(역북동, 용인상공회의소)	부동산업	138,600	실질지배력 (회계기준서 1110호 7)	해당(자산총액 750억원 이상)
㈜김해테크노밸리	2009-09-01	경상남도 김해시 내외중앙로 55 정우빌딩 5층	부동산업	14,425	실질지배력 (회계기준서 1110호 7)	-
㈜서산테크노밸리	2007-02-09	충남 서산시 성연면 성연3로 240-72	부동산 개발 및 분양	13,199	실질지배력 (회계기준서 1110호 7)	-
㈜아산테크노밸리	2006-07-21	충남 아산시 둔포면 해위안길62번길 16	부동산업	1,658	실질지배력 (회계기준서 1110호 7)	-
㈜안성테크노밸리	2019-07-16	경기도 안성시 아양3로 17, 4층(옥산동, 엘림프라자)	산업단지 개발	2,720	실질지배력 (회계기준서 1110호 7)	-
㈜에이치밸리	2010-01-22	경기도 화성시 마도면 청원리 817-1	부동산신축 판매 및 매매	7,594	실질지배력 (회계기준서 1110호 7)	-
㈜한화갤러리아	1976-09-28	서울시 영등포구 63로 50 한화생명빌딩	백화점 및 도,소매업	2,002,883	실질지배력 (회계기준서 1110호 7)	해당(자산총액 750억원 이상)
㈜한화갤러리아타임월드	1979-05-30	대전광역시 서구 대덕대로 211(둔산동)	백화점	352,889	실질지배력 (회계기준서 1110호 7)	해당(자산총액 750억원 이상)
㈜한화도시개발	2009-12-01	충남 아산시 둔포면 해위안길62번길 16	부동산 신축 판매 및 매매외	190,063	실질지배력 (회계기준서 1110호 7)	해당(자산총액 750억원 이상)
㈜한화비앤비	2013-12-01	서울시 동대문구 왕산로 10(신설동, 교보재단빌딩 5,6층)	음식, 도매, 소매	16,127	실질지배력 (회계기준서 1110호 7)	-

그림 2-19 회사의 개요(한화솔루션)

회사의 실체를 전체적으로 정리한 부분이다. 종속회사가 있는 경우 이처럼 회계기준으로 실질지배력을 가지는 회사에 대한 해당 사항이 나와 있다.

영암테크노태양광 주식회사	2013-07-04	광주광역시 북구 하서로466번길 68-4	태양광 에너지 발전사업	9,109	실질지배력 (회계기준서 1110호 7)	-
영암해오름태양광 주식회사	2013-07-04	광주광역시 서구 화운로 106-1 (화정동)	태양광 에너지 발전사업	6,608	실질지배력 (회계기준서 1110호 7)	-
에이치에스아이㈜	2014-12-19	서울특별시 중구 청계천로 86, 9층 (장교동, 한화빌딩 9층)	태양전지 및 태양광발전시스템	25,771	실질지배력 (회계기준서 1110호 7)	-
하이패스태양광㈜	2012-10-05	서울특별시 중구 청계천로 86 (장교동, 한화빌딩)	태양광 에너지 발전사업	10,944	실질지배력 (회계기준서 1110호 7)	-
해맞이태양광발전㈜	2012-10-09	광주광역시 북구 추암로 93(대촌동)	태양광 발전사업	1,247	실질지배력 (회계기준서 1110호 7)	-
해사랑태양광㈜	2014-06-23	서울특별시 중구 청계천로 86 한화빌딩 9층	태양광 에너지 발전사업	10,360	실질지배력 (회계기준서 1110호 7)	-
해오름태양광발전소㈜	2019-10-21	충청북도 진천군 이월면 산수산단2로 202	태양광 발전업	4,360	실질지배력 (회계기준서 1110호 7)	-
한화글로벌에셋㈜	1999-07-01	세종특별자치시 부강면 금호안골길 7 9-20	합성수지가공외	603,765	실질지배력 (회계기준서 1110호 7)	해당(자산총액 750억원 이상)
한화컴파운드㈜	1962-06-25	전라남도 여수시 삼동로 93 (월하동)	COMPOUND 제조	77,105	실질지배력 (회계기준서 1110호 7)	해당(자산총액 750억원 이상)
한화케미칼오버시즈홀딩스㈜	2009-07-13	서울 중구 청계천로 86(장교동) 한화빌딩	지주회사	82,439	실질지배력 (회계기준서 1110호 7)	해당(자산총액 750억원 이상)
한화화학(상해)유한공사	2003-04-21	Rm#2106, New Caohejing International Business Center A, No. 391, Guiping Road, Xuhui District, Shanghai, China 200233	무역업	32,999	실질지배력 (회계기준서 1110호 7)	-
Agenor Hive SL	2017-09-15	C/ REYES CATOLICOS 31 2 A, ALICANTE, Spain	태양광 사업	742	실질지배력 (회계기준서 1110호 7)	-

그림 2-20 회사 개요_실질지배력(한화솔루션)

한화솔루션은 문재인 정부의 그린뉴딜의 대표적인 수혜주로 꼽힌 종목이다. 내용을 좀 더 살펴보면 태양광에너지 발전사업으로 관계회사들이 많은 것을 알 수 있다. 이와 같이 관련 테마 및 업종 또한 보고서 내용에서 쉽게 찾을 수 있다.

그림 2-21 회사의 법적, 상업적 명칭 / 설립일자 / 본사의 주소 / 사업내용(한화솔루션)

〈그림 2-21〉을 보면 해당 기업의 설립일자도 볼 수 있다. 오래된 회사일수록 더 안정적인 것은 당연하지 않겠는가? 또한 6번의 〈주요 사업의 내용 및 향후 추진하려는 신규 사업〉 부분을 보면 해당 기업은 태양광 사업에 집중하는 모습을 보인다는 것을 알 수 있다. 태양광 관련 테마 및 섹터로 수급이 몰릴 때 살펴볼 만한 종목이다.

■ **회사의 연혁**

그림 2-22 회사의 연혁(한화솔루션)

　회사의 연혁 항목에서는 최근 몇 년간 회사에 어떤 일이 일어났는지를 개괄할 수 있다. 공장 이전이나 수상내역, 출자나 매각 상황 등이 제시되어 있다.

상호의 변경은 그 이유가 무엇인지를 찾아봐야 한다. 간혹 부실주 중에서 회사의 온갖 비리를 덮어버리기 위해 사명을 변경하는 경우도 있기 때문이다.

최대주주 변경 역시 주목할 사항인데 이 부분은 뒤에서 다시 언급할 것이므로 그때 살펴보자.

■ 자본금 변동사항

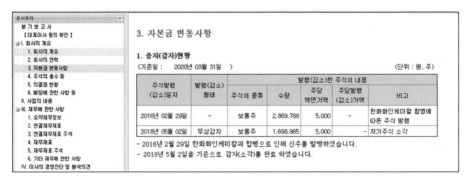

그림 2-23 자본금 변동사항(한화솔루션)

자본금의 변동은 기업의 중대한 변동에 속한다. 한화솔루션에서는 변동이 2016년 2월, 2018년 5월 두 번 발생했는데 분석하는 기업의 분기보고서에 자본금이 변동되었다고 나온다면 이 역시 그 이유를 꼭 알아야 한다. 해당 기업은 합병 및 무상감자로 인해 자본금 변동이 발생했는데, 큰 영향이 있는 자본금 변동은 아니었던 것으로 보인다.

자본금이 늘었다면 주식을 발행했는지, 회사채를 발행했는지를 살펴본다. 반대로 자본금이 줄었다면 감자의 원인이 무엇인지 살펴봐야 한다. 또한 전환사채나 신주인수권부사채 등을 발행했다면 회사가 자금 압박을 받고 있어서인지, 사업을 확장하기 위해서인지를 밝혀야 한다.

■ 주식의 총수 등

그림 2-24 주식의 총수 등(한화솔루션)

주식회사는 기업이 존속하는 동안 발행할 주식의 총수를 정관에 기재하도록 되어 있다. 회사 설립 시 발행한 주식수도 함께 기재된다. 발행할 주식의 총수는 회사를 설립할 때 발행한 주식수의 4배를 넘을 수 없다. 이를 넘겨 발행할 경우에는 주주총회의 특별결의를 거쳐야 한다. 즉 기업주라고 해서 주식을 무한정 찍어내서는 안 된다는 뜻이다.

주식수가 늘어나면 주당 가치가 희석되므로 주주에게 이로운 일이 아니다. 한화솔루션의 경우는 '감자'와 '이익소각'으로 인해 주식수가 변경되었음을 알 수 있다.

〈그림 2-25〉의 이화전기공업과 비교해보자.

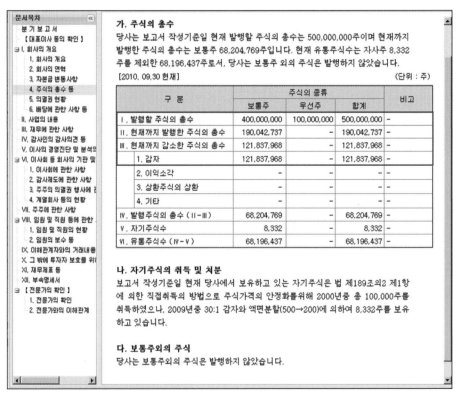

그림 2-25 주식의 총수 등(이화전기공업)

이화전기는 현재까지 발행한 주식이 2억 주 가까이 된다. 그렇다는 것은 유상증자를 밥 먹듯이 했거나 신주인수권부사채를 남발했다고 볼 수 있다. 더욱이 감자만 해도 1억 2,000만 주가 넘어 주주들이 엄청나게 손해를 봤을 것임을 알 수 있다.

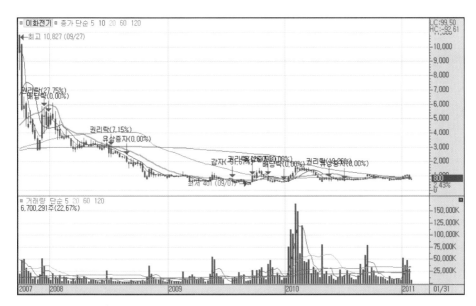

그림 2-26 이화전기(주봉)

이 기업의 현재 주가를 보면 한눈에 알 수 있다.

기업의 내용은 주가에 큰 영향을 준다. 〈그림 2-26〉에서 보듯이 2007년 고점 이후 변변한 반등 한 번 보이지 못하고 하락한 뒤 바닥에서 헤어나지 못하고 있다. 2007년 당시는 테마를 주도하기도 했으나 실제 기업 내용이 받쳐주지 못했기 때문에 급등 이전의 평균 주가 수준보다 더 떨어지고 말았다.

이처럼 분기보고서 주식의 총수에서는 주식을 수시로 발행하는 기업인지 아닌지를 꼭 확인해봐야 한다.

■ 배당에 관한 사항

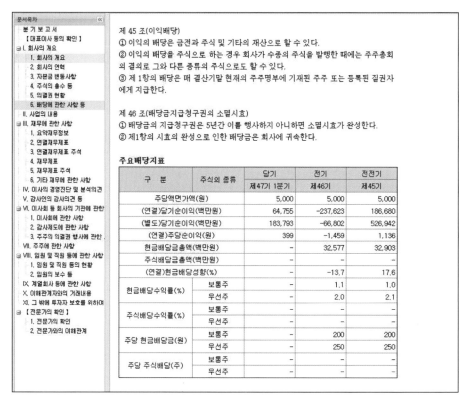

제 45 조(이익배당)
① 이익의 배당은 금전과 주식 및 기타의 재산으로 할 수 있다.
② 이익의 배당을 주식으로 하는 경우 회사가 수종의 주식을 발행한 때에는 주주총회의 결의로 그와 다른 종류의 주식으로도 할 수 있다.
③ 제 1항의 배당은 매 결산기말 현재의 주주명부에 기재된 주주 또는 등록된 질권자에게 지급한다.

제 46 조(배당금지급청구권의 소멸시효)
① 배당금의 지급청구권은 5년간 이를 행사하지 아니하면 소멸시효가 완성한다.
② 제1항의 시효의 완성으로 인한 배당금은 회사에 귀속한다.

주요배당지표

구 분	주식의 종류	당기 제47기 1분기	전기 제46기	전전기 제45기
주당액면가액(원)		5,000	5,000	5,000
(연결)당기순이익(백만원)		64,755	-237,623	186,680
(별도)당기순이익(백만원)		183,793	-66,802	526,942
(연결)주당순이익(원)		399	-1,459	1,136
현금배당금총액(백만원)		-	32,577	32,903
주식배당금총액(백만원)		-	-	-
(연결)현금배당성향(%)		-	-13.7	17.6
현금배당수익률(%)	보통주	-	1.1	1.0
	우선주	-	2.0	2.1
주식배당수익률(%)	보통주	-	-	-
	우선주	-	-	-
주당 현금배당금(원)	보통주	-	200	200
	우선주	-	250	250
주당 주식배당(주)	보통주	-	-	-
	우선주	-	-	-

그림 2-27 배당에 관한 사항(한화솔루션)

반드시 배당을 실시해야 좋은 기업은 아니다. 이익이 나더라도 배당을 하지 않고 유보금으로 두었다가 이후 기업이 재투자하는 경우도 있다.

그러므로 이 항목에서는 배당이 있으면 좋고, 없으면 나쁘다는 식의 흑백논리로 판단해서는 안 된다. 다만 배당이 있다는 것은 기업이 이익을 착실히 내고 있다는 것으로 확인할 수 있다.

■ 사업의 내용

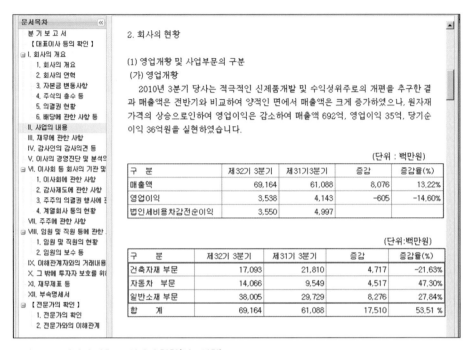

그림 2-28 사업의 내용 중 회사의 현황(영보화학)

사업의 내용을 모두 꼼꼼히 따져볼 필요는 없다. 어떤 면에서 이 내용은 기업이 주주에게 계속해서 투자해주기를 바라는 의도로 잘하는 것만 나열하기 때문이다. 제3자가 여러 곳을 비교해서 우열을 평가한 것이 아니라는 뜻이다.

그러므로 'II. 사업의 내용'에서는 내가 매매하는 기업이 어떤 사업을 하고 있는지 정도를 확인하는 것이 좋다. 사업의 내용과 관련해서는 2010년 11월에 영보화학이 제출한 분기보고서로 살펴보자.

〈그림 2-29〉는 2010년 영보화학의 사업 내용 현황이다. 건축자재와 자동차, 일반소재 부문으로 나눠 영업활동을 하고 있으며 전기에 비해 건축자재 부문

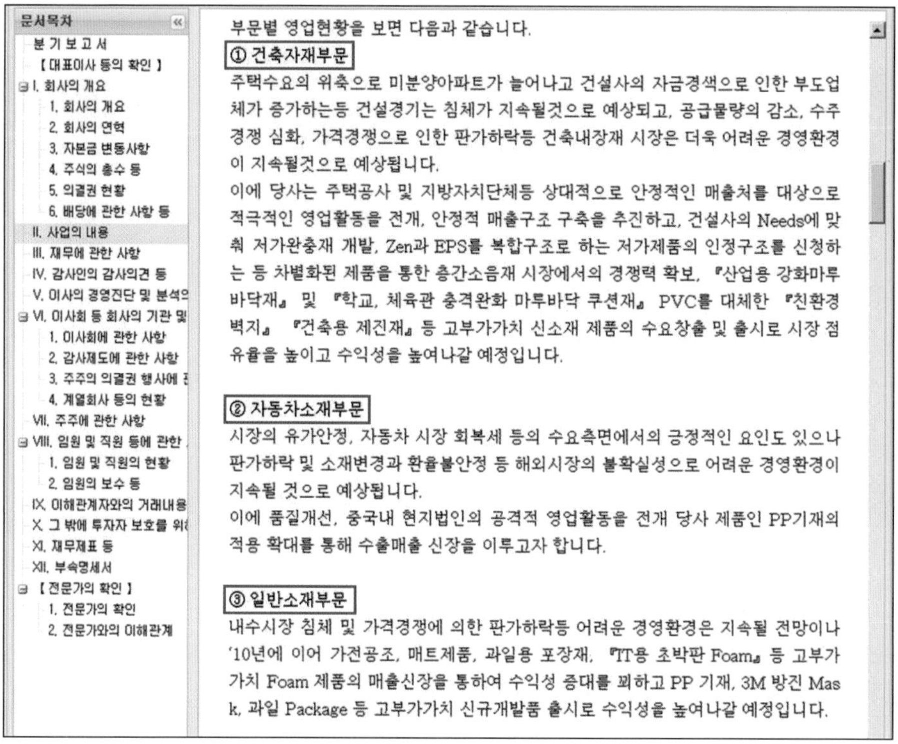

문서목차
분 기 보 고 서
【 대표이사 등의 확인 】
I. 회사의 개요
1. 회사의 개요
2. 회사의 연혁
3. 자본금 변동사항
4. 주식의 총수 등
5. 의결권 현황
6. 배당에 관한 사항 등
II. 사업의 내용
III. 재무에 관한 사항
IV. 감사인의 감사의견 등
VI. 이사회 등 회사의 기관 및
1. 이사회에 관한 사항
2. 감사제도에 관한 사항
4. 계열회사 등의 현황
VII. 주주에 관한 사항
1. 임원 및 직원의 현황
2. 임원의 보수 등
XI. 재무제표 등
XII. 부속명세서
【 전문가의 확인 】
1. 전문가의 확인
2. 전문가와의 이해관계
부문별 영업현황을 보면 다음과 같습니다.
① 건축자재부문
주택수요의 위축으로 미분양아파트가 늘어나고 건설사의 자금경색으로 인한 부도업체가 증가하는등 건설경기는 침체가 지속될것으로 예상되고, 공급물량의 감소, 수주경쟁 심화, 가격경쟁으로 인한 판가하락등 건축내장재 시장은 더욱 어려운 경영환경이 지속될것으로 예상됩니다.
이에 당사는 주택공사 및 지방자치단체등 상대적으로 안정적인 매출처를 대상으로 적극적인 영업활동을 전개, 안정적 매출구조 구축을 추진하고, 건설사의 Needs에 맞춰 저가완충재 개발, Zen과 EPS를 복합구조로 하는 저가제품의 인정구조를 신청하는 등 차별화된 제품을 통한 층간소음재 시장에서의 경쟁력 확보, 『산업용 강화마루바닥재』 및 『학교, 체육관 충격완화 마루바닥 쿠션재』 PVC를 대체한 『친환경벽지』 『건축용 제진재』 등 고부가가치 신소재 제품의 수요창출 및 출시로 시장 점유율을 높이고 수익성을 높여나갈 예정입니다.
② 자동차소재부문
시장의 유가안정, 자동차 시장 회복세 등의 수요측면에서의 긍정적인 요인도 있으나 판가하락 및 소재변경과 환율불안정 등 해외시장의 불확실성으로 어려운 경영환경이 지속될 것으로 예상됩니다.
이에 품질개선, 중국내 현지법인의 공격적 영업활동을 전개 당사 제품인 PP기재의 적용 확대를 통해 수출매출 신장을 이루고자 합니다.
③ 일반소재부문
내수시장 침체 및 가격경쟁에 의한 판가하락등 어려운 경영환경은 지속될 전망이나 '10년에 이어 가전공조, 매트제품, 과일용 포장재, 『IT용 초박판 Foam』 등 고부가가치 Foam 제품의 매출신장을 통하여 수익성 증대를 꾀하고 PP 기재, 3M 방진 Mask, 과일 Package 등 고부가가치 신규개발품 출시로 수익성을 높여나갈 예정입니다.

그림 2-29 사업의 내용 중 회사의 현황(영보화학)

의 성적이 저조했다. 반면 자동차 소재 부문이 거의 50% 가까운 성장을 보였음을 알 수 있다.

이 항목에서는 각 부문별 업황이 어떤지를 확인하고, 현재 이 기업의 시장 점유율이 어느 정도 수준이고 이후 전망을 어떻게 제시하고 있는지를 읽어보는 정도면 된다.

■ 재무에 관한 사항

드디어 재무에 관한 사항이 나왔다. 일반 투자자들이 기본적 분석이라고 하면 가장 먼저 떠올리는 것으로 각 항목에서 지난 분기의 숫자보다 높은지 낮은

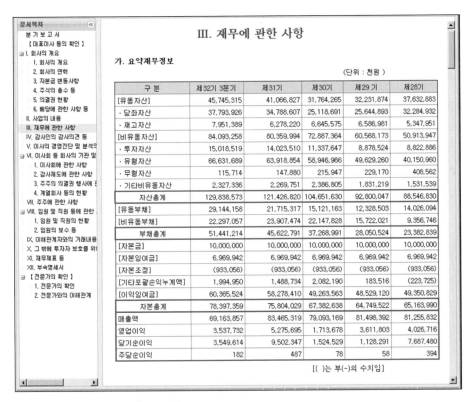

Ⅲ. 재무에 관한 사항

가. 요약재무정보

(단위 : 천원)

구 분	제32기 3분기	제31기	제30기	제29 기	제28기
[유동자산]	45,745,315	41,066,827	31,764,265	32,231,874	37,632,883
・당좌자산	37,793,926	34,788,607	25,118,691	25,644,893	32,284,932
・재고자산	7,951,389	6,278,220	6,645,575	6,586,961	5,347,951
[비유동자산]	84,093,258	80,359,994	72,887,364	60,568,173	50,913,947
・투자자산	15,018,519	14,023,510	11,337,647	8,878,524	8,822,886
・유형자산	66,631,689	63,918,854	58,946,966	49,629,260	40,150,960
・무형자산	115,714	147,880	215,947	229,170	408,562
・기타비유동자산	2,327,336	2,269,751	2,386,805	1,831,219	1,531,539
자산총계	129,838,573	121,426,820	104,651,630	92,800,047	88,546,830
[유동부채]	29,144,158	21,715,317	15,121,163	12,328,503	14,026,094
[비유동부채]	22,297,057	23,907,474	22,147,828	15,722,021	9,356,746
부채총계	51,441,214	45,622,791	37,268,991	28,050,524	23,382,839
[자본금]	10,000,000	10,000,000	10,000,000	10,000,000	10,000,000
[자본잉여금]	6,969,942	6,969,942	6,969,942	6,969,942	6,969,942
[자본조정]	(933,056)	(933,056)	(933,056)	(933,056)	(933,056)
[기타포괄손익누계액]	1,994,950	1,488,734	2,082,190	183,516	(223,725)
[이익잉여금]	60,365,524	58,278,410	49,263,563	48,529,120	49,350,829
자본총계	78,397,359	75,804,029	67,382,638	64,749,522	65,163,990
매출액	69,163,857	83,465,319	79,093,169	81,498,392	81,255,832
영업이익	3,537,732	5,275,695	1,713,678	3,611,803	4,026,716
당기순이익	3,549,614	9,502,347	1,524,529	1,128,291	7,687,480
주당순이익	182	487	78	58	394

[( )는 부(-)의 수치임]

그림 2-30 재무에 관한 사항(영보화학)

지 정도만 보면 된다.

지금부터 요약재무정보에 제시된 각 항목들이 어떤 의미인지를 알기 쉽게 살펴보자.

● 자산총계, 부채총계, 자본총계

이해하기 쉽게 세부항목이 아니라 큰 덩어리를 보자. '돈'과 관련된 기업의 현황은 자산, 부채, 자본으로 표시된다.

자산이라는 것은 말 그대로 회사의 재산이다. 재산이 많을수록 회사가 안정적이고 탄탄하다고 볼 수 있다. 자산에는 유동자산과 비유동자산이 있고, 더 세부적으로는 당좌자산, 재고자산 등으로 나뉜다. 각각의 특성에 대해서는 인터넷을 통해서도 충분히 배울 수 있으므로 생략하도록 한다. 사실 단기 매매를 위한 분석으로는 총계만 봐도 충분하다는 것이 나의 생각이다.

부채 역시 상식적으로 알고 있는 빚이라는 개념, 즉 언젠가 반드시 돌려줘야 할 돈이라고 알고 있으면 된다. 그리고 자본은 자산에서 부채를 뺀 금액이다.

〈그림 2-30〉을 보면 2010년 영보화학의 자산총계는 약 1,300억 원이고 부채총계는 약 515억 원이며 자본총계는 약 785억 원이다. 그리고 2011년 2월 1일 종가 2,505원을 기준으로 할 때 발행주식수는 2,000만 주이므로 시가총액은 약 501억 원이다. 이들 수치를 기본으로 판단해보자.

> **부채비율 = 부채총계/자본총계**
> **PBR(주가순자산비율) = 주가/주당순자산**

1. 자본총계가 785억 원인데 시가총액이 501억 원이므로 시가총액이 자본총계보다 낮다.
2. 자본총계가 785억 원이고 부채총계가 515억 원이므로 부채비율이 65%다. 100% 이하이면 건전한 기업이다.
3. 현재 주가와 주당순자산을 비교해 PBR을 구해보자.
   - 자본총계(순자산)를 총 주식수로 나누면 1주당 순자산은 3,925원이다.
   - 현재 주가 2,505원을 주당순자산 3,925원으로 나누면 0.63이라는 PBR이 나온다.
   - PBR이 1이면 주가가 주당순자산과 같다는 것이고, 1 이상이면 주가가 주당순자산에 비해 높게 거래되고 있다는 것이다. 그리고 1 이하이면 낮게 거래된다는 것을 나타낸다.

– 그러므로 '2011년 2월 1일 현재 영보화학은 자산가치보다 저평가 상태에 있다'고 말할 수 있다.

재무정보와 주가를 이용해 이러한 분석을 할 수 있다. 그중 부채비율이 과도하게 높은 기업이라면 그 이유를 찾아보고 납득할 수 있을 때 관심종목에 편입하는 것이 좋다. 시설 투자나 사업 확장 등의 이유로 일시적으로 부채비율이 높아질 수도 있다. 적정 수준의 부채는 기업을 운영하는 데 꼭 필요하지만 과도한 부채는 이자비용이 발생하는 등 기업 부실의 원인이 될 수 있다.

PBR은 지금 당장 회사를 청산한다면 가치가 얼마나 매겨지는가를 나타낸다. 이를 청산가치라고 하는데, PBR이 1보다 작다면 청산가치에도 못 미칠 정도로 주가가 낮게 거래되고 있다는 뜻이다. 꾸준한 매출을 올리고 이익을 내고 있는 회사의 PBR이 1 이하라면 주가는 언제든 크게 오를 수 있다.

● 매출액, 영업이익, 당기순이익, 주당순이익

매출액은 말 그대로 상품이나 서비스를 판매하여 벌어들인 돈을 말한다. 매출액은 매년 증가해야 좋지만, 매출액 자체만으로는 큰 의미가 없다. 매출액의 증가와 영업이익 또는 당기순이익이 동시에 증가해야 한다. 만약 매출액은 증가했는데 영업이익이나 당기순이익이 감소했다면 고생만 실컷 하고 손해나는 장사를 했다는 뜻이 된다.

영업이익이란 매출액에서 매출원가, 판매비, 일반관리비 등 비용을 빼고 남은 금액을 말한다. 다시 말해 회사가 본질적인 영업활동을 통해 벌어들인 이익이다. 영업이익은 기업을 분석할 때 가장 눈여겨봐야 할 수치 중 하나다. 왜냐하면 기업이 본업을 통해 벌어들인 돈이기 때문이다.

영업이익과 영업외이익을 합해 경상이익이라고 하는데 이 수치는 기업의 실제 영업성과를 반영하지 않을 수도 있다. 부동산을 처분해 돈이 들어오거나 주식투자를 해서 이익을 남기는 등 본업과 관련이 없는 이익, 그리고 화재가 났다거나 하는 등의 비용이 계산되기 때문이다. 영업이익은 높은데 당기순이익이 이보다 적다면 본업 외에 이상한 짓을 하다가 돈을 까먹었다는 뜻이다. 이 경우에는 어디서 돈이 샜는지를 따져봐야 한다. 영업이익보다 당기순이익이 더 높다면 굳이 살펴볼 이유는 없다.

그리고 〈그림 2-30〉의 하단을 보면 주당순이익(EPS)이 있는데, 이 수치는 당연히 높을수록 좋다. 분기보고서에 이미 계산이 되어 나오므로 별도로 구할 필요는 없지만, 그 개념을 알아보자면 당기순이익을 총발행주식수로 나눈 것이다. 이 경우는 35억 원을 2,000만 주로 나눠 182원이 되었다.

EPS가 높으면 그만큼 투자가치가 높다고 말할 수 있다. 동종업계에서 주가가 비슷한 두 회사가 있다면 EPS가 높은 기업에 투자하는 게 좋다.

■ 감사인의 감사의견 등

사실 감사의견은 자세히 읽어볼 필요는 없다. 하지만 감사 시즌인 2~3월에는 감사와 관련되어 나오는 뉴스나 공시에 주의를 기울여야 한다. 의견거절이나 부적정 의견을 받는 부실기업은 어느 순간 거래정지가 되고 상장폐지가 될 수도 있기 때문이다.

특히 코스닥 기업들을 매매하다 보면 이런 식으로 뒤통수를 맞는 경우가 있다. 2010년 감사의견 거절로 퇴출된 네오세미테크나 아구스를 보면 우량한 기

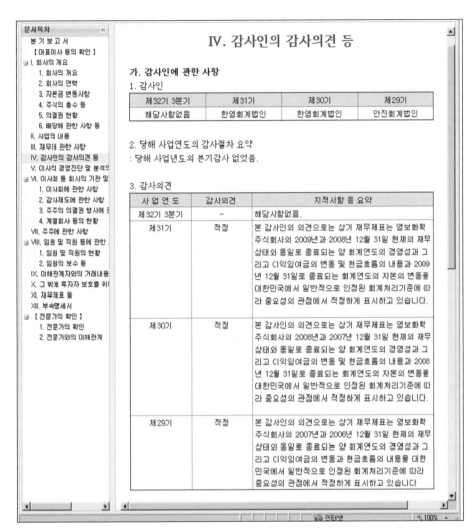

Ⅳ. 감사인의 감사의견 등

가. 감사인에 관한 사항

1. 감사인

제32기 3분기	제31기	제30기	제29기
해당사항없음	한영회계법인	한영회계법인	안진회계법인

2. 당해 사업연도의 감사절차 요약
: 당해 사업년도의 본기감사 없었음.

3. 감사의견

사 업 연 도	감사의견	지적사항 등 요약
제32기 3분기	-	해당사항없음.
제31기	적정	본 감사인의 의견으로는 상기 재무제표는 영보화학 주식회사의 2009년과 2008년 12월 31일 현재의 재무상태와 동일로 종료되는 양 회계연도의 경영성과 그리고 이익잉여금의 변동 및 현금흐름의 내용과 2009년 12월 31일로 종료되는 회계연도의 자본의 변동를 대한민국에서 일반적으로 인정된 회계처리기준에 따라 중요성의 관점에서 적정하게 표시하고 있습니다.
제30기	적정	본 감사인의 의견으로는 상기 재무제표는 영보화학 주식회사의 2008년과 2007년 12월 31일 현재의 재무상태와 동일로 종료되는 양 회계연도의 경영성과 그리고 이익잉여금의 변동 및 현금흐름의 내용과 2008년 12월 31일로 종료되는 회계연도의 자본의 변동를 대한민국에서 일반적으로 인정된 회계처리기준에 따라 중요성의 관점에서 적정하게 표시하고 있습니다.
제29기	적정	본 감사인의 의견으로는 상기 재무제표는 영보화학 주식회사의 2007년과 2006년 12월 31일 현재의 재무상태와 동일로 종료되는 양 회계연도의 경영성과 그리고 이익잉여금의 변동과 현금흐름의 내용을 대한민국에서 일반적으로 인정된 회계처리기준에 따라 중요성의 관점에서 적정하게 표시하고 있습니다

인터넷   100%

그림 2-31 감사인의 감사의견 등(영보화학)

업조차 이런 일을 당할 수 있다는 점에 놀라울 뿐이다. 회사가 우량하더라도 감사의견이 나와야 할 시점에 나오지 않으면 조심해야 한다.

■ 계열회사 개요

4. 계열회사 등의 현황

가. 계열회사 개요

당사는 2010년 09월 30일 현재 당사를 제외하고 2개의 계열회사를 가지고 있습니다. 회사의 명칭은 (주)무한, 영보고신재료유한공사로 두회사 모두 현재 비상장 회사입니다. (주)무한은 충북 청원소재 플라스틱 제품 제조업을 영위하고 있는 법인으로서 현재 당사가 보유한 지분율은 65%이고, 영보고신재료유한공사는 중국 랑방소재 자동차 산업 내장재료 제조, 판매 및 서비스업을 영위하고 있는 법인으로서 현재 당사가 보유한 지분율은 100%입니다.

나. 타법인출자 현황

[2010. 09. 30 현재]   (단위 : 주, 백만원, %)

법인명	출자목적	기초잔액			증가(감소)			기말잔액			최근사업연도 재무현황	
		수량	지분율	장부가액	취득(처분) 수량	금액	평가손익	수량	지분율	장부가액	총자산	당기순손익
한진중공업	장기투자	18,210	0.04	412	(8,210)	(186)	133	10,000	0.02	359	6,894,970	51,900
대한유화	장기투자	5,370	0.08	227	(2,370)	(100)	80	3,000	0.05	207	922,680	120,830
동양종금증권	장기투자	4,000	0.00	48	19,000	232	(35)	23,000	0.02	245	16,004,230	30,170
기업은행	장기투자	2,000	0.00	28	13,000	182	24	15,000	0.00	234	150,916,960	710,480
LG전자	장기투자	3,000	0.00	365	(3,000)	(365)		0	0.00	0	21,577,180	2,052,840
기아자동차	장기투자	0	0.00	0	3,000	87	24	3,000	0.00	110	16,941,600	1,450,260
대창	장기투자				60,400	100	21	60,400	0.07	121	390,710	36,210
삼성SDI	장기투자				700	110	(0)	700	0.00	109	6,619,820	217,990
국,공채	장기투자	0	0.00	379		(13)				366		
(주)무한	판매촉진	39,000	65.00	2,348			(80)	39,000		2,268	8,638	1,020
영보고신재료유한공사	판매촉진	0	100.00	9,749		590		0		10,339	11,932	2,260
합 계				13,556	82,520	47	755			14,358		

그림 2-32 타법인출자 현황(영보화학)

'이사회 등 회사의 기관 및 계열회사에 관한 사항'이라는 항목에서는 다른 내용을 모두 건너뛰고 '계열회사 등의 현황'을 보면 된다. 특히 '타법인출자 현황'을 눈여겨보자.

출자되어 있는 비상장회사가 상장을 하여 주가가 오른다면 출자를 하고 있는 회사도 투자 수익을 올릴 수 있으므로 이익이 늘어난다. 〈그림 2-32〉를 보면 출자 목적이 대부분 '장기 투자'로 되어 있다. 해당 기업들의 주가가 오르면 출자를 하고 있는 영보화학에도 호재가 되는 것이다.

라. 타법인출자 현황

[2010.09.30 현재]

(단위 : 천주, 백만원, %)

법인명	출자목적	기초잔액			증가(감소)			기말잔액			최근사업연도 재무현황	
		수량	지분율	장부가액	취득(처분) 수량	금액	평가손익	수량	지분율	장부가액	총자산	당기순손익
웹게이트(주)	경영참여	2,403	30.0	6,460			1,176	2,403	30.0	7,636	24,798	4,357
(주)코레트인베스트먼트	경영참여	1,400	100.0	12,304			(-)1,207	1,400	100.0	11,097	15,619	(-)1,502
(주)에이치에스이앤피	경영참여	5,400	90.0	1,767			863	5,400	90.0	2,630	11,685	959
(주)에듀한경	지분참여	500	25.0	649			(-)28	500	25.0	621	1,290	63
(주)에이치에스리소스	경영참여	600	100.0	3,194			168	600	100.0	3,362	9,968	168
(주)에이치에스엠앤에이	경영참여	400	100.0	2,121			100	400	100.0	2,221	10,078	100
(주)위고화인테크	경영참여	2,000	100.0	1,732			(-)630	2,000	100.0	1,102	4,380	(-)603
(주)셀트리온제약[코스닥]	-	451	3.71	5,137			(-)22	451	3.71	5,115	120,791	723
한국화장품제조(주)[유가증권]	경영참여	3,126	15.2	8,705	(-)3,126	(-)8,705						
한국화장품(주)[유가증권]	-				300	1,047	(-)55	300	1.87	992	116,702	(-)165
(주)씨앗과열매창업투자	경영참여	350	35.0	1,715	70	350	34	420	42.0	2,099	5,046	94
에이치에스에이치1호투자조합	-	200	40.0	2,000	(-)200	(-)2,000						
(주)에이치에스케미칼	경영참여				900	450	(-)118	900	75.0	332	1,934	(-)180
(주)두레커뮤니케이션	지분참여				45	1,500	5	45	35.0	1,505	9,388	(-)448
(주)아이앤아이플러스	지분참여				10	3,500	(-)64	10	50.0	3,436	8,517	(-)237
섬원파이프(주)[코스닥]	-				1,206	727	117	1,206		844	145,920	3,705
그린손해보험(주)	-				243	1,028	53	243		1,081	1,466,633	(-)1,550
(주)에스바이오메딕스	지분참여				10	1,715		10	4.67	1,715		
합 계		16,830		45,784	(-)542	(-)388	392	16,288		45,788		

[주1] 타법인에 대한 출자비율이 5%미만 및 기초/기말 현재 장부가액이 1억원 미만인 경우는 그 기재를 생략함.
[주2] 평가손익은 금전의 수수를 수반하지 않는 지분법손익 등의 증가/감소를 포함하며, 출자회사의 재무현황의 합계는 그 기재를 생략함.

그림 2-33 타법인출자 현황(HS홀딩스)

〈그림 2-33〉은 HS홀딩스(2020년 4월 대명소노시즌으로 상호 변경)의 타법인출자 현황이다. 박스로 표시한 부분을 보면 한국화장품 지분을 15.2%나 갖고 있다. 2010년 6월 한국화장품이 기업분할을 하면서 한국화장품과 한국화장품제조가 급등을 한 바 있다. 이때 HS홀딩스 역시 비교적 단기간에 큰 상승폭을 보여줬다.

두 기업의 차트를 보면서 확인해보자.

그림 2-34 한국화장품(일봉)

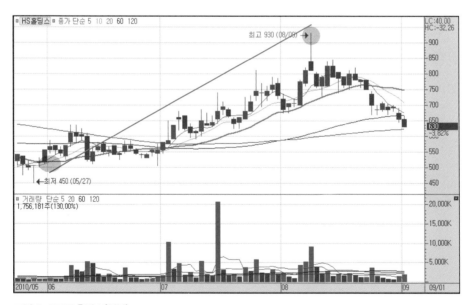

그림 2-35 HS홀딩스(일봉)

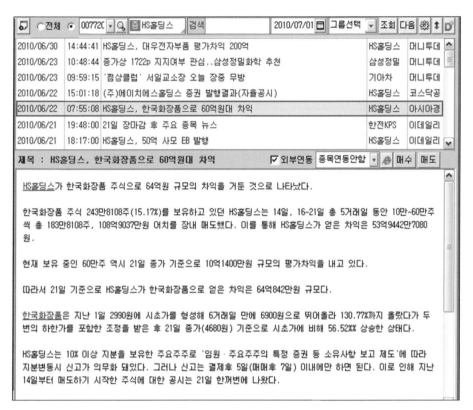

2010/06/30	14:44:41 HS홀딩스, 대우전자부품 평가차익 200억	HS홀딩스 머니투데
2010/06/23	10:48:44 증가상 1722p 지지여부 관심..삼성정밀화학 추천	삼성정밀 머니투데
2010/06/23	09:59:15 '점상클럽' 서일교소장 오늘 장중 무방	기아차 머니투데
2010/06/22	15:01:18 (주)에이치에스홀딩스 증권 발행결과(자율공시)	HS홀딩스 코스닥공
2010/06/22	07:55:08 HS홀딩스, 한국화장품으로 60억원대 차익	HS홀딩스 아시아경
2010/06/21	19:48:00 21일 장마감 후 주요 종목 뉴스	한전KPS 이데일리
2010/06/21	18:17:00 HS홀딩스, 50억 사모 EB 발행	HS홀딩스 이데일리

제목 : HS홀딩스, 한국화장품으로 60억원대 차익

HS홀딩스가 한국화장품 주식으로 64억원 규모의 차익을 거둔 것으로 나타났다.

한국화장품 주식 243만8108주(15.17%)를 보유하고 있던 HS홀딩스는 14일, 16~21일 총 5거래일 동안 10만~60만주씩 총 183만8108주, 108억9037만원 어치를 장내 매도했다. 이를 통해 HS홀딩스가 얻은 차익은 53억9442만7080원.

현재 보유 중인 60만주 역시 21일 종가 기준으로 10억1400만원 규모의 평가차익을 내고 있다.

따라서 21일 기준으로 HS홀딩스가 한국화장품으로 얻은 차익은 64억842만원 규모다.

한국화장품은 지난 1일 2990원에 시초가를 형성해 6거래일 만에 6900원으로 뛰어올라 130.77%까지 올랐다가 두 번의 하한가를 포함한 조정을 받은 후 21일 종가(4680원) 기준으로 시초가에 비해 56.52% 상승한 상태다.

HS홀딩스는 10% 이상 지분을 보유한 주요주주로 '임원·주요주의 특정 증권 등 소유사항 보고 제도'에 따라 지분변동시 신고가 의무화 됐다. 그러나 신고는 결제후 5일(매매후 7일) 이내에만 하면 된다. 이로 인해 지난 14일부터 매도하기 시작한 주식에 대한 공시는 21일 한꺼번에 나왔다.

그림 2-36 HS홀딩스 뉴스창

당시 한국화장품 주가가 급등하면서 출자회사 중 하나였던 HS홀딩스는 60억 원이 넘는 차익을 남겼다. 〈그림 2-36〉의 HS홀딩스의 뉴스창을 보면 이런 내용을 확인할 수 있다. 이런 소식이 알려지면서 HS홀딩스의 주가도 큰 상승을 보였다.

■ 주주에 관한 사항

'주주에 관한 사항'은 중요한 항목이다. 여기서 첫 번째로 살펴야 할 것이 최대주주다. 도덕성을 인정받는 개인이거나 신뢰할 수 있는 기업이 대주주로 있

가. 주주의 분포

1. 최대주주 및 그 특수관계인의 주식소유 현황

[2009년 12월 31일 현재]   (단위 : 주, %)

성 명	관계	주식의 종류	소유주식수(지분율)						변동 원인
			기 초		증 가	감 소	기 말		
			주식수	지분율	주식수	주식수	주식수	지분율	
적수화학공업(주)	본인	보통주	10,200,000	51.00			10,200,000	51.00	
계		보통주	10,200,000	51.00			10,200,000	51.00	
		우선주					0	0	
		합 계	10,200,000	51.00			10,200,000	51.00	

최대주주명 : 적수화학공업(주)   특수관계인의 수 :   1 명

2. 5%이상 주주의 주식소유 현황

[2010년 09월 30일 현재]   (단위 : 주, %)

순위	성명(명칭)	보통주		우선주		소계	
		주식수	지분율	주식수	지분율	주식수	지분율
1	적수화학공업	10,200,000	51.00	–	–	10,200,000	51.00
2	이봉주	2,191,877	10.95	–	–	2,191,877	10.95
	합 계	12,391,877	61.95	–	–	12,391,877	61.95

3. 주주 분포

2009년 12월 31일 현재

구 분	주주수	비 율	주식수	비 율	비 고
소액주주 합계	4,922	99.93	7,108,123	35.54	
소액주주(법인)	24	0.48	159,445	0.79	
소액주주(개인)	4,898	99.45	6,948,678	34.74	
최대주주등	2	0.02	10,700,000	53.51	
주 요 주 주	2	0.04	2,191,877	10.96	
기타주주 합계					
기타주주(법인)					
기타주주(개인)					
합 계	4,926	100.0	20,000,000		

그림 2-37 주주에 관한 사항(영보화학)

으면 불안감을 느끼지 않고 주식을 보유할 수 있다.

〈그림 2-37〉의 영보화학 '주주에 관한 사항'을 보면 최대주주인 적수화학공업은 일본을 비롯하여 전 세계에 188개 회사를 거느린 화학 전문기업이다. 영보화학은 2004년 당시 주가가 2,000원대일 때 프리미엄을 얹어 5,750원에

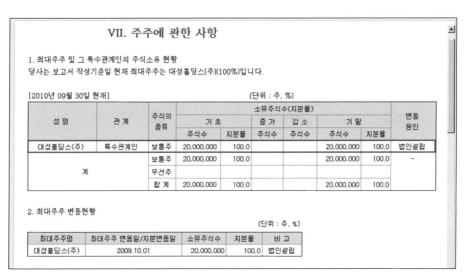

VII. 주주에 관한 사항

1. 최대주주 및 그 특수관계인의 주식소유 현황
당사는 보고서 작성기준일 현재 최대주주는 대성홀딩스(주)(100%)입니다.

[2010년 09월 30일 현재]　　　　　　　　　　　　　　　　(단위 : 주, %)

성 명	관 계	주식의 종류	소유주식수(지분율)						변동 원인
			기 초		증 가	감 소	기 말		
			주식수	지분율	주식수	주식수	주식수	지분율	
대성홀딩스(주)	특수관계인	보통주	20,000,000	100.0			20,000,000	100.0	법인설립
계		보통주	20,000,000	100.0			20,000,000	100.0	-
		우선주							
		합 계	20,000,000	100.0			20,000,000	100.0	

2. 최대주주 변동현황
　　　　　　　　　　　　　　　　　　　　　　　(단위 : 주, %)

최대주주명	최대주주 변동일/지분변동일	소유주식수	지분율	비 고
대성홀딩스(주)	2009.10.01	20,000,000	100.0	법인설립

그림 2-38 주주에 관한 사항(대구도시가스)

1,020만 주를 매각했다. 1,020만 주의 지분율은 51%이다. 매각 당시 대표이사는 영보화학이 맡고 공동경영을 하기로 하였으며 그 약속은 현재까지 변함없이 유지되고 있다. 이처럼 대주주만 잘 살펴도 기업이 안정적인지 아닌지를 판단할 수 있다.

최대주주와 관련한 또 다른 사례로 대구도시가스를 들 수 있다(〈그림 2-38〉 참고). 이 회사는 2010년 12월 24일 상장되었고 공모가는 5,400원이었다. 상장 첫날 주가는 5,560원으로 시작되어 1만 4,000원이 넘는 고공행진을 하였다.

신규주는 상승을 하더라도 매수하기가 쉽지 않다. 상한가로 가기는 쉽지만 어느 순간 밀려 하한가까지 곤두박질칠 수도 있기 때문이다. 이런 종목의 특성이나 지지점 등 정보가 부족하기 때문에 투자자들의 심리가 한쪽으로 쏠리면 극단적으로 가기 쉽다. 하지만 대구도시가스(2011년 4월 대성에너지로 상호 변경)의 분기보고서를 보면 대성홀딩스가 지분 100%를 갖고 있다는 사실을 알 수 있다.

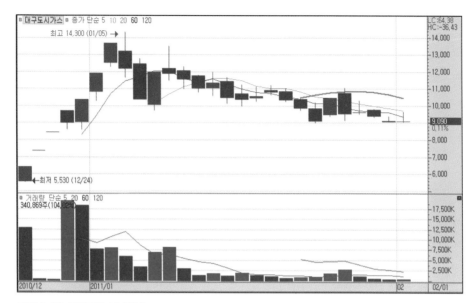

그림 2-39 대구도시가스(일봉)

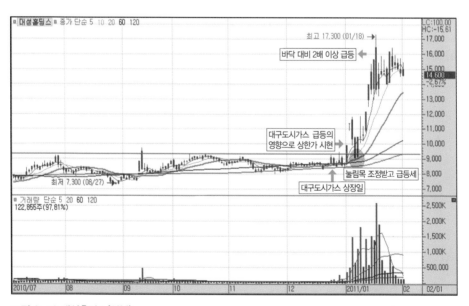

그림 2-40 대성홀딩스(일봉)

물론 공모를 하면 기관이나 투자자들에게 배분해야 하므로 지분이 줄어들 긴 하겠지만 그래도 최대주주다. 대구도시가스의 급등세에 추격매수를 하기가 두렵다면 대성홀딩스를 매수하는 것도 방법일 것이다. 시간차는 있지만 대구도시가스의 영향으로 대성홀딩스는 단기간 두 배 이상 상승했다.

〈그림 2-40〉의 대성홀딩스 일봉 차트를 보면 2010년 말까지만 해도 대성홀딩스의 주가는 특별하다고 할 만한 상황이 아니었다. 하지만 오랫동안 바닥을 다지고 이동평균선이 수렴되어 있었으므로 약간의 자극으로도 주가 움직임이 커질 조건은 갖추고 있었다.

대구도시가스가 상장되어 첫 상한가를 기록하던 날 대성홀딩스는 오히려 -5%가 넘는 하락으로 마감했다. 그런데 2011년 첫 거래일에 상한가를 만들면서 오랜 저항선을 돌파했으며 두 번째 상한가까지 만들면서 강한 모습을 보여줬다. 그리고 이후 조정을 받았으나 눌림목을 만들며 반등에 성공했고, 결국 바닥 대비 두 배 이상 급등했다. 이 종목이 급등한 데에는 대구도시가스의 최대주주라는 것 외에는 특별한 이유를 찾을 수 없었다.

이처럼 간단한 팁으로 큰 수익을 얻을 수 있으므로 지금까지 설명한 부분을 음미하면서 실전에 적용하는 능력을 키워가기 바란다.

기본적 분석의 여러 지표들

요약재무제표를 설명하면서 언급한 내용을 제외하고 그 외의 지표들에 대해 간략하게 살펴보도록 하자. 모두 영문 약자로 되어 있고 수식을 통해 값을 산출하는 경우가 많아 까다롭다고 생각하겠지만 최소한 이 정도는 알아야 한다. 요즘에는 HTS에 수치가 모두 나오므로 굳이 계산할 필요는 없다. 단지 그 용어가 무엇을 뜻하고 어떤 때에 활용할 수 있는지를 익히기 바란다.

■ **PER(주가수익배율)**

> **PER = 주가/주당순이익(EPS)**

일정 기간 동안 기업이 올린 주당순이익과 비교해 주가가 몇 배가 되는지를 나타내는 투자지표다. 어느 기업의 현재 주가가 4만 원, 작년 주당순이익이 2,500원이라고 하자. 그러면 이 회사의 PER은 16(40,000/2,500)배가 되는 것이다. 바꿔 말하면 PER이 16배라는 것은 현재 주식시세가 1주당 순이익의 16배라는 얘기다. 이 회사의 주당 수익 창출력이 1인데 주식은 그보다 16배나 비싼 가격에 매매되고 있음을 의미한다.

이렇게 PER은 종목별 현재 주가가 주당순이익보다 몇 배나 비싼지 알려준다. 기업 실적이 좋아서 순이익이 늘어나면 당연히 주당순이익도 커진다. PER은 주가를 주당순이익으로 나누어 구하므로 주당순이익이 클수록 작아진다. 따라서 PER값이 높으면 기업 수익력에 비해 주가가 고평가된 것으로 보고, PER값이 낮으면 수익력에 비해 주가가 저평가됐다고 본다.

▪ ROA(총자산순이익률)

ROA = 순이익/총자산×100

ROA는 한 해 동안 기업이 사용한 전체 자산에 비해 어느 정도의 순이익을 냈는지 평가하는 지표다. 즉 경영자가 기업의 자산을 얼마나 효율적으로 활용했는지를 보는 것이다. 여기서 총자산은 자기 돈(자기자본)과 남의 돈(부채) 등 기업활동에 동원할 수 있는 모든 자산을 말한다.

총자산 규모에 비해 순이익을 많이 내는 기업은 ROA 수치가 높게 나오고, 순이익을 많이 내지 못하는 기업은 ROA 수치가 낮게 나온다. 그러므로 같은 업종을 비교했을 때 ROA가 높은 기업일수록 수익성이 좋은 것이고, 수익성이 좋은 기업이어야 주식 가치가 오를 가능성이 크다.

▪ ROE(자기자본순이익률)

ROE = 순이익/자기자본×100

기업 순이익을 평가한다는 점에서 ROA나 ROE는 비슷한 성격을 띤다. 대신 ROA가 타인자본(부채)까지 포함한 이익률을 보는 것이라면 ROE는 자기자본만 가지고 계산한다. 그러므로 주주들이 맡긴 돈으로 회사가 1년 동안 얼마나 이익을 창출했는가를 따지는 것이다. 이 수치는 물론 높을수록 좋고, 동종업계의 기업들과 비교해서 그 수준을 평가한다.

■ 영업이익률, 경상이익률, 순이익률

> **영업이익률 = 영업이익/매출액×100**
> **경상이익률 = 경상이익/매출액×100**
> **순이익률 = 순이익/매출액×100**

이 세 가지 지표는 성격이 다른 세 가지 이익을 매출액과 비교하는 것이다.

먼저 매출액은 기업이 일정 기간 동안 벌어들인 전체 금액이다. 여기서 매출원가를 빼면 매출총이익이 되고, 총이익에서 판매비와 관리비를 뺀 것이 영업이익이다. 영업이익에 영업외수익을 더하고 영업외비용을 뺀 것이 경상이익이며, 경상이익에서 특별손익을 더하고 법인세를 차감하면 순이익이 산출된다.

다시 강조하지만 이 각각을 모두 분명히 구분하고 계산할 필요는 없다. 상식적인 수준에서 긍정적 지표는 높을수록 좋고, 부정적 지표는 낮을수록 좋다는 것을 알면 된다. 즉 ROA, ROE, 영업이익률, 경상이익률, 순이익률은 모두 수치가 높을수록 기업 수익성이 좋다는 사실을 나타내는 것이다.

기본적 분석을 실제 매매에 활용한 사례

2009년 12월 16일, 나는 인터넷카페 '외국인에 도전하는 주식투자 모임 (http://cafe. daum. net/sabustock)'에 신성FA(신성솔라에너지로 통합 후 신성이엔지로 사명 변경)라는 종목을 소개하며 중장기 종목으로 강하게 이야기했다. 당시 주가는 2,500원에 약간 못 미친 상태였다.

III. 재무에 관한 사항

1. 요약재무정보

: 당사는 2008.08.01 기준일로 인적분할한 신설법인으로, 전기를 제외한 3개년간의 요약재무정보는 분할(전) 재무정보를 기재하였습니다.

(단위 : 백만원)

구 분	제2기 3분기	제1기	제29기	제28기	제27기
[유동자산]	31,657	37,179	47,419	67,933	81,724
·당좌자산	31,038	36,815	45,790	66,377	76,875
·재고자산	619	364	1,629	1,556	4,849
[비유동자산]	26,993	22,605	112,834	103,510	88,093
·투자자산	2,991	252	33,036	27,450	23,390
·유형자산	15,721	15,933	67,880	64,917	56,307
·무형자산	4,395	3,928	4,134	4,160	4,146
·기타비유동자산	3,886	2,492	7,784	6,983	4,250
자산총계	58,650	59,784	160,253	171,443	169,817
[유동부채]	13,695	27,747	54,053	62,079	69,161
[비유동부채]	11,916	2,023	14,551	14,111	9,035
부채총계	25,611	29,770	68,604	76,190	78,196
[자본금]	4,407	4,407	17,739	17,739	17,739
[자본잉여금]	22,870	22,870	57,669	57,669	57,181
[자본조정]	62	(-)5	(-)6,362	239	239
[기타포괄손익누계액]	-2	-	(-)1,734	(-)1,352	(-)944
[이익잉여금]	5,702	2,743	24,337	20,958	17,406
자본총계	33,039	30,014	91,649	95,253	91,621
매출액	56,902	59,492	157,785	210,996	223,966
영업이익	2,959	3,472	4,110	9,961	26,102
법인세차감전 순이익	4,131	3,672	9,765	7,481	17,069
당기순이익	3,179	2,742	6,874	5,664	10,807
- 기본주당순이익(원)	361	311	203	161	307
- 희석주당순이익(원)	361	311	203	161	307

그림 2-41 2009년 신성FA 분기보고서 중 재무에 관한 사항

당시 어떤 기준으로 분석을 했으며, 어떤 점에서 상승 가능성을 보았는지, 실제 매매에는 어떻게 적용했는지를 자세히 이야기하고자 한다.

〈그림 2-41〉은 2009년 11월에 제출된 신성FA 분기보고서 중 요약재무정보이다.

■ 신성FA의 PER

$$PER(주가수익배율) = 주가/주당순이익(EPS)$$

내가 사이트에 글을 올릴 때 주가는 2,430원이었다. 〈그림 2-41〉에서 보듯 주당순이익은 361원이고, PER(2,430원/361원)은 6.71 정도였다. 당시 반도체장비 업종에서는 PER 10 이하가 별로 없었다. 그러므로 업계 평균과 비교하여 저평가 상태에 있다고 판단할 수 있었다.

업종별로 PER 기준은 다르지만 내수주 5~10, 제조업 10~15, 첨단기술주 15~20, 인터넷 업종 20~25 정도를 평균으로 본다. 전통적인 업종보다 첨단 또는 신산업의 PER이 대체로 높다.

■ 신성FA의 PBR

$$PBR(주가순자산비율) = 주가/주당순자산(BPS)$$

먼저 주당순자산은 자본총계를 총발행주식수로 나누어 구할 수 있다. 자본총계가 330억 원, 총주식수 880만 주로 주당순자산은 약 3,750원이고,

PBR(2,430원/3,750원)은 0.648 정도다.

PBR은 주당순자산에 비해 주가가 몇 배 정도에 거래되고 있는지를 나타낸다. 일반적으로 PBR이 1이면 주가가 자산가치와 동일하게 거래되고 있는 것이며, 1보다 높으면 고평가, 낮으면 저평가라고 말한다.

그렇다면 PBR이 낮으면 무조건 좋을까? 그건 아니다. 성장성이 나쁘거나 적자기업의 경우에도 시장에서 인정을 받지 못하여 낮은 PBR을 보일 수가 있다. 하지만 당시 신성FA는 흑자기업이었고 성장성도 나쁘지 않았기 때문에 저평가 상태라고 판단할 수 있었다.

■ 신성FA의 EPS

> 주당순이익 = 당기순이익/총발행주식수

신성FA의 당기순이익은 31억 원이고 총발행주식수는 880만 주이고, 주당순이익은 약 361원이다. 주당순이익을 기준으로 적정주가를 이야기할 때는 일반적으로 10배 정도를 말한다. 361원에 10을 곱해도 3,610원인데 당시 주가는 2,430원이었으므로 저평가되어 있는 상태였다.

■ 신성FA의 ROE

> ROE(총자산순이익률) = 순이익/자기자본×100

자기자본이 100억 원인 두 기업 A, B가 있다고 가정해보자. A기업은 당기순이익이 20억 원이고, B기업은 10억 원이라고 할 때 ROE는 다음과 같이 달라진다.

- A기업 = 20억 원/100억 원 × 100 = 20(%)
- B기업 = 10억 원/100억 원 × 100 = 10(%)

상식적인 수준에서 생각해보면 같은 돈을 가지고 더 많은 당기순이익을 기록한 회사가 좋을 수밖에 없다.

신성FA의 ROE를 구하면 31억 원/330억 원×100으로 10%가 약간 못 되는 상황이었다. 그런데 동종업종에서는 높은 수치였고, 4분기를 포함하면 더 올라갈 것으로 예상되었다.

■ 신성FA의 부채비율

> **부채비율 = 부채총계/자본총계×100**

자본총계가 약 330억 원, 부채총계가 약 250억 원으로 '250억 원/330억 = 0.75'로 부채비율은 75%로 산출된다. 부채비율이 100% 이하면 안정성이 높다고 할 수 있다.

신성FA는 신성홀딩스에서 기업분할한 회사인데 나름대로 알짜였다. 모회사인 신성홀딩스가 태양광 산업이라는 성장성 높은 사업을 영위하고 있었고, 신성FA 역시 반도체장비 사업을 영위하여 성장성에서 의심할 바가 없었다. 그런데 내가 분석하던 당시 다른 반도체 종목들은 모두 주가가 상승하고 있었는데 이 종목만 움직이지 않고 있었다.

■ 업계 현황 파악

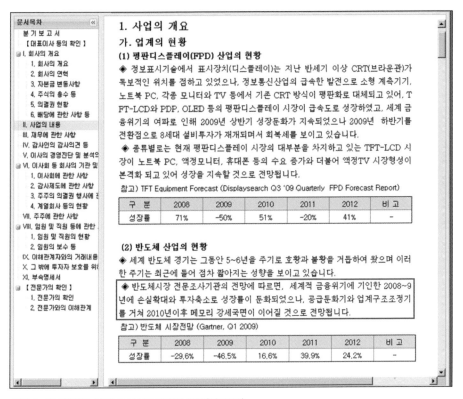

그림 2-42 신성FA 분기보고서 중 업계의 현황(2009년)

〈그림 2-42〉는 당시 신성FA의 분기보고서에 나온 '사업의 내용' 항목이다. 박스로 표시한 것처럼 2010년 이후에는 메모리 강세 국면이 이어질 것으로 전망하고 있었다. 이건 나중의 일이지만 실제로 신성FA는 2010년도에 2009년 대비 매출액 2배, 당기순이익 2배, 영업이익 3배를 기록했다.

■ 이후 신성FA의 주가 움직임

그림 2-43 신성FA(주봉)

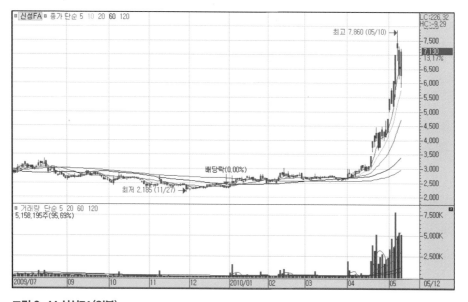

그림 2-44 신성FA(일봉)

앞에서 정리한 것처럼 기본적 분석에 의해 이 종목을 판단한 뒤 나는 2,420원 정도에 매수했고, 주변 사람들도 내가 추천한 것을 믿고 많이 매수했다. 본격 상승하기까지 5개월 가까운 시간이 걸렸는데, 단기 매매가 체질화된 나였지만 한 번도 불안감을 느낀 적이 없었다. 기본적 분석을 철저히 했기 때문에 일단 망할 회사는 아니라는 믿음이 있었다. 그리고 업황이 개선되면 반드시 기다린 대가를 얻을 수 있으리라 생각하고 있었다. 주당순이익이 2배 오르면 최소한 주가는 2배 이상은 오르게 된다. 주가는 실적만 받쳐준다면 오르게 되어 있다.

그 종목이 성장성이 있는지, 저평가되어 있는지, 당기순이익은 증가할 것인지 등은 업종에 따라 스스로 분석해야 한다. 분석에 있어서는 일가견이 있다고 할 수 있는 전문가 그룹들, 증권사 애널리스트들이 매수 추천을 하며 리포트를 낸 종목들 중에서도 망가진 기업들이 한두 개가 아니다. 어느 날 갑자기 분식회계나 횡령 등의 뉴스가 터지면서 고발당하고 소송당했다가 역사의 저편으로 사라지는 종목들이 심심찮게 나온다. 그런데 그중에는 우량하다고 믿고 있던 기업들도 있다. 기업 안에서 일어나는 일은 사실 내부자가 아닌 이상 알기 어렵다. 그러므로 전문가라고 해서 그들의 의견을 무조건 수용하지 말고 자신이 스스로 판단해야 한다.

기본적 분석을 어렵다고 생각하며 무턱대고 접어두지만 말고 지금까지 정리한 내용만이라도 확인하기 바란다. 처음에는 부실주를 걸러내어 손실로부터 보호해줄 것이다. 그리고 시간과 경험이 쌓이면 놀라운 수익 기회를 발견할 수 있는 안목을 갖게 될 것이다.

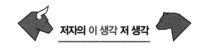

주식과 도박의 차이점

나는 포커를 좋아한다. 하지만 그냥 즐기는 것일 뿐 게임의 결과에 집착한다 거나 반드시 이겨보겠다고 나서지 않는다. 주식을 블랙잭이나 경륜, 경마 등에 비교하는 사람들이 있는데 나는 이것은 말이 되지 않는다고 생각한다. 그런 도 박성 게임들 중에서 그나마 가장 비슷한 것을 찾는다면 아마 포커가 아닐까 생 각한다. 패가 아니다 싶으면 멈추면 그만이라는 점과 이성을 잃으면 둘 다 깡통 을 차게 되어 있다는 점에서 그렇다.

그렇지만 다른 점이 더 많다. 지금부터 무엇이 다른지에 대해 이야기해보겠다.

1. 포커를 즐기기 위해서는 간단한 룰만 익히면 되지만 주식은 절대 그렇지 않다. 차트를 띄워놓고 주가와 거래량, 보조지표 등을 분석해야 하고 해 당 기업에 대해 파악해야 한다. 증자나 대규모 수주 등이 있는지에 항상 촉각을 곤두세워야 하며 그 영향력을 파악해야 한다. 또한 이런 것들은 항상 변하기 때문에 어느 정도의 경험치를 갖춰야 한다.

2. 포커는 그 판에 고수가 한 명 끼어 있으면 나머지는 돈 벌기가 진짜 어렵 다. 하지만 주식은 그렇지 않다. 워낙 덩어리가 크기 때문에 외국인, 기관,

개인 중 상위 20% 안에만 들어도 돈을 벌 수 있다. 물론 그 일이 쉬운 건 아니지만.

3. 이게 가장 큰 차이인데, 포커는 꾼들의 잔치인 반면 주식시장은 국가에서 인정하는 재테크의 장이라는 점이다. 포커에서는 아무리 최강 패를 잡았다고 해도 게임을 풀어나가는 과정에서 상대에게 지면 본전을 모두 날리는 건 일도 아니다. 포커판은 온갖 속임수와 기술이 난무하는 곳이기 때문이다.

물론 주식시장에서도 도박을 하듯 접근하는 사람들이 없는 건 아니다. 들어가는 종목마다 미수 풀로 베팅하고, 관리종목이나 부실주를 불문하고 테마에 휩쓸려 매매한다면 포커보다 더 빨리 깡통을 찰 수 있다. 하지만 그렇게 돈을 갖다 바치고 싶어서 기를 쓰는 경우가 아니라 일반적인 때라면 좋은 주식을 잡았을 때 인내심 하나만으로도 돈을 벌 수 있는 곳이 주식시장이다.

◆

**SECRET
OF REAL
TRADING**

◆

PART 3

최초 공개하는
13가지 실전 매매 기법

여기서는 내가 시장 상황에 따라 유연하게 적용시키며 수익을 내는 기법들을 소개할 것이
다. 책으로 정리하면 몇 페이지로 간단해 보이지만, 결코 그렇지 않다. 몇 번씩 되풀이해서
읽고 깊이 파고들어 그 본질과 기법이 유용하게 사용되는 상황에 대해 심사숙고해야 한다.
그럼으로써 응용력을 키워 자신의 기법으로 재정립하고 발전시킬 수 있기를 바란다.

신고가 상승음봉
매매 기법

    신고가란 일정 기간 동안 주가가 최고치를 경신한 것을 말한다. 이것이 중요한 이유는 매물벽과 저항선을 뚫었기 때문에 단기간에 추가 상승할 가능성이 매우 크기 때문이다.

    하지만 중장기 관점에서 신고가에 접근하면 리스크가 크다. 어느 순간 고점에서 밀려 지지선까지 깨는 경우가 있는데 이때는 추가 하락 리스크가 크고, 하락이 시작된 고점은 새로운 저항 영역으로 작용할 것이기 때문이다. 내 경험상 신고가는 단기적으로 접근하는 것이 유리하며, 실제로 신고가만을 노리는 단기 매매자들도 많다.

■ 신고가 공략 타이밍

    신고가가 출현하면 추가 상승 가능성이 크기 때문에 수익을 낼 수 있는 기회가 되는 건 사실이다. 하지만 그런 생각을 나만 하고 있는 게 아니다. 수많은 눈이 이 종목을 지켜보고 있다는 사실을 알아야 한다. 어떤 책에서는 신고가 종목은 무조건 매수하라고 했는데, 이런 말은 개미들에게 손실을 줄 수도 있다.

사실 저항선이 없다는 점에서 상승 여력이 있다고 보지만 어디까지 상승할지 목표를 설정하기도 애매하다. 또한 반락했을 때 어디를 지지선으로 두어야 할지도 알 수 없다.

신고가는 대개 양봉으로 강하게 올라가기 때문에 어떤 면에서는 추격매수라고 봐야 한다. 그래서 타이밍을 잡기가 쉽지 않다. 지나고 나서야 신고가였음을 알 수 있지만, 장중 신고가를 경신했다가도 종가상으로는 전일 캔들 안으로까지 깊게 밀린 경우도 숱하게 많다.

나는 수많은 경험을 통해 이 기법을 터득했다. 5억 원에 가까운 빚을 갚는 데 큰 역할을 해준, 나에게는 아주 소중한 기법이다. 하지만 어느 날 갑자기 알게 된 것이 아니라 양봉에 추격매수하다 수없이 실패한 후 나의 매매를 복기하고 연구하면서 핵심을 끄집어낸 것이다.

일단 신고가 경신 전 저항선을 어떻게 뚫었는지 주변 상황을 잘 봐야 한다. 저항선을 뚫을 때의 힘이 강하다면 이후 움직임도 강하다고 볼 수 있다. 반면 미적거리면서 겨우 올라선 것이라면 주의를 기울여야 한다.

신고가 종목은 음봉에서 매수하는 것이 훨씬 유리하다. 사람은 일단 자신이 매수한 다음에 올라야 마음이 편하다. 매수했는데 주가가 밀리면 잘못 들어온 것처럼 생각돼 불안해하다 손절매하는 바람에 도리어 손실을 입을 수도 있다.

매수에 적합한 음봉은 신고가를 기록한 후 나올 수도 있고, 신고가를 경신하기 바로 전에 나올 수도 있다. 때마다 중점을 둬야 할 요소들에는 차이가 있으므로 몇 가지 사례를 들면서 설명하겠다.

■ 신고가 상승음봉이란

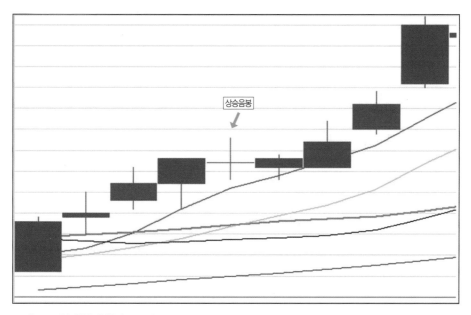

상승음봉

그림 3-1 상승음봉의 형태

주가의 상승이 이어지는 과정에서 나타난 음봉을 상승음봉이라고 한다. 도지 형태인 경우도 있고 몸통이 있을 수도 있다. 대개 음봉에서는 매수하기를 꺼리는 경향이 있는데 이 경우에는 특히 망설여질 것이다. 주가가 이미 상당히 상승한 상황이기 때문이다.

이 음봉이 고점 징후인지, 이후 상승을 예고하는지 판단하는 방법은 다음의 실전 사례를 통해 구체적으로 살펴보도록 하자.

▪ 신고가 검색 방법(최근종목 수정)

증권사의 HTS를 보면 신고가를 검색할 수 있는 창이 있다. 기간과 거래량, 제외 조건 등을 설정할 수 있다.

종목명	현재가	전일대비		등락률	거래량	전일거래량대비	매도호가	매수호가	250일 고가	250일 저가
대원강업	3,800	▲	205	+5.70	1,271,144	489.41%	3,800	3,795	4,270	2,300
홍국화재우	12,650	↑	2,900	+29.74	168,024	10.87%		12,650	12,650	3,145
동아쏘시오홀딩	114,500	▲	3,000	+2.69	45,272	132.87%	115,000	114,500	118,500	66,700
한양증권우	16,350	▲	250	+1.55	564,018	611.69%	16,500	16,350	20,900	5,700
진흥기업우B	12,200	▲	1,750	+16.75	2,094,216	114.22%	12,400	12,200	13,550	3,230
진흥기업2우B	17,550	▼	1,200	-6.40	1,195,746	87.57%	17,550	17,500	23,000	11,100
대구백화점	7,650	▲	660	+9.44	71,509	374.94%	7,650	7,560	7,660	3,995
대덕1우	7,620	▲	320	+4.38	321,916	80.25%	7,630	7,620	8,380	4,080
뉴인텍	3,265	▼	70	-2.10	11,610,823	84.41%	3,270	3,265	3,825	483
세우글로벌	2,925	↑	675	+30.00	65,873,544	431.21%		2,925	2,925	1,070
대성홀딩스	18,050	▲	550	+3.14	56,784	27.93%	18,200	18,050	18,400	7,500
신풍제약	198,000	↑	45,500	+29.84	11,151,883	874.91%		198,000	198,000	5,800
포스코 ICT	6,860	▲	340	+5.21	54,569,075	964.34%	6,870	6,860	7,750	2,900
동일철강	4,565	▲	155	+3.51	209,355	336.63%	4,565	4,560	5,000	1,555
누리텔레콤	8,130	▼	280	-3.33	9,473,495	809.92%	8,140	8,130	9,880	3,415

그림 3-2 HTS에서 신고가 검색

▪ **신고가 상승음봉 매매 기법의 핵심**

1. 신고가를 기록한 종목을 관심종목에 등록한다.
2. 신고가 종목이라고 해서 무조건 매수해서는 안 된다.
3. 신고가로 가는 도중 상승도지나 상승음봉이 나왔을 때를 매수 포인트로 생각한다.
4. 매수 포인트를 정할 때는 저항선을 그려보고 기관과 외국인의 매매 현황도 꼭 체크한다.
5. 매도 포인트는 5일 이동평균선을 이탈하는 시점이다.

그림 3-3 셀트리온(일봉)

〈그림 3-3〉은 2020년 셀트리온의 일봉 차트다. 6월 3일을 보면 저항선에 부딪힌 주가가 음봉을 형성했다. 과연 저항선을 뚫고 신고가를 경신할 수 있을까 하는 마음에 대부분 매수를 망설일 것이다. 보수적인 투자자라면 음봉이 나온 이후의 추이를 보면서 매수하면 될 것이다. 하지만 이후 급격한 상승이 진행되는 경우 따라 산다는 것이 쉽지만은 않다.

이 음봉을 상승음봉으로 볼 것인지, 저항에 부딪쳐 떨어질 고점으로 볼 것인지는 이제 다른 상황들을 보고 판단해야 한다. 당시 기관의 매매 현황을 보자(〈그림 3-4〉 참고). 한때는 외국인이 우리 증시를 쥐고 흔들 만큼 위력적이었지만 언제부턴가 기관이 주도세력이 되었다. 왜냐하면 기관은 단기적으로 특정 종목을 집중적으로 매수하는 경향이 있기 때문이다.

기간 20/08/20 ~ 20/09/20			누적순매수	1,343,916	-922,310	-546,643	-299,751	-16,267	-92,320	-4,374	-8,763	-62,114	-63,054		+122,070	+2,967
일자	현재가	등락률	거래량	개인	외국인	기관계	금융투자	보험	투신	기타금융	은행	연기금등	사모펀드	국가	기타법인	내외국인
20/06/12	297,500	3.30%	3,865,779	+189,222	-22,784	-149,506	-142,338	+5,992	+1,661	-1,332	+1,256	-21,181	+6,436		-15,179	-1,753
20/06/11	288,000	7.26%	3,934,710	-161,950	+310,528	-139,370	-92,768	-3,649	-23,429	-774	-358	-17,551	-841		-6,924	-2,284
20/06/10	268,500	1.90%	1,067,682	-50,366	-27,908	+78,809	+51,743	-2,526	+7,613	-1,031	-513	+23,294	+229		-663	+128
20/06/09	263,500	2.93%	1,345,656	-159,080	+143,103	+13,495	+26,693	-2,276	-6,521	-1,077		-4,639	+1,315		+2,638	-156
20/06/08	256,000	-0.19%	1,267,019	+60,707	+1,745	-58,457	+16	-4,105	-5,573	-505	+605	-45,451	-3,444		-3,573	-422
20/06/05	256,500	3.85%	2,899,453	-153,702	+167,184	+15,942	+2,738	-5,063	-6,996	-1,745	-868	+19,784	+8,092		-28,267	-1,157
20/06/04	247,000	8.57%	3,037,387	-366,433	+239,285	+149,341	+163,015	+4,392	-523	-5,492	-773	-19,597	+8,319		-24,479	+2,286
20/06/03	227,500	1.34%	1,813,508	-65,738	-65,089	+128,140	+178,238	+7,739	-15,616	-850	-2,534	-37,921	-916		+1,059	+1,628
20/06/02	224,500	-1.32%	1,115,810	+214,103	-186,500	-37,221	-26,846	-977	-8,242	-771		-504	+119		+9,068	+550
20/06/01	227,500	6.56%	3,410,255	-501,552	+544,818	-360	+18,410	+3,336	-2,004	-4,170	+565	+4,735	-21,232		-39,953	-2,953

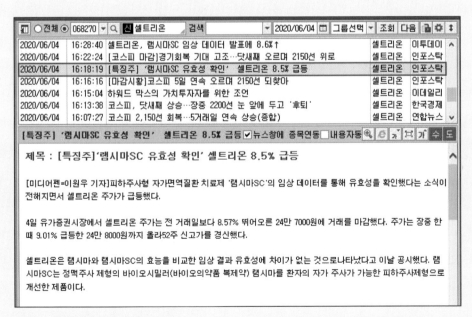

그림 3-4 셀트리온 기관 매매 현황

상승음봉이 발생한 당일(2020년 6월 3일) 기관은 매수 우위를 보였다. 그전에도 꾸준히 매수를 지속해왔으며, 결과를 알고 얘기하는 것이지만, 이후에도 마찬가지다. 기관 역시 그 부분의 저항을 뚫으면 쉽게 올라갈 수 있다는 것을 알았기에 매수를 지속했을 것이다. 6월 4일 돌파봉에 기관의 매수와 외국인 매수세까지 힘입어 쉽게 저항선을 돌파했다.

저항선을 돌파하고 나니 역시나 호재성 뉴스들이 나오기 시작했다.

2020/06/04	16:28:40	셀트리온, 램시마SC 임상 데이터 발표에 8.6%↑	셀트리온	이투데이
2020/06/04	16:22:24	[코스피 마감]경기회복 기대 고조…닷새째 오르며 2150선 위로	셀트리온	인포스탁
2020/06/04	16:18:19	[특징주] '램시마SC 유효성 확인' 셀트리온 8.5% 급등	셀트리온	인포스탁
2020/06/04	16:16:16	[마감시황]코스피 5일 연속 오르며 2150선 되찾아	셀트리온	인포스탁
2020/06/04	16:15:04	하워드 막스의 가치투자자를 위한 조언	셀트리온	이데일리
2020/06/04	16:13:38	코스피, 닷새째 상승…장중 2200선 눈 앞에 두고 '후퇴'	셀트리온	한국경제
2020/06/04	16:07:27	코스피 2,150선 회복…5거래일 연속 상승(종합)	셀트리온	연합뉴스

[특징주] '램시마SC 유효성 확인' 셀트리온 8.5% 급등

제목 : [특징주]'램시마SC 유효성 확인' 셀트리온 8.5% 급등

[미디어펜=이원우 기자]피하주사형 자가면역질환 치료제 '램시마SC'의 임상 데이터를 통해 유효성을 확인했다는 소식이 전해지면서 셀트리온 주가가 급등했다.

4일 유가증권시장에서 셀트리온 주가는 전 거래일보다 8.57% 뛰어오른 24만 7000원에 거래를 마감했다. 주가는 장중 한때 9.01% 급등한 24만 8000원까지 올라52주 신고가를 경신했다.

셀트리온은 램시마와 램시마SC의 효능을 비교한 임상 결과 유효성에 차이가 없는 것으로나타났다고 이날 공시했다. 램시마SC는 정맥주사 제형의 바이오시밀러(바이오의약품 복제약) 램시마를 환자의 자가 주사가 가능한 피하주사제형으로 개선한 제품이다.

그림 3-5 저항선 돌파 후 호재성 뉴스

삼성바이오로직스

삼성바이오로직스의 경우도 비슷한데 약간 차이가 있다면 저항선을 뚫은 다음에 상승음봉이 나왔다는 것이다. 이런 경우에는 셀트리온의 사례에서처럼 저항선 전에 상승음봉이 출현한 것보다 더 상승할 확률이 높다.

그림 3-6 삼성바이오로직스(일봉)

〈그림 3-6〉의 차트에서 보듯 삼성바이오로직스는 저항선을 뚫은 다음 상승음봉(2020년 4월 13일)이 출현했다. 기관의 순매수도 꾸준히 이어지고 있음을 〈그림 3-7〉을 통해 확인할 수 있다. 이 시점에서 삼성바이오로직스가 코로나 치료 후보물질을 생산한다는 뉴스가 나왔다.

일자	현재가	등락률	거래량 ▼	개인	외국인	기관계	금융
20/04/22	580,000	0.17%	625,247	-47,316	+14,254	+17,950	
20/04/21	579,000	2.30%	997,287	-112,677	+60,291	+47,216	
20/04/20	566,000	0%	472,857	+16,930	-30,396	+10,202	
20/04/17	566,000	4.81%	776,987	-9,180	+1,473	+11,879	
20/04/16	540,000	-0.37%	297,720	+14,947	-38,381	+21,531	
20/04/14	542,000	0.56%	539,127	+11,413	-18,546	+4,827	
20/04/13	539,000	-3.58%	1,184,911	+88,714	-111,397	+13,430	
20/04/10	559,000	16.82%	3,037,570	-217,158	+235,307	-12,722	
20/04/09	478,500	0.21%	125,253	+10,392	+1,121	-12,389	
20/04/08	477,500	-1.04%	124,190	+10,187	-5,169	-6,103	
20/04/07	482,500	1.15%	177,208	-24,585	+10,228	+11,885	
20/04/06	477,000	2.03%	219,399	-23,463	-3,285	+26,022	+
20/04/03	467,500	0.65%	220,451	-39,190	+4,698	+36,165	
20/04/02	464,500	2.65%	187,474	-14,315	+971	+9,118	
20/04/01	452,500	-6.12%	313,016	+25,923	-25,258	-2,281	
20/03/31	482,000	7.11%	665,621	-48,597	+1,949	+47,112	
20/03/30	450,000	1.58%	216,938	+5,509	-17,274	+17,094	

그림 3-7 삼성바이오로직스 기관 순매수

그 이후로 주가는 고공행진을 했는데 기관들이 이렇게까지 매집한 경우에는 절대 저 단계에서는 털고 나가지 못한다. 물론 돌발악재가 나온다면 매도하겠지만 그동안 매집한 물량을 충분히 수익을 거두고 팔아치우려면 기관 입장에서도 주가를 더 레벨 업시켜야 한다.

또한 주가가 상승하는 도중 도지가 나오면 뉴스에 집중하고 기관의 매매 동향을 살펴보길 바란다. '상승 도중 도지 출현'이라는 사실이 매수 조건을 만족시키는 것이 아니라, 기관이나 외국인 매수 등 그때의 시장 상황을 함께 파악해야 한다.

박스권 돌파 후
역망치형 매매 기법

보통 박스권을 돌파하면서 거래량을 수반하면 단기간에 큰 시세가 나온다. 박스권은 알다시피 일정한 고점대와 일정한 저점대 사이로 주가가 오르내리는 구간을 말한다. 이 구간에서는 저점 매수, 고점 매도라는 박스권 매매 기법이 흔히 사용되기 때문에 상단과 하단에서는 수많은 매매가 이뤄진다. 매매가 많이 이뤄진다는 것은 그 지점의 가격대가 중요성을 더해간다는 것이다. 다시 말해 지지선 또는 저항선으로 굳어진다는 것이다. 박스권의 기간이 길수록 지지와 저항의 힘은 당연히 강해진다.

■ 박스권 돌파 기법의 한계

하단 지지와 상단 저항을 반복해서 받으며 오르내리는 주가에는 그 구간을 벗어나려는 에너지가 축적되어간다. 그것이 반드시 상향이라거나 하향이라고 예단할 수는 없지만 박스권을 벗어난 주가가 단기간 큰 폭으로 움직이는 것은 이 때문이다. 이러한 주가 움직임의 특성을 활용하는 것이 박스권 돌파 기법이다.

하지만 이 기법이 널리 알려지면서 주가 변동은 전형적인 형태에서 조금씩 달라졌다. 실제로 박스권 상단을 돌파하기를 기다려 매수했지만 오르는 듯하던 주가가 되밀려 손실을 본 경험이 한 번쯤은 있을 것이다. 나 역시 이 기법으로 몇 번이나 큰 손실을 봤기 때문에 집중적으로 연구했다. 그 결과 돌파할 때 가장 중요하게 살펴봐야 할 것이 수반된 거래량이라는 것을 알게 됐다.

박스권을 돌파할 때의 거래량에는 단기 차익을 노리는 이들의 자금이 상당 부분을 차지한다. 때문에 그대로 시세를 지속하기보다 차익 실현 물량으로 되밀리는 현상이 나타나게 된다.

박스권 돌파 후 주가 움직임은 대략 세 가지로 볼 수 있다. 그대로 강력하게 시세를 이어가는 상황, 이전 박스권 안까지 되밀려 상승이 무산되는 상황, 그리고 되밀렸지만 이전 박스권 상단에서 지지를 받아 상승하는 상황이다.

■ 박스권 돌파 후 역망치형 매매 기법

수많은 연구 끝에 정립한 이 기법은 박스권 돌파 후 한 박자 쉬고 가는 것이라고 할 수 있다. 돌파와 동시에 시세를 분출하는 경우는 다른 기법으로 동참하기로 하고, 적어도 가짜 돌파에 속지 말아야 한다는 것에 중점을 뒀다. 이 기법은 박스권 상단을 돌파한 주가가 조정을 받아 이전 박스권으로 되돌아오는 시점에 주목한다.

이때는 하락을 계속할지 눌림목을 주고 반등할지 알 수 없는 시점이다. 그래서 조정 시점에 주가가 어떻게 움직이는지를 주목해야 한다. 그러다 역망치형이 출현할 때 매수하면 단기간에 수익을 얻을 수 있고, 시세가 강하면 이후 더 큰 수익까지 노릴 수 있다. 이때의 역망치형은 주포가 개미들을 떨구고 가기 위해 흔들기를 하는 것이라고 볼 수 있다.

종목별로 상황은 조금씩 다를 수 있으므로 실제 사례를 보면서 구체적으로 알아보자.

> ■ **박스권 돌파 후 역망치형 매매 기법의 핵심**
> 1. 박스권을 돌파하면서 거래량이 터지는 시점을 주의 깊게 본다.
> 2. 박스권을 돌파할 때 윗꼬리를 다는 캔들이 만들어지고 이후 거래량이 감소하는지를 살핀다.
> 3. 이후 역망치형은 그다음 날에 나올 수도 있고 며칠이 지나서 나올 수도 있다. 매수 포인트는 이 역망치형이 출현하는 시점이다.

참엔지니어링

참엔지니어링 종가 단순 5 10 20 60 120

LC:49.48
HC:-0.96

최고 3,630 (02/10)

박스권 상단을 강하게 돌파한 후에
역망치형 캔들 출현

3,595
8.77%

최저 2,405 (08/27)

거래량 단순 5 20 60 120
1,911,579주(144.96%)

거래량도 전일 대비 약 8배나 증가

2010/06 07 08 09 10 11 12 2011/01 02 02/18

그림 3-8 참엔지니어링(일봉)

〈그림 3-8〉의 차트를 보면 참엔지니어링은 3,250원선에서 6개월간 저항을 받고 있었다. 그 가격대를 강하게 돌파한 날이 2011년 2월 7일인데 당일 거래량을 보면 이전과 비교해 현저하게 증가했음을 볼 수 있다. 당일 +13.83%까지 급증해 누구나 상한가에 이를 것이라고 기대했지만 이내 밀려 종가상 긴 윗꼬리를 만들면서 박스권 안으로 되돌아오고 말았다.

다음 날 시가는 +1.9%에서 어느 정도 강한 모습을 보여줬지만 종가가 당일 저가로 마감되면서 음봉 역망치형이 되었다. 이런 상황이면 개미들은 당연히 전고점의 저항에 또 밀릴 것이라고 판단하고 매수를 포기할 것이다. 반등하여

시간별	일자별	차 트	외국인/기관	거래원	시 황	종목시황	매 수	매 도	정 정	취 소	RP매도
참엔지니어링	시가		고가		저가		종가	전일대비	등락율		거래량
2011/02/11	3,315		3,315		3,060		3,215	▼ 165	-4.88		3,525,766
2011/02/10	3,500		3,630		3,300		3,380	▼ 80	-2.31		1,291,140
2011/02/09	3,135		3,510		3,090		3,460	▲ 330	+10.54		2,693,786
2011/02/08	3,210		3,280		3,130		3,130	▼ 20	-0.63		973,638
2011/02/07	3,015		3,375		3,015		3,150	▲ 185	+6.24		3,106,854
2011/02/01	2,905		2,965		2,905		2,965	▲ 75	+2.60		394,489
2011/01/31	2,915		2,945		2,880		2,890	▼ 55	-1.87		224,020
2011/01/28	2,990		3,015		2,900		2,945	▼ 40	-1.34		571,708
2011/01/27	2,890		3,010		2,890		2,985	▲ 115	+4.01		851,736
2011/01/26	2,915		2,915		2,855		2,870	▼ 45	-1.54		303,427
2011/01/25	2,970		2,975		2,890		2,915	▼ 30	-1.02		482,857
2011/01/24	2,880		2,965		2,880		2,945	▲ 85	+2.97		438,641

그림 3-9 참엔지니어링 일자별 주가 동향

아래꼬리를 만들지도 못하고 당일 최저가로 마감했으니 그다음 날은 분명히 하락으로 이어질 거라고 생각할 것이다.

하지만 다음 날의 주가를 보면 시가는 보합에서 형성되었지만 짧은 아래꼬리를 달았을 뿐 종일 상승하여 장대양봉을 만들었다. 그리고 +10.54%에서 종가가 형성되었다. 일자별 주가 동향은 〈그림 3-9〉를 참고하길 바란다.

이런 패턴에서 중요하게 봐야 할 것은 거래량이다. 2월 7일에는 전일 대비 8배 가까운 거래량을 보였다. 이처럼 거래량이 실리면서 박스권을 뚫지 못했을 경우 다음 날 실망매물이 쏟아져 음봉을 만든 것이라면 어느 정도 비슷한 수준의 거래량이 형성되어야 한다. 하지만 다음 날 거래량은 전날의 30% 수준이었다. 이는 전날 매수자들이 아직 이 종목에 기대를 갖고 있다는 뜻으로, 다음 날 급격한 상승으로 나타났다.

〈그림 3-10〉의 유진기업의 차트 역시 앞의 사례와 비슷한 패턴을 보이고 있다. 2011년 1월 4일 유진기업은 평균 대비 5배 가까운 거래량이 터지면서 박스권 상단을 돌파하려 했으나 실패하면서 긴 윗꼬리를 달았다.

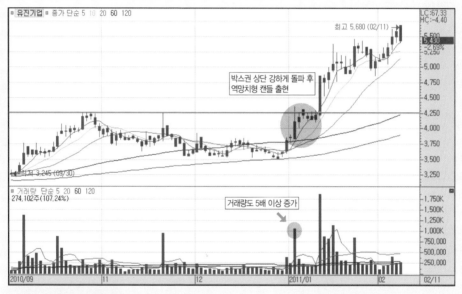

그림 3-10 유진기업(일봉)

다음 날부터 거래량이 줄었고 3거래일째 시가에 박스권을 재차 뚫었으나 결국 밀려 종가상 박스권 안으로 되돌아왔고 역망치형으로 마감됐다. 그러고도 이후 3거래일을 비슷한 수준에서 주가가 형성되면서 오르지도 밀리지도 않는 모습을 보였다. 그런 후 1월 12일에 10배 가까운 거래량 폭발과 함께 주가는 급등세를 보였다.

시간별	일자별	차 트	외국인/기관	거래원	시 황	종목시황	매 수	매 도	정 정	취 소	RP매도
/유진기업	시가		고가		저가		종가	전일대비		등락율	거래량
2011/01/14	4,795		4,990		4,650		4,910	▲ 155		+3.26	823,101
2011/01/13	4,820		4,875		4,530		4,755	▼ 100		-2.06	872,023
2011/01/12	4,220		4,855		4,200		4,855	↑ 630		+14.91	1,857,548
2011/01/11	4,150		4,290		4,100		4,225	▲ 75		+1.81	202,790
2011/01/10	4,205		4,280		4,150		4,150	▼ 55		-1.31	160,108
2011/01/07	4,170		4,260		4,135		4,205	▼ 15		-0.36	174,801
2011/01/06	4,310		4,310		4,170		4,220	▲ 30		+0.72	228,936
2011/01/05	4,110		4,255		4,010		4,190	▲ 80		+1.95	353,170
2011/01/04	3,830		4,360		3,830		4,110	▲ 255		+6.61	1,058,571
2011/01/03	3,850		3,895		3,770		3,855	▲ 55		+1.45	245,462
2010/12/30	3,630		3,850		3,600		3,800	▲ 190		+5.26	379,592
2010/12/29	3,600		3,615		3,540		3,610	▲ 70		+1.98	68,380

그림 3-11 유진기업 일자별 주가동향

여기서도 중요한 것은 거래량의 추이다. 박스권 돌파 시 거래량이 급증했지만 이후 조정을 받는 기간에는 급감했다. 만약 다른 조건이 모두 갖춰졌더라도 돌파 후 역망치형에서 거래량이 급증하면 단기 고점일 수 있으니 주의해야 한다.

바닥권 첫 상한가
매매 기법

이 기법에 대해 설명하기에 앞서 주의사항부터 얘기해야겠다. 단기 매매에서 가장 빨리 승부가 나는 기법이긴 하지만 그만큼 리스크가 크기 때문이다. 어느 정도 시장 대응 능력을 갖춘 후에 실제 매매에 적용하길 바란다. 만약 감정을 컨트롤하기 힘들거나 순간적인 판단이 서투른 매매자라면 몸에 저절로 익을 때까지 연습시간을 갖기를 당부한다.

- 전일 상한가에서 거래량이 어느 정도 되어야 한다.
- 오전 장에서만 매매하고 재진입은 하지 않는 것이 좋다.
- 이동평균선 역배열 상태에서 나온 상한가는 제외시킨다.
- 주가가 생각대로 흐르지 않으면 가차 없이 손절매해야 한다.

기법을 설명하기 전에 주의사항부터 말하다니 조금 무시무시하게 느껴지겠지만, 나의 솔직하고도 간곡한 당부라는 점을 알아주기 바란다. 나는 이 책에 공개한 기법으로 누구든 한 번의 손실도 내지 않았으면 하고 바란다. 전쟁터라는 말조차 고상하게 느껴질 만큼 나는 주식시장에서 온갖 패배를 하고 인생의 밑바닥까지 다녀온 사람이다.

그런 과정을 거치며 만들어냈기 때문에 각 기법에는 모든 상황이 농축되어 있다. 내가 겪은 일을 다른 사람들은 겪지 않고 지나가길 바라는 마음에서 이 기법들을 최대한 자세히 설명하고 있지만 받아들이는 입장에서는 어떨지 모르겠다. 그럼에도 이 책에서 말하는 내용의 일부만 받아들이고 나머지는 간과해 버려서는 안 되며, 실전에 적용하기 전에 테스트해보길 바란다.

■ 바닥권 첫 상한가 공략

오랫동안 주가가 바닥을 기며 큰 움직임을 보여주지 않던 종목에서 어느 날 느닷없이 상한가가 나오는 경우가 있다. 예전에는 바닥에서 나오는 상한가는 한 번으로 끝나지 않고 보통 두 번이나 세 번 연속으로 나왔는데 최근에 연속 상한가는 그다지 없다. 아무래도 금융감독원의 감독이 강화되어서 그런 것 같다.

바닥권 첫 상한가는 말 그대로 바닥권에서 첫 상한가가 나온 종목을 노려 이후 단기 수익을 거두는 방법이다. 언뜻 쉬워 보이지만 앞에서 강조했듯이 이 기법은 리스크가 무척 크다.

상한가가 출현했다는 것은 일단 변동성이 커졌다는 것이다. 따라서 거래량도 평소보다 훨씬 증가한다. 거래량이 늘어나면 수량을 많이 실을 수 있고, 매도 시 체결이 쉽다는 장점이 있지만 변동성이 커진 만큼 정신을 바짝 차려야 한다. 위아래로 10여 호가가 순식간에 오가는 상황이 될 것이기 때문이다. 바로 그런 상황에서 자기 기준에 따라 정확히 매수와 매도를 실행하는 기법이다.

몇 가지 사례를 통해 매수와 매도 기준을 어떻게 잡아야 하는지 살펴보자.

■ 상한가 검색

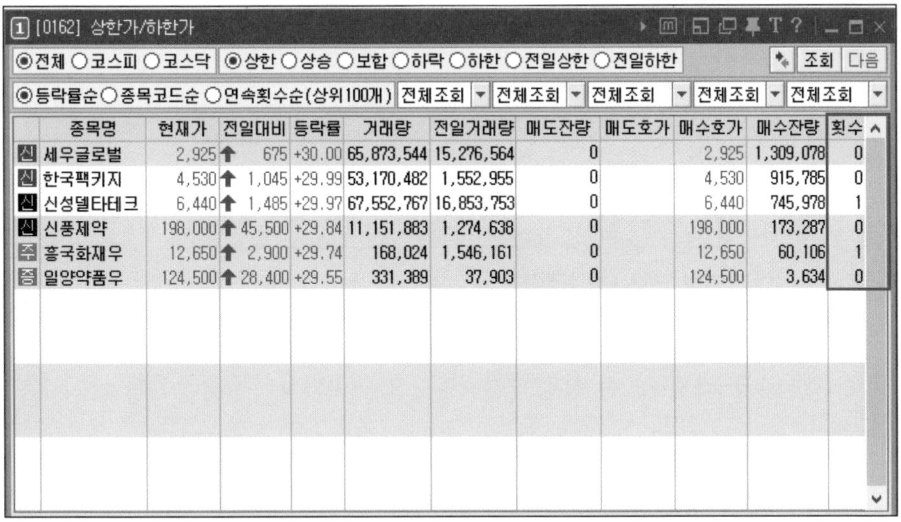

	종목명	현재가	전일대비	등락률	거래량	전일거래량	매도잔량	매도호가	매수호가	매수잔량	횟수
신	세우글로벌	2,925 ↑	675	+30.00	65,873,544	15,276,564	0		2,925	1,309,078	0
신	한국팩키지	4,530 ↑	1,045	+29.99	53,170,482	1,552,955	0		4,530	915,785	0
신	신성델타테크	6,440 ↑	1,485	+29.97	67,552,767	16,853,753	0		6,440	745,978	1
신	신풍제약	198,000 ↑	45,500	+29.84	11,151,883	1,274,638	0		198,000	173,287	0
흥	흥국화재우	12,650 ↑	2,900	+29.74	168,024	1,546,161	0		12,650	60,106	1
일	일양약품우	124,500 ↑	28,400	+29.55	331,389	37,903	0		124,500	3,634	0

그림 3-12 HTS 상한가 검색 창

〈그림 3-12〉의 상한가 검색창을 보면 맨 끝에 나와 있는 것이 연속된 상한가 기록 횟수다. 일단 이들 중에서 바닥권에서 출발하는 종목이 있는지를 선별해나가면 수월하다.

■ 이동평균선 설정

이 기법에서 매매는 30분봉과 3분봉을 중심으로 이뤄진다. HTS 3분봉 차트와 30분봉 차트에서 이동평균선을 5, 10, 20, 30, 60, 120으로 설정한다. 증권사마다 한 번에 설정할 수 있는 이동평균선의 개수가 다른데 한 번에 5개만 설정

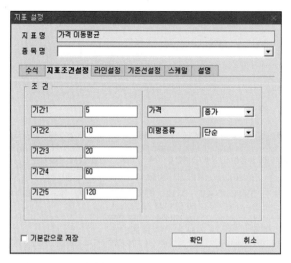

그림 3-13 지표 설정하기

할 수 있는 HTS라면 두 번 설정하면 된다. 또는 120일이동평균선은 굳이 없어
도 된다. 주로 사용하는 것이 5일과 10일 이동평균선이기 때문이다.

> ■ 바닥권 첫 상한가 매매 기법의 핵심
>
> 1. 바닥에서 강하게 첫 상한가가 나오면 관심종목에 편입한다.
> 2. 전일 상한가에서 어느 정도의 거래량을 수반해야 한다.
> 3. 이 기법은 오전 장 매매에만 활용해야 한다.
> 4. 3분봉과 30분봉 차트를 5, 10, 20, 30, 60, 120선으로 설정한다. 주로 활용하는 이동평
>   균선은 5선과 10선이다.
> 5. 30분봉 차트상 5, 10선 근처에서 미리 매수 대기를 하고 주문이 체결되면 바로 매도를
>   준비한다. 목표수익률을 3~5%로 잡거나 3분봉 차트에서 음봉이 나오면 즉시 매도한다.

케이피엠테크

그림 3-14 케이피엠테크(일봉)

〈그림 3-14〉는 2020년 9월 16일 장 마감 후 케이피엠테크의 일봉 차트이다. 당일 저가상으로는 전일 종가(상한가)를 깨고 내려갔지만 장중 그 지점에서 지지를 받았음을 보여주고자 한 것이다. 일봉상으로 이날 주가 흐름이 어떠했는 지는 〈그림 3-15〉와 〈그림 3-16〉을 보면 알 수 있다.

이 기법을 활용하기 위해서는 30분봉 차트의 5선 또는 10선 근처에서 매수 대기한다. 시가가 높게 떴다가 밀릴 때 이 수준에서 지지를 받는 경향이 있기 때문이다. 그리고 매수가 되었다면 바로 매도 준비를 해야 한다. 목표 수익률

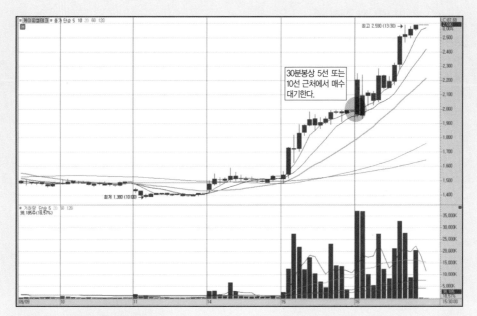

그림 3-15 케이피엠테크(30분봉)

그림 3-16 케이피엠테크(3분봉)

은 3~5%로 잡는다. 물론 더 올라갈 수도 있고 재차 상한가로 갈 수도 있지만 수익을 확정하는 것이 중요하다.

케이피엠테크의 경우 30분봉 차트의 5~10선은 2,000~1,950원 정도다. 여기서 매수 대기하여 2,130원에 체결됐다고 하자. 매도 시점은 3분봉 차트에서 잡는다. 매수 후 음봉이 나올 때 미련 없이 수익을 실현하면 된다. 이렇게 20분도 안 되는 시간 동안 5%가 넘는 수익을 거둘 수 있다.

신테카바이오

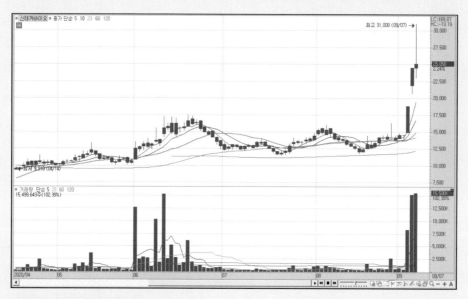

그림 3-17 신테카바이오(일봉)

신테카바이오는 두 번 상한가를 갔다. 첫 상한가 다음 날 30분봉에서는 기회가 없었지만 두 번째 상한가 이후 셋째 날에서 30분봉 매수 공략 기회가 있었다.

신테카바이오의 경우는 상한가 다음 날 시가에서 밀리며 조정을 보이다 바로 튀어올랐다. 30분봉 5선 또는 10선 부근에서 매수를 했다면 역시 큰 수익을 얻을 수 있었다.

그런데 이 패턴에서는 매수 시간에 주의를 해야 한다. 매수 기회를 주지 않고 급등한 종목이 다시 밀렸을 때 9시 10분 이전에 5선, 10선에 걸리면 크게 오를 확률이 있지만 그보다 늦게 매수하게 된다면 소액으로만 하길 바란다. 5선, 10선에 지지받고 반등이 나타나더라도 반등이 크지 않고, 하락할 확률도 있다.

그림 3-18 신테카바이오(30분봉)

그림 3-19 신테카바이오(3분봉)

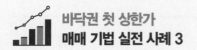

그림 3-20 서울식품(일봉)

이번 사례는 앞의 두 사례와 큰 차이가 있다. 첫 상한가 이후 두 번째 상한가에 안착한 모습이다. 일봉상 갭이 커서 30분봉 차트에서 매매 기회를 주지 않았다.

서울식품은 +12%가 넘는 강세로 출발하여 4%포인트 정도 밀렸지만 30분봉 상 5선이나 10선을 건드리지 않았다. 이런 경우에는 다음 날을 노리는 것이 훨씬 현명하다.

결과적으로는 장 마감까지 상한가가 유지됐지만, 상한가는 사실 위험한 자리다. 당일 오를 수 있는 최대치에 도착해 위로는 더 갈 데가 없는 반면, 아래로는 30%까지 갈 자리가 있는 곳이다. 때문에 상한가 따라잡기 등의 기법을 갖춘 사람이라면 모를까 상한가 추격은 조심스럽게 해야 한다.

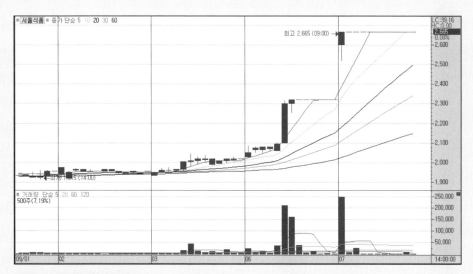

그림 3-21 서울식품(30분봉)

그림 3-22 서울식품(3분봉)

주식시장에는 매매할 수 있는 종목이 2,000개가 넘고 시장은 내일도 열리지 않는가. 굳이 오늘, 이 종목이 아니면 안 될 이유가 없는 것이다.

60주선, 120주선
매매 기법

주봉을 활용하는 이 기법은 양호한 회사의 주가가 급등할 때 활용한다. 초보자들도 매매하기 쉬운 기법이므로 꼭 익혀 수익을 내기 바란다.

보통 사람들은 주봉 차트는 잘 보지 않는다. 일봉보다 기간이 길어서 단기적 시각과는 맞지 않는 지표이기 때문이다. 하지만 주봉을 활용하면 일봉보다 장기의 추세를 확인할 수 있으므로 단기 매매를 하더라도 주봉상의 움직임을 체크하는 것이 유리하다.

■ 60주선, 120주선 매매 기법

이 기법은 주봉에서도 60주선과 120주선을 기준으로 하므로 상당히 오랜 추세를 보는 것이다. 1개월에 주봉이 일반적으로 4~5개이므로 60주선이면 1년이 넘는 기간이고, 120주선이면 2년을 훨씬 넘는다. 그러므로 더욱 확실한 지지나 저항을 보여준다고 할 수 있다.

상승하던 주가가 꺾일 때 어느 정도까지 하락할지는 누구도 모른다. 이 기법에서는 그 지지점을 1차 60주선, 2차 120주선으로 상정하는 것이 확률이 상당히 높다. 하지만 주식시장에서 100% 확신할 수 있는 것이란 존재하지 않는다. 때문에 지지가 될 것으로 믿고 선취매를 하는 것은 적절하지 않다. 그 지점을 눈여겨보고 있다가 하락이 진정되는 것을 확인해야 하며, 반등이 일어날 때 매수해야 한다. 매수는 60주선 근처에서 분할로 진행한다.

■ 이동평균선 설정

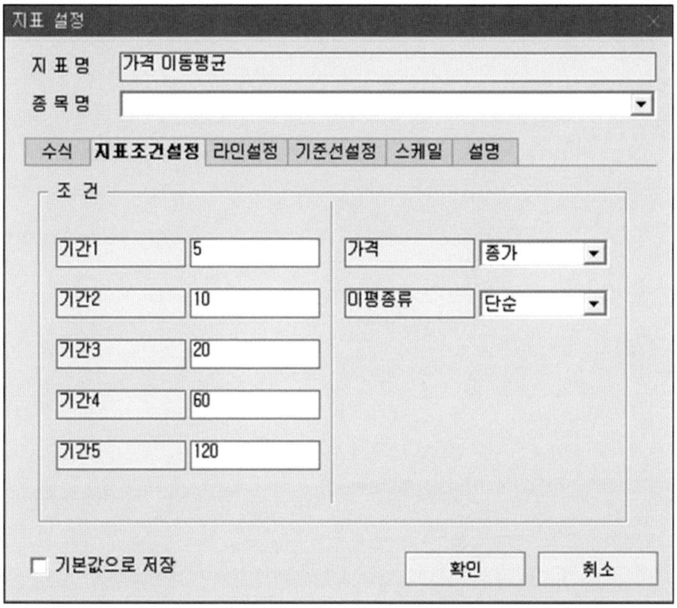

그림 3-23 지표설정

주봉 차트에 이동평균선을 5, 10, 20, 60, 120의 배수로 설정한다. 이 기법으로는 주로 60선과 120선을 활용할 것이다.

> **■ 60주선, 120주선 매매 기법의 핵심**
>
> 1. 회사가 괜찮아야 한다.
> 2. 주가가 60주선에 가까워지면 추세선을 그려본다.
> 3. 급등 이후 3개월 이내에 60주선 근처까지 다가와야 한다.
> 4. 60주선에서 반등이 일어났다가 다시 내려올 때는 60주선이 깨질 확률이 높다. 이때는 120주선 부근을 노린다.
> 6. 항상 분할로 매수해야 한다.
> 7. 매수 후 +10% 이익이 날 때부터는 분할로 매도를 준비한다.

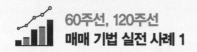

그림 3-24 세명전기(일봉)

〈그림 3-24〉의 세명전기 일봉 차트를 보면 3월 고점에서 2개월간 하락하고 있다. 60일선을 타면서 반등이 일어날 것을 기대하는 사람들이 많았지만 이내 하락으로 돌아섰다. 그리고 120일선 역시 힘없이 무너져 단기간에 엄청난 낙폭을 기록했다. 일봉상으로는 더 이상 지지선을 설정하기가 힘들다. 그런데 5월 하순 어느 지점에선가 하락이 멈췄고, 비슷한 수준의 저가를 3거래일 동안 보여주더니 급반등이 일어났다. 이 지점은 기술적으로 어떤 의미가 있는 곳일까?

그림 3-25 세명전기(주봉)

　〈그림 3-24〉에서 해결할 수 없었던 의문은 〈그림 3-25〉의 주봉을 보면 금세 답이 나온다. 주봉상 60주선이 위치한 지점이었던 것이다. 그 반등이 1개월가량 진행된 후 재차 하락했을 때도 역시나 60주선에서 지지를 받고 방향을 바꾼다.

　이처럼 하락하는 주가의 지지선을 상정할 때 안정적이고 확률 높은 기법이다.

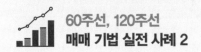

그림 3-26 신성FA(일봉)

신성FA(현재 신성이엔지)의 경우도 앞의 사례와 크게 다르지 않다. 〈그림
3-26〉 신성FA 일봉 차트를 보면 120일선까지 깨진 상태이므로 하락이 어디
까지 이어질지 알 수 없다. 그렇지만 8월 말 하락이 멈췄고 9월에 들어서면서
급반등이 나타났다.

〈그림 3-27〉 신성FA의 주봉 차트를 보면 하락이 멈춘 지점은 주봉의 60주선
에 가까운 가격대였다. 이 사례에서는 60주선까지 닿지 않고 반등이 일어났는
데 이런 경우도 흔하다. 60주선을 닿지 않고 반등하면서 속도가 빠르고 거래량
도 증가한다면 단기 상승 가능성이 더 크다고 볼 수 있으므로 충분히 매수 가능
하다.

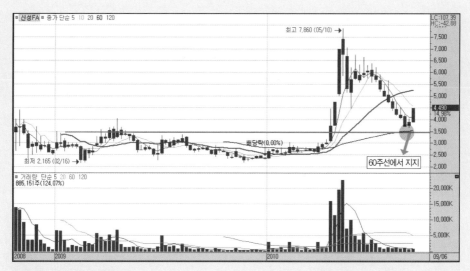

그림 3-27 신성FA(주봉)

　이 기법은 하루나 이틀이 아니라 5일에서 10일 정도를 보유하는 전략이기 때문에 60주선 근처에서 위아래로 움직일 때 분할로 매수하며, +10% 정도를 수익 목표가로 잡을 수 있다.

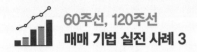

그림 3-28 컴투스(일봉)

컴투스 역시 2개월 넘게 하락하며 일봉상 모든 이동평균선을 깬 상태다. 그리고 8월에 들어서면서 횡보하며 어느 정도 바닥을 다지고 있는 모습이다. 이 구간의 의미를 주봉에서 확인해보자.

〈그림 3-29〉의 컴투스 주봉 차트를 보면 처음 하락에서는 60주선에서 지지가 나타났고 이후 3파 상승 완료 후 하락 구간에서는 60주선이 아니라 120주선에서 지지됐다.

7월 중순의 60주선에서는 장대음봉이 아래꼬리를 만들며 하락이 정체를 보이긴 했으나 곧바로 장대음봉이 연이어 나타나며 급락했다. 여기서 60주선이

그림 3-29 컴투스(주봉)

지지력을 보이지 못한 이유는 이전에 두 번이나 지지를 했기 때문이다. 그러므로 현재 구간에만 집중할 것이 아니라 주가의 역사를 살펴보는 일도 잊어선 안 된다.

60주선 붕괴 후 급격한 하락이 나타났지만 120주선에서는 지지를 받고 반등이 일어나고 있다. 이처럼 반등을 확인한 후에는 분할로 매수해야 한다. 특히 이 기법은 하락 구간에서 매수하는 것이기 때문에 지지 구간 이탈을 염두에 두어야 한다.

단기 낙주
매매 기법

낙주는 말 그대로 떨어지는 주식이다. 그것도 급격한 호가 변동을 일으키며 떨어지는 주식을 말한다. 그러니 얼마나 민첩한 대응이 필요하겠는가.

이 기법을 사실 넣을까 말까 고민을 많이 했다. 내 소중한 기법을 알려주기 아까워서는 절대 아니다. 아주 유용한 기법이기는 하지만 위험성이 워낙 크기 때문이다. 앞에서 첫 상한가 매매 기법을 설명하기 전에 주의사항부터 말했는데, 이 기법은 그보다 더 위험하다. 자칫 박자를 잘못 맞출 경우 매수할 때 고점이 되고 매도하면 저점이 되어버리는 환장할 일이 생길 수 있기 때문이다.

하지만 결국은 넣기로 했다. 그 이유는 우선 이 기법은 내가 아끼는 기법 중 하나이고, 그만큼 수익률이 높기 때문이다. 두 번째 이유로는 단기 매매를 한다면 반드시 넘어야 할 산이기 때문이다. 단기 매매로 수익률을 높이려면 돌파 기법과 이 낙주 기법을 몰라서는 안 된다. 대신 실전에 적용하기 전에 이런 사례

를 찾아 수없이 눈으로 익힌 다음, 아주 소액으로 경험을 쌓아 내 것으로 만든
후 본격적으로 돈 버는 데 활용하는 것이 좋다.

■ 단기 낙주 매매 기법

이 기법이 만들어진 근원은 낙주라는 단어 자체에 들어 있다. 주가 하락이
급격하게 일어나면 공포에 투매하는 물량도 엄청나게 늘어난다. 하지만 어느
지점에 이르면 하락이 과도하다는 군중심리가 형성되고 조심스레 매수세가 들
어오게 된다. 그들에 의해 주가가 급락을 멈추고 반등 기미를 보이면, 신규 매
수자뿐 아니라 공포감에 투매를 했던 기보유자들조차 실수를 자책하며 재매수
에 가담한다. 이에 따라 급격히 반등이 일어나는 것이다.

하지만 일단 급하게 하락하던 주식은 반등폭이 그렇게 크지 않다. 어느 정
도 수익이 발생한 매수자들은 서서히 매도 시점을 찾게 되고, 매도 물량이 서서
히 출회되면서 다시금 주가는 하락하게 된다.

주가의 흐름은 이런 식으로 진행된다. 단기 낙주 매매 기법은 이 소용돌이
치는 군중심리의 틈바구니에서 수익을 취하는 것이다. 일시에 매매에 참여하
는 수십만의 사람들이 과연 어느 지점을 저점이라고 여길지, 어느 지점을 반등
고점이라고 여길지는 누구도 알 수 없다.

호가 변동 속도와 체결량을 주시해야 하므로 호가창에서 눈을 뗄 수가 없으
며 동시에 분봉상의 지지나 저항 지점을 잡아야 한다. 다시 강조하지만 관찰하
고, 공부하고, 소액으로 실험하면서 시간과 노력을 충분히 기울인 뒤에 도전하
기 바란다.

이제부터는 실제 사례를 보면서 저점을 잡는 방법, 매도하는 방법에 대해 알아볼 것이다. 그렇지만 항상 같은 패턴이 나오는 것이 아니므로 어떤 점이 중요한 것인지 핵심을 이해하는 데 중점을 두기 바란다.

■ **단기 낙주 매매 기법의 핵심**

1. 저항선을 뚫은 강력한 상한가를 만든 종목을 관심종목에 편입한다.
2. 다음 날 상한가 행진이 끝나 주가 변동성이 커지면 이 기법을 활용할 수 있다.
3. 30분봉 차트에서 20선 또는 30선을 기준으로 지지를 예상하고, 지지가 확인되면 매수한다. 시가가 강한 종목은 20선, 시가가 약한 종목은 30선으로 보면 된다.
4. 호가창을 주시하며 허매도나 허매수 등의 행위가 나타나는지를 확인하고 이를 역이용한다.
5. 수익 목표가는 일률적으로 정할 수 없으므로 상황에 따라 판단해야 한다. 단기 최대 목표치는 급락이 시작된 지점까지로 볼 수 있다.
6. 이론은 쉬우나 막상 해보면 정말 어렵다는 걸 알 수 있다. 초보들은 웬만하면 아주 소액으로 이 매매법을 연습하는 것이 좋다. 낙주 매매는 많은 경험치가 꼭 필요하다는 것을 명심하길 바란다.

엑세스바이오

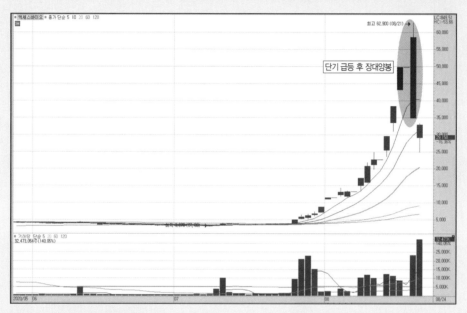

그림 3-30 엑세스바이오(일봉)

〈그림 3-30〉은 엑세스바이오의 일봉 차트이다. 3만 원 부근에서 급격한 급등세를 타고 6만 2,900원 고점까지 단기간에 약 20배의 급등을 보였다. 이렇게 단기간에 엄청난 급등세를 일으킨 종목들은 조정이나 하락 또한 엄청난 변동성을 가진다. 단기 낙주 매매 기법을 이용해 뛰어들어야 하는 캔들이 8월 21일의 장대음봉이다. 어떤가, 실로 무시무시하지 않은가?

일봉상으로는 그냥 흘러내리기만 했을 것 같지만 〈그림 3-31〉의 분봉 차트로 보면 하루 종일 엄청난 등락이 이뤄졌음을 알 수 있다.

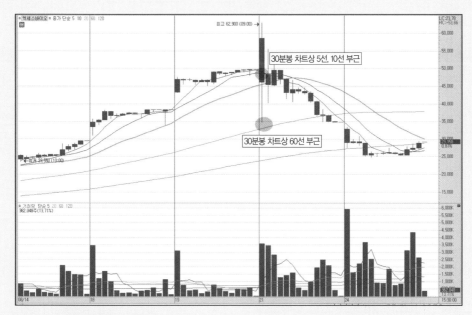

그림 3-31 엑세스바이오(30분봉)

어떤 종목은 30분봉 차트의 5선이나 10선에서 반등을 주는데 이 종목은 왜 이렇게 낙폭이 컸을까? 물론 이 종목도 장이 시작되자마자 5선에서 매수 대기했다가 반등 시 매도했다면 4~5%는 벌었을 것이다. 이 차트의 첫 번째 음봉을 보면 아래꼬리가 달려 있는데 바로 그 지점에서 수익을 취하는 셈이다.

〈그림 3-33〉의 3분봉 차트를 보면 더욱 분명히 알 수 있다. 30분봉 차트의 5선과 10선 사이의 5만 7,500~5만 6,000원 인근에서 매수했다면, 3분봉상 첫 음봉이 시작되는 6만~5만 8,000원 사이에서 매도하는 것이다.

하지만 이것은 결과를 보고 얘기할 수 있는 것이고, 실제로 이날 아침 그 가격에 매수하기에는 리스크가 너무 컸다. 일단 이 종목은 매일 5일선을 타고 상승 중이었으며 7월 27일 〈그림 3-32〉와 같은 뉴스가 나오면서 끊임없는 상승을 기록했다.

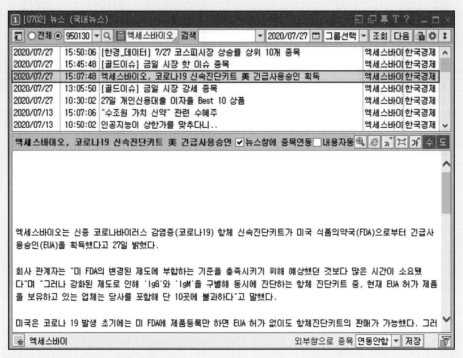

그림 3-32 주가 상승 후 나온 호재성 뉴스

그리고 하락 당일인 8월 21일에도 +17%가 넘는 강세로 출발했던 종목이다. 저점 대비 단기 2,000%의 상승이 일어난 것이다.

사실 초보에게는 이 뉴스가 정말 확실한 매수 이유가 될 것이다. 하지만 이건 주가 상승 초입부에서의 얘기다. 그 이후 주가가 조정도 없이 연일 상승을 하는데 얼마나 자신 있게 저 윗부분에서 따라 붙을 수 있겠는가. 코로나19 팬데믹 상황에서 재료와 모멘텀이 워낙 좋았지만 단기 상승률이 너무 살벌했다. 엄청난 급등과 엄청난 급락을 보여준 말 그대로 '살벌한 종목'이었다.

이런 상황이었으므로 장 초반 매수는 힘들었을 것이다. 그러면 어디를 기준으로 낙주를 붙잡아야 할까? 보통은 30분봉 차트에서 1차로 20선을 보고 2차로 60선을 본다. 그런데 이 차트를 보면 20선을 순식간에 무너뜨려버렸다. 거래량도 많은 장대음봉이었다. 이런 상황이면 60선의 지지를 보는 수밖에 없다.

그림 3-33 엑세스바이오(3분봉)

3분봉 차트에서는 9시 20분 조금 넘어 저점이 만들어졌다. 이 지점은 앞의 30분봉에서 60선에 가까운 지점이다. 이를 통해 30분봉에 의해 지지가 일어나고 있음을 짐작할 수 있다.

그리고 이때 호가창에서는 이상한 일이 일어나고 있었다. 바로 허매도 물량이 나타났다가 슬그머니 사라진 것이다. 이것은 '팔 사람 빨리 팔아라, 물량 좀 더 모으게'라는 소리와 같다. 과연 그 지점이 지나자 주가는 급격히 상승하여 저점 대비 약 50%라는 엄청난 반등 구간을 보여줬다.

호가창 보는 법

호가창을 분석하는 방법에는 여러 가지가 있으며, 이것은 말로 잘 설명이
되지 않는, 육감이 작용하는 것이기도 하다. 그렇지만 초보라도 누구나 알아챌
수 있는 방법이 있는데 엑세스바이오의 호가창을 보면서 설명하겠다.

엑세스바이오						
VI 기준가	34,850	VI 상승가	38,350	18 호가	2.40%	900
시장	코드	등락	등락률	회전율	전일비	전일
코스닥	950130	-12,300	-24.72%	8.38%	0.00%	2,898,593
	60	-24.22%	37,700		시가	58,600
+27	53	-24.32%	37,650		고가	62,900
-216	41,973	-24.42%	37,600		저가	34,850
	255	-24.52%	37,550		현재가	37,450
+50	2,907	-24.62%	37,500		상한가	64,600
	1,378	-24.72%	37,450		하한가	34,850
	10	-24.82%	37,400		기준가	49,750
	102	-25.03%	37,300		거래량	2,898,593
	126	-25.13%	37,250		거래대금	151,762
-3,573	240	-25.23%	37,200		체결강도	88.81%
09:24:28	37,450	+39	37,050	-25.53%	407	-75
09:24:28	37,400	+1	37,000	-25.63%	1,914	+40
09:24:28	37,400	+1	36,950	-25.73%	129	
09:24:28	37,450	+3	36,900	-25.83%	390	+216
09:24:28	37,450	+28	36,850	-25.93%	64	
09:24:28	37,450	+247	36,800	-26.03%	179	
09:24:28	37,200	-2	36,750	-26.13%	1,360	
09:24:28	37,200	-128	36,700	-26.23%	175	+1
09:24:28	37,300	-10	36,650	-26.33%	27	
09:24:28	37,300	-26	36,600	-26.43%	362	
-3,712	47,104		09:24:29		5,007	+188
			x1.0			
호가갭	2 호가	VI 하락가				

그림 3-34 호가창 1

엑세스바이오						
VI 기준가	34,850	VI 상승가	38,350	18 호가	2.40%	900
시장	코드	등락	등락률	회전율	전일비	전일
코스닥	950130	-12,300	-24.72%	8.52%	0.00%	2,944,296
	29	-23.32%	38,150		시가	58,600
	401	-23.62%	38,000		고가	62,900
	25	-23.72%	37,950		저가	34,850
	991	-23.82%	37,900		현재가	37,450
	200	-23.92%	37,850		상한가	64,600
	1,500	-24.02%	37,800		하한가	34,850
	294	-24.12%	37,750		기준가	49,750
	143	-24.22%	37,700		거래량	2,944,296
+86	139	-24.32%	37,650		거래대금	153,478
-2,561	6,805	-24.42%	37,600		체결강도	92.02%
09:24:31	37,450	-45	37,500	-24.62%	16	
09:24:31	37,600	+29	37,450	-24.72%	1,437	-512
09:24:31	37,600	+311	37,400	-24.82%	550	+500
09:24:31	37,450	-4	37,350	-24.92%	3	
09:24:31	37,500	-18	37,300	-25.03%	1,083	
09:24:31	37,600	+100	37,250	-25.13%	1,958	+386
09:24:31	37,600	+215	37,200	-25.23%	2,564	+151
09:24:31	37,600	+3	37,150	-25.33%	1,799	
09:24:31	37,450	-31	37,100	-25.43%	571	+1
09:24:31	37,600	+4	37,050	-25.53%	770	+1
-2,475	10,527		09:24:32		10,751	-3,695
			x1.0			
호가갭	1 호가	VI 하락가				

그림 3-35 호가창 2

먼저 〈그림 3-34〉는 9시 24분의 호가창이다. 3만 7,600원 호가에 4만 주가 넘는 물량이 걸려 있다.

〈그림 3-35〉는 그로부터 1분여가 지난 시점의 호가창이다. 3만 7,600원에 주가가 근접할 즈음 체결된 것이 아니라 그냥 매도 물량이 사라졌다. 그런데 그 다음에는 어떻게 되었을까?

주가가 다시 급등하여 엄청난 상승을 보였다. 팔려고 내놓은 물량이 아니기 때문에 주가가 하락하기를 유도하여 아래에서 물량을 좀 더 모은 후 막상 그 자리에 왔을 때는 매수를 취소한 것이다.

그 후로 주가는 약 5만 5,000원까지 약 40% 넘게 반등하게 된다. 물론 이 상승률을 전부 다 수익화할 순 없지만 적어도 단기 매매를 할 때 매도호가에 걸쳐진 물량이 속임수인지 진짜인지를 파악할 수 있다면 매매에 도움이 될 것이다.

호가창은 단순히 호가를 보여주는 창이지만 여기에는 수많은 정보가 담겨 있다. 사실 호가창을 보는 방법들이 있긴 하지만 이를 익히는 것은 실제 경험 외에는 다른 방법이 없다. 어떤 때는 매도호가에 물량이 많이 걸려 있기도 하고, 매수호가에 물량이 적은데도 어느 순간 매도호가 물량이 모두 소화되기도 한다. 가만히 호가창을 보면서 이건 무슨 의미일까, 이건 어떻게 될까 하는 질문을 스스로에게 던져보기 바란다. 그래야만 이 호가창을 매매의 무기로 사용할 수 있다.

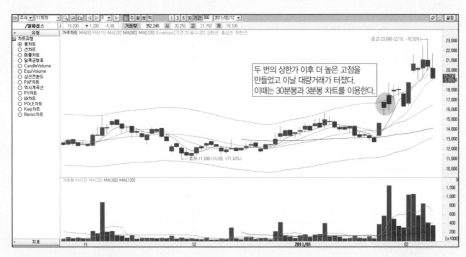

두 번의 상한가 이후 더 높은 고점을
만들었고 이날 대량거래가 터졌다.
이때는 30분봉과 3분봉 차트를 이용한다.

그림 3-36 알파칩스(일봉)

〈그림 3-36〉의 알파칩스(2016년 8월 알파홀딩스로 상호 변경) 일봉 차트를 보면
두 번의 상한가로 전고점 저항을 강력하게 뚫었다. 낙주 매매 기법을 활용한 곳
은 원으로 표시한 캔들이다.

〈그림 3-37〉의 알파칩스 30분봉 차트를 보면 〈그림 3-36〉의 일봉 차트에서
볼 수 있었던 아래꼬리는 장 초반에 만들어졌다. 저항선을 뚫은 강력한 상한가
이후 음봉이 만들어지는 순간이기 때문에 30분봉 차트에서 20선이 지지되는지
를 1차적으로 본다. 알파칩스는 두 번째 봉, 그러니까 9시 30분에서 10시 사이
에 형성된 캔들에서 아래로 긴 꼬리를 달았고 20선을 일시 붕괴했다가 회복했
다. 지지선에 지지될 것인지는 대개 종가로 판단되므로 이 캔들에서 20선은 지
지되었다고 할 수 있다. 여기가 바로 매수 지점이 된다.

그림 3-37 알파칩스(30분봉)

어느 지점에서 지지될지를 예상할 때 시가가 약하면 30분봉상 30선을 기준
으로 하고, 시가가 강하면 20선을 기준으로 하면 된다. 이것 역시 확실하다기보
다는 대체로 그런 경향을 갖는다는 정도로 이해하면 될 것이다.

그림 3-38 알파칩스(3분봉)

이 기법의 서두에서 설명한 것처럼 낙주 매매는 위험성을 안고 가는 것이기 때문에 종목을 선정하는 데 매우 조심스러워야 한다. 알파칩스의 경우에서 볼 수 있듯 저항선을 돌파하며 상한가를 시현한 강한 종목을 선택해야 쉽게 꺾이지 않고, 매매 기회를 잡을 수 있다. 그곳이 고점이어서 종가상 하락하게 되더라도 장중에는 반등이 크게 일어날 수 있다.

호가창을 설명하면서 잠깐 봤던 것처럼 허매도 물량으로 겁을 준 후 주가가 내려가면 빠르게 매수잔량을 먹어 들어가며 급반등을 줄 때가 매수에 동참할 시점이다. 움직임이 너무 빠르기 때문에 머뭇머뭇하다가는 꼭지를 잡기가 쉬우므로 반드시 충분히 사전 연습을 해야 한다.

소란스러운 시장에서 혼자만 의연하기란 힘든 일이다. 하지만 그 속에 진짜 큰 수익의 기회가 들어 있다. 충분히 연습했고 소액으로 훈련을 했는데도 본격적으로 자금을 실어 매매하려고 하면 나도 모르게 실수를 하게 되는 경우에는 계속해서 매매를 하지 말고 스스로에게 "스톱!"이라고 외치기 바란다. 10만 원으로 매매하는 것과 100만 원으로 매매하는 것은 분명 다르고, 1,000만 원으로 매매하게 되면 천지차이가 날 것이다. 이것은 그만큼 심리적으로 단련이 덜 되어 있다는 뜻이다. 소란스러움에 휩쓸리게 되거든 금액을 줄이거나 매매에서 물러서는 것이 상책이다.

그림 3-39 미주제강(일봉)

미주제강(2012년 상장폐지)은 2011년 들어 속칭 박근혜 테마와 포스코 테마로 저점 대비 1개월 만에 세 배 가까운 급등세를 보여준 종목이다. 원으로 표시한 곳도 연속 세 번의 상한가가 출현한 후의 지점이다. 시가가 낮게 출발했지만 위아래로 큰 변동성을 보이며 양봉 마감했다. 이 캔들에서 낙주 매매 기법을 활용하는 사례를 보자.

〈그림 3-40〉 미주제강의 30분봉 차트를 보면 며칠째 계단식으로 꾸준히 상승해왔음을 확인할 수 있다. 그러던 2월 9일 전날 상한가로 마감했음에도 시가는 -6.24%에서 출발했다. 이렇게 약세로 출발하면 대부분 시세가 끝났다고 생각하고 관심도 두지 않는다. 하지만 지금까지 이어져온 강력한 추세로 볼 때 주가는 쉽게 꺾이지 않는다.

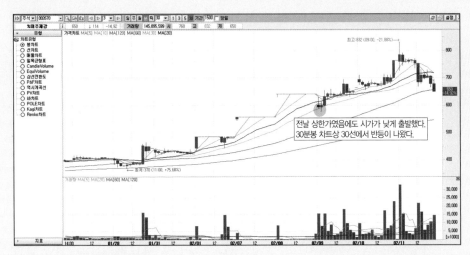

그림 3-40 미주제강(30분봉)

일단 약세 출발이므로 30분봉 차트에서 30선을 지지선으로 예측해볼 수 있다. 차트를 보면 주가는 첫 번째 봉에서 이미 30선까지 밀린 상태다. 그리고 다음 봉에서는 30선을 깨고 한참을 내려갔지만 점점 아래꼬리를 만들며 종가상으로는 정확히 30선을 지지하는 모습을 보여줬다. 이곳이 매수 포인트가 된다.

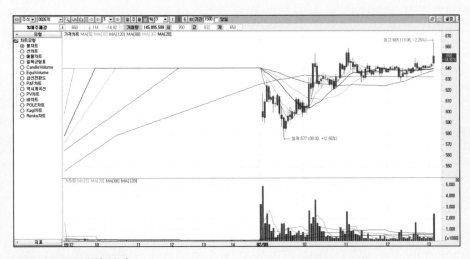

그림 3-41 미주제강(3분봉)

시간별	일자별	차 트	외국인/기관	거래원	시 황	종목시황	매 수	매 도	정 정	취 소	RP매도	
/미주제강	시가		고가		저가		종가	전일대비		등락율		거래량	
2011/02/11	760		832		650		650	↓	114	-14.92		146,313,876	
2011/02/10	694		764		656		764	↑	99	+14.89		86,955,392	
2011/02/09	601		696		577		665	▲	24	+3.74		102,216,718	
2011/02/08	641		641		631		641	↑	83	+14.87		12,989,020	
2011/02/07	550		558		544		558	↑	72	+14.81		4,290,548	
2011/02/01	444		486		435		486	↑	63	+14.89		35,067,409	
2011/01/31	438		444		411		423	▼	21	-4.73		10,598,924	
2011/01/28	403		465		370		444	▲	39	+9.63		42,167,718	
2011/01/27	403		418		396		405	▲	5	+1.25		10,041,560	
2011/01/26	396		411		381		400	▲	13	+3.36		15,292,911	
2011/01/25	402		430		375		387	▼	15	-3.73		43,571,021	
2011/01/24	353		402		335		402	↑	52	+14.86		45,392,137	

그림 3-42 미주제강 일자별 주가 동향

〈그림 3-41〉의 3분봉 차트를 보면 주가가 30분봉 차트의 30선 지점을 출발하여 전일 종가 지점까지 반등하는 과정을 자세히 확인할 수 있다.

〈그림 3-42〉 일자별 주가 동향에서 보듯이 이날 주가는 +3%대에서 마감됐으며 그다음 날에는 상한가를 다시 한번 기록했다. 그리고 익일에는 가장 높은 거래량을 보이며 하한가로 마감함으로써 단기 꼭지 신호를 보였다.

단기 뉴스
매매 기법

주식시장에는 전 세계의 온갖 뉴스가 하루 종일 쏟아져 들어온다. 각국 증시 상황과 환율 변동은 물론이고 연예인들의 시답잖은 가십거리까지 종류를 불문하고 시장으로 모여든다. 그중에서 영양가 있는 정보, 즉 주가에 영향을 미칠 만한 알맹이 있는 정보를 가려내는 건 전적으로 투자자들의 몫이다.

일차적으로 의미 있는 정보를 골라냈다 하더라도 그것이 주가에 호재로 작용할지 악재가 될지는 다시 판단해야 한다. 같은 내용이라도 장세나 주가의 위치에 따라, 그리고 해당하는 기업에 따라 시장에서는 다른 반응을 보일 수도 있기 때문이다.

■ 단기 뉴스 매매 기법

지금 설명하려고 하는 단기 뉴스 매매 기법은 장중 뉴스창이 팝업될 때 순간적으로 반응하여 매수하고 차익을 거두는 방법이 아니다. 그 방법은 너무나 기술적인 대응이 필요하고 수만 수천 가지 상황이 벌어질 수 있으므로 딱히 기준을 정할 수가 없다. 그저 투자자의 경험과 순발력을 무기로 수익을 내는 방법인 것이다. 물론 그전에 종목별 특성을 잘 알고 있어야 한다는 조건이 전제되어야 한다.

그에 비해 여기 공개하는 기법은 장이 마감된 후 나온 뉴스 중에서 주식시장에 영향을 주는 정보를 가지고 다음 날 시가에 공략하는 것이다. 이때에는 경제나 사회의 특이할 만한 변동, 오랫동안 골머리를 썩었던 문제가 해결되는 경우 등 시장이 긍정적으로 판단할 만한 정보라는 점이 우선되어야 한다. 주가에 영향을 줄 만한 정보가 장이 마감된 후에 보도되었기 때문에 아직 주가에는 반영되지 않은 상황을 활용하는 것이다.

뉴스를 접하면 인터넷 포털이나 주식투자 사이트, HTS의 테마 검색을 통해 수혜가 예상되는 관련주를 검색한다. 그리고 그중 대장주를 선정해놓는 것이 매매 전날 해놓아야 할 과제다. 그리고 매매하는 날에는 장이 열리자마자 시가 부근에서 매수하여 2~3%의 수익을 취하고 바로 나온다.

개략적인 상황에 대한 설명은 이렇지만, 상황에 따라 매수나 매도 시점은 판단을 해야 한다. 실제 사례들을 보면서 이에 대해 확인해보자.

■ 단기 뉴스 매매 기법의 핵심

1. 장 마감 후 뉴스가 뜨면 관련주들을 찾아본다.
2. 관련주들 중 대장주가 어떤 종목인지 검색한다. 인터넷 포털이나 주식투자 사이트, HTS를 활용한다.
3. 시가 부근에서 매수한다.
4. 2~3% 정도 수익이 나면 미련 없이 매도한다.
5. 분할 매수나 분할 매도하지 말고 전량 매수, 전량 매도한다.
6. 하지만 뉴스 매매는 선취매가 너무 많기 때문에 별로 추천하지 않는다. 그냥 이런 정도 가 있다는 정도만 알아두면 좋을 것이다.

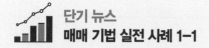
한신기계

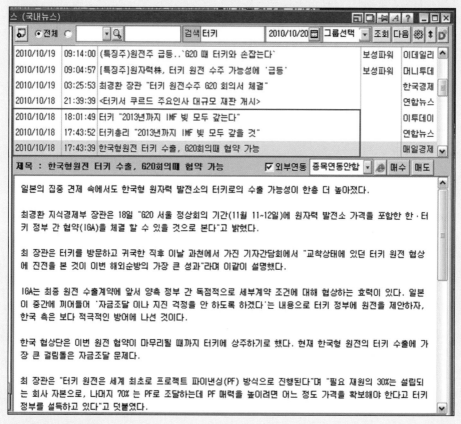

스 (국내뉴스)						
▣ ⦿전체 ◯		▾ Q		검색 터키	2010/10/20 📅 그룹선택 ▾	조회 다음

2010/10/19	09:14:00	(특징주)원전주 급등..`G20 때 터키와 손잡는다`	보성파워	이데일리
2010/10/19	09:04:57	[특징주]원자력株, 터키 원전 수주 가능성에 '급등'	보성파워	머니투데
2010/10/19	03:25:53	최경환 장관 "터키 원전수주 G20 회의서 체결"		한국경제
2010/10/18	21:39:39	<터키서 쿠르드 주요인사 대규모 재판 개시>		연합뉴스
2010/10/18	18:01:49	터키 "2013년까지 IMF 빚 모두 갚는다"		이투데이
2010/10/18	17:43:52	터키총리 "2013년까지 IMF 빚 모두 갚을 것"		연합뉴스
2010/10/18	17:43:39	한국형원전 터키 수출, G20회의때 협약 가능		매일경제

제목 : 한국형원전 터키 수출, G20회의때 협약 가능   ☑ 외부연동 종목연동안함 ▾ 매수 매도

일본의 집중 견제 속에서도 한국형 원자력 발전소의 터키로의 수출 가능성이 한층 더 높아졌다.

최경환 지식경제부 장관은 18일 "G20 서울 정상회의 기간(11월 11~12일)에 원자력 발전소 가격을 포함한 한·터키 정부 간 협약(IGA)을 체결 할 수 있을 것으로 본다"고 밝혔다.

최 장관은 터키를 방문하고 귀국한 직후 이날 과천에서 가진 기자간담회에서 "교착상태에 있던 터키 원전 협상에 진전을 본 것이 이번 해외순방의 가장 큰 성과"라며 이같이 설명했다.

IGA는 최종 원전 수출계약에 앞서 양측 정부 간 독점적으로 세부계약 조건에 대해 협상하는 효력이 있다. 일본이 중간에 끼어들어 '자금조달 이나 지진 걱정을 안 하도록 하겠다'는 내용으로 터키 정부에 원전을 제안하자, 한국 측은 보다 적극적인 방어에 나선 것이다.

한국 협상단은 이번 원전 협약이 마무리될 때까지 터키에 상주하기로 했다. 현재 한국형 원전의 터키 수출에 가장 큰 걸림돌은 자금조달 문제다.

최 장관은 "터키 원전은 세계 최초로 프로젝트 파이낸싱(PF) 방식으로 진행된다"며 "필요 재원의 30%는 설립되는 회사 자본으로, 나머지 70% 는 PF로 조달하는데 PF 매력을 높이려면 어느 정도 가격을 확보해야 한다고 터키 정부를 설득하고 있다"고 덧붙였다.

그림 3-43 뉴스 사례 1

2010년 10월 18일, 장이 마감된 후 원자력과 관련하여 이와 같은 호재가 떴다. 원자력은 2010년 연초부터 시장을 뜨겁게 달군 테마였기 때문에 어지간한 사람은 관련주를 금방 떠올릴 수 있을 것이다.

여기서는 한신기계와 조광ILI를 살펴볼 것이다.

그림 3-44 한신기계(일봉)

〈그림 3-44〉 차트 맨 오른쪽 끝이 뉴스가 나온 다음 날의 캔들이다. 이를 3 분봉으로 자세히 보면 〈그림 3-45〉와 같다.

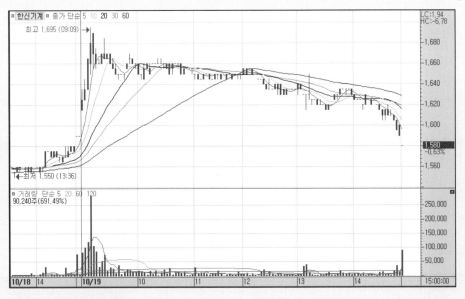

그림 3-45 한신기계(3분봉)

다음 날 역시나 +1.57%의 갭으로 출발하여 +6.6%까지 급등세를 보이고 있다. 하지만 급등은 10분 만에 멈추고 이후 장중 내내 하락세를 이어가 당일 최저가로 마감했다.

/한신기계	시가	고가	저가	종가	전일대비		등락율	거래량
2010/10/19	1,615	1,695	1,580	1,580	▼	10	-0.63	1,925,500
2010/10/18	1,550	1,590	1,540	1,590	▲	45	+2.91	419,939
2010/10/15	1,550	1,555	1,530	1,545	▼	5	-0.32	263,040
2010/10/14	1,540	1,590	1,530	1,550	▲	20	+1.31	491,855
2010/10/13	1,510	1,550	1,510	1,530	▲	20	+1.32	257,290
2010/10/12	1,535	1,545	1,510	1,510	▼	25	-1.63	250,782
2010/10/11	1,580	1,590	1,535	1,535	▼	35	-2.23	488,282
2010/10/08	1,560	1,585	1,550	1,570		0		394,820
2010/10/07	1,530	1,575	1,520	1,570	▲	35	+2.28	476,049
2010/10/06	1,560	1,565	1,535	1,535	▼	10	-0.65	442,129
2010/10/05	1,505	1,545	1,505	1,545	▲	40	+2.66	372,448
2010/10/04	1,510	1,540	1,500	1,505	▲	5	+0.33	413,148

그림 3-46 한신기계 일자별 주가 동향

여기서도 알 수 있듯이 뉴스 매매는 단기에 수익을 취하는 것이 중요하다. 물론 상한가로 갈 수도 있다. 하지만 그럴 때에는 다른 관점으로 다시 분석하여 재매수하는 한이 있더라도 단기 뉴스 매매로 들어간 이상 짧게 수익을 얻고 나와야 한다. 욕심은 계좌를 갉아먹는다.

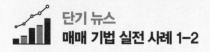

단기 뉴스
매매 기법 실전 사례 1-2

조광ILI

그림 3-47 조광ILI(일봉)

그림 3-48 조광ILI(3분봉)

〈그림 3-47〉 차트 오른쪽 끝이 뉴스(〈그림 3-43〉 뉴스 사례 1 참고)가 다음 날의 캔들이다.

조광ILI(〈그림 3-48〉 참고) 역시 +2.21%의 갭 상승으로 출발했고 급등세를 이어갔다. 하지만 역시 9시 15분에 고점을 찍고 이후 밀리고 말았다. 고가가 +10.79%에 형성되었으나 종가는 시가보다 겨우 10원 높은 +2.47%까지 밀려 위로 긴 꼬리를 만들었다.

시간별	일자별	차 트	외국인/기관	거래원	시 황	종목시황	매 수	매 도	정 정	취 소	RP매도
/조광ILI	시가		고가	저가		종가	전일대비		등락율		거래량
2010/10/19	3,930		4,260	3,920		3,940	▲ 95		+2.47		1,125,751
2010/10/18	3,795		3,860	3,765		3,845	▲ 65		+1.72		196,099
2010/10/15	3,825		3,900	3,715		3,780	▼ 35		-0.92		300,187
2010/10/14	3,700		3,815	3,655		3,815	▲ 125		+3.39		256,105
2010/10/13	3,690		3,740	3,550		3,690	0				265,191
2010/10/12	3,825		3,830	3,630		3,690	▼ 60		-1.60		230,295
2010/10/11	3,790		3,800	3,625		3,750	▼ 35		-0.92		434,976
2010/10/08	3,460		3,905	3,460		3,785	▲ 355		+10.35		1,384,043
2010/10/07	3,430		3,480	3,415		3,430	0				148,507
2010/10/06	3,480		3,520	3,415		3,430	▼ 60		-1.72		170,935
2010/10/05	3,305		3,540	3,300		3,490	▲ 110		+3.25		249,937
2010/10/04	3,350		3,475	3,325		3,380	▲ 60		+1.81		89,424

그림 3-49 조광ILI 일자별 주가 동향

뉴스 매매의 첫 번째 사례로 한신기계와 조광ILI를 살펴봤다. 차트는 싣지 않았으나 한전기술도 거의 비슷한 움직임을 보였다. 전일 종가 대비 +2%가 넘는 강세로 출발하여 9시 6분경까지 급등세를 보이면서 +6%에 가까운 고가를 기록했으나 결국 장중 내내 흘러내려 시가를 깨고 +1%대에 마감됐다.

세 종목을 볼 때 주가의 힘으로는 조광ILI가 가장 강한 움직임을 보였는데, 어떤 종목을 선택했든 몇 분 만에 2~3%의 수익은 쉽게 거둘 수 있었을 것이다.

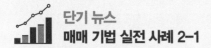

시공테크

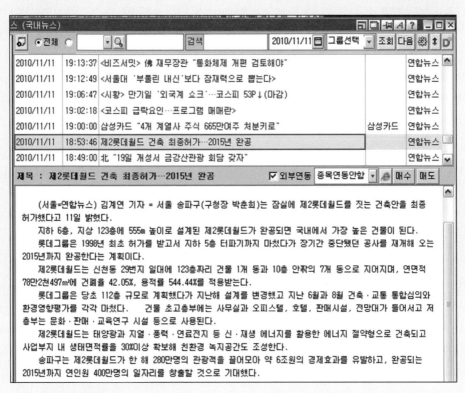

스 (국내뉴스)

2010/11/11	19:13:37	<비즈서밋> 佛 재무장관 "통화체제 개편 검토해야"		연합뉴스
2010/11/11	19:12:49	<서울대 '부풀린 내신'보다 잠재력으로 뽑는다>		연합뉴스
2010/11/11	19:06:47	<시황> 만기일 '외국계 쇼크'…코스피 53P↓(마감)		연합뉴스
2010/11/11	19:02:18	<코스피 급락요인…프로그램 매매란>		연합뉴스
2010/11/11	19:00:00	삼성카드 "4개 계열사 주식 665만여주 처분키로"	삼성카드	연합뉴스
2010/11/11	18:53:46	제2롯데월드 건축 최종허가…2015년 완공		연합뉴스
2010/11/11	18:49:00	北 "19일 개성서 금강산관광 회담 갖자"		연합뉴스

제목 : 제2롯데월드 건축 최종허가…2015년 완공

(서울=연합뉴스) 김계연 기자 = 서울 송파구(구청장 박춘희)는 잠실에 제2롯데월드를 짓는 건축안을 최종 허가했다고 11일 밝혔다.
지하 6층, 지상 123층에 555m 높이로 설계된 제2롯데월드가 완공되면 국내에서 가장 높은 건물이 된다.
롯데그룹은 1998년 최초 허가를 받고서 지하 5층 터파기까지 마쳤다가 장기간 중단됐던 공사를 재개해 오는 2015년까지 완공한다는 계획이다.
제2롯데월드는 신천동 29번지 일대에 123층짜리 건물 1개 동과 10층 안팎의 7개 동으로 지어지며, 연면적 78만2천497㎡에 건폐율 42.05%, 용적률 544.44%를 적용받는다.
롯데그룹은 당초 112층 규모로 계획했다가 지난해 설계를 변경했고 지난 6월과 8월 건축·교통 통합심의와 환경영향평가를 각각 마쳤다. 건물 초고층부에는 사무실과 오피스텔, 호텔, 판매시설, 전망대가 들어서고 저층부는 문화·판매·교육연구 시설 등으로 사용된다.
제2롯데월드는 태양광과 지열·풍력·연료전지 등 신·재생 에너지를 활용한 에너지 절약형으로 건축되고 사업부지 내 생태면적률을 30%이상 확보해 친환경 녹지공간도 조성한다.
송파구는 제2롯데월드가 한 해 280만명의 관광객을 끌어모아 약 6조원의 경제효과를 유발하고, 완공되는 2015년까지 연인원 400만명의 일자리를 창출할 것으로 기대했다.

그림 3-50 뉴스 사례 2

2010년 11월 11일, 장 마감 후에 제2롯데월드와 관련된 뉴스가 나왔다. 그냥 건축물에 대한 허가가 났을 뿐인데 이것을 뉴스 매매로 활용할 수 있겠느냐고 생각하는 사람도 많았을 것이다. 하지만 이 테마는 증권사 HTS에도 올라가 있을 만큼 오래전부터 형성되어온 것이었다.

증권사별로 테마를 조회할 수 있는 창이 있으므로 이를 활용하는 것도 좋다. 당일 상위 테마와 테마별 상승률, 해당 종목군까지 모두 찾을 수 있다.

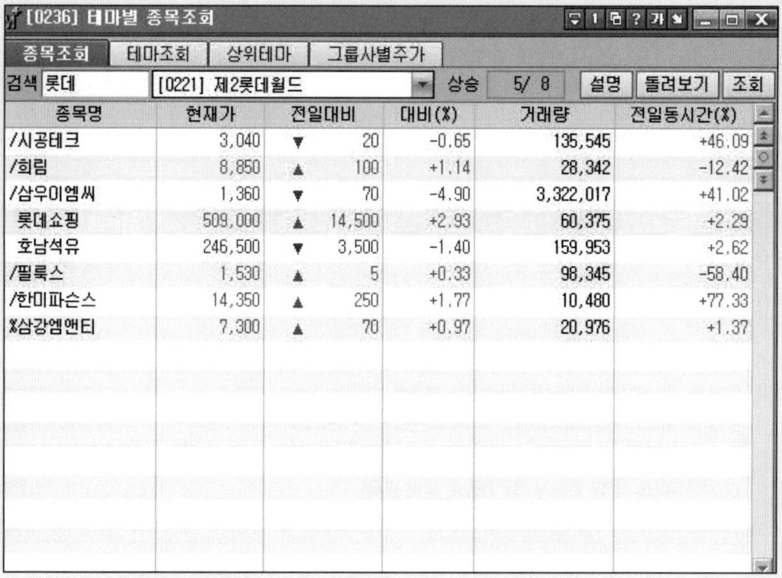

[0236] 테마별 종목조회

종목조회 | 테마조회 | 상위테마 | 그룹사별주가

검색 롯데 [0221] 제2롯데월드 상승 5/ 8 설명 돌려보기 조회

종목명	현재가	전일대비		대비(%)	거래량	전일동시간(%)
/시공테크	3,040	▼	20	-0.65	135,545	+46.09
/희림	8,850	▲	100	+1.14	28,342	-12.42
/삼우이엠씨	1,360	▼	70	-4.90	3,322,017	+41.02
롯데쇼핑	509,000	▲	14,500	+2.93	60,375	+2.29
호남석유	246,500	▼	3,500	-1.40	159,953	+2.62
/필룩스	1,530	▲	5	+0.33	98,345	-58.40
/한미파슨스	14,350	▲	250	+1.77	10,480	+77.33
%삼강엠앤티	7,300	▲	70	+0.97	20,976	+1.37

그림 3-51 테마별 종목 조회창

〈그림 3-51〉의 테마별 종목 조회창에서 조회된 종목 중에서 시공테크와 삼우이엠씨를 예로 들어 살펴보자. 예전 이 테마의 대장주는 중앙디자인이었지만 회사가 부실해져서 워크아웃을 신청했다. 2011년 2월 자본잠식 상태로 퇴출 위기에 놓였다가 2월 16일부로 거래가 정지됐다.

일단 한번 테마의 대장주로 등극하면 바뀌는 경우가 거의 없지만 회사가 부실해지면 당연히 대장 자리에서도 쫓겨나게 된다. 조회된 종목 중에서 부실주가 있다면 아무리 대장주로 명성이 자자하더라도 제외시키는 것이 현명하다.

〈그림 3-52〉는 이러한 뉴스가 나온 다음 날 시공테크의 3분봉 차트이다. 무려 9%가 넘는 갭 상승으로 출발했다. 개장 후 5분도 안 돼서 상한가에 도달했으나 조금도 머물지 못하고 종일 밀렸다. 뉴스 매매로 진입했다면 역시나 짧은 수익을 얻고 나왔어야 한다는 것을 보여준다.

그림 3-52 시공테크(3분봉)

〈그림 3-53〉에서 보듯이 종가는 오히려 전일 종가도 깨고 내려가 -2.22%로 마감했다. 시가에 매수했다가 욕심을 부리느라 매도를 못했다면 10%가 넘는 손실을 기록할 수 있는 상황이었다.

시간별	일자별	차 트	외국인/기관	거래원	시 황	종목시황	매 수	매 도	정 정	취 소	RP매도
/시공테크	시가	고가	저가	종가	전일대비		등락율		거래량		
2010/11/12	3,700	3,880	3,280	3,300	▼ 75		-2.22		3,737,193		
2010/11/11	3,250	3,435	3,230	3,375	▲ 105		+3.21		219,373		
2010/11/10	3,230	3,410	3,185	3,270	▲ 65		+2.03		254,449		
2010/11/09	3,120	3,250	3,090	3,205	▲ 95		+3.05		162,135		
2010/11/08	3,090	3,135	3,075	3,110	▼ 30		-0.96		56,468		
2010/11/05	3,155	3,155	3,100	3,140		0			38,066		
2010/11/04	3,150	3,180	3,125	3,140	▼ 10		-0.32		18,147		
2010/11/03	3,095	3,165	3,090	3,150	▲ 75		+2.44		96,229		
2010/11/02	3,070	3,090	3,045	3,075	▲ 5		+0.16		53,111		
2010/11/01	3,180	3,200	3,045	3,070	▼ 90		-2.85		89,631		
2010/10/29	3,170	3,175	3,125	3,160	▼ 10		-0.32		40,287		
2010/10/28	3,160	3,210	3,145	3,170	▼ 20		-0.63		48,267		

그림 3-53 시공테크 일자별 주가 동향

삼우이엠씨

그림 3-54 삼우이엠씨(3분봉)

시간별	일자별	차 트	외국인/기관	거래원	시 황	종목시황	매 수	매 도	정 정	취 소	RP매도
/삼우이엠씨	시가		고가		저가		종가	전일대비	등락율		거래량
2010/11/12	2,100		2,220		1,890		1,950	▼ 35	-1.76		3,833,099
2010/11/11	1,915		2,010		1,910		1,985	▲ 65	+3.39		751,848
2010/11/10	1,945		1,965		1,910		1,920	▼ 30	-1.54		201,052
2010/11/09	1,965		1,985		1,925		1,950	▼ 15	-0.76		396,976
2010/11/08	1,850		1,965		1,840		1,965	▲ 115	+6.22		460,543
2010/11/05	1,850		1,875		1,850		1,850	0			321,510
2010/11/04	1,945		1,950		1,850		1,850	▼ 95	-4.88		784,233
2010/11/03	1,965		1,965		1,920		1,945	0			192,463
2010/11/02	1,980		1,980		1,920		1,945	▼ 35	-1.77		432,263
2010/11/01	1,980		2,035		1,975		1,980	▲ 5	+0.25		389,998
2010/10/29	1,985		2,000		1,960		1,975	▼ 10	-0.50		255,342
2010/10/28	1,980		1,995		1,965		1,985	▲ 15	+0.76		213,620

그림 3-55 삼우이엠씨 일자별 주가 동향

삼우이엠씨(2013년 4월 상장폐지) 역시 전일 종가 대비 +5%를 넘는 강세로 출발하여 +11.84%라는 고점을 찍기까지 5분도 걸리지 않았다. 하지만 종가는 -1.76%에 형성되었다.

시공테크와 삼우이엔씨 두 종목 모두 단기 뉴스 매매 기법에 의해 시가 부근에서 매수했다면 10분 이내에 적어도 3%의 수익은 거뜬히 거뒀을 것이다. 2~3%의 수익을 무시하는 분들도 있을 것이다. 하지만 몇 분 만에 그런 수익을 낼 수 있다는 것은 정말 대단한 것이다. 그 시점은 거래량도 급증하는 구간이어서 매매하기가 수월하기도 하다. 하지만 이 기법의 가장 중요한 점은 욕심 내지 않고 짧은 수익에 만족하는 것이다.

투바닥, 쓰리바닥
스윙 기법

투자자들이 상한가만큼이나 좋아하는 말이 바닥이다. 주가가 오랜 하락을 거쳐 매도세가 웬만큼 소진된 상태, 그러니까 팔 사람은 다 판 상태가 되면 주가는 하락의 속도가 떨어지고 점점 한 가격대에 머물게 된다. 매도세가 다됐다고 해서 금방 상승한다는 얘기는 아니다. 아직 매수세가 본격적으로 들어오지 않아 주가를 끌어올릴 힘은 없는 상태다. 이런 상황이면 주가는 크게 올라가지도 않고 내려가지도 않으면서 그만그만한 수준을 유지한다. 흔히 말하는 바닥이란 대체로 이런 의미를 갖는다.

■ 투바닥, 쓰리바닥

그런데 또 다른 바닥이 있다. 이를테면 주가가 상승하다 꺾일 때 어느 지점에서 하락을 멈추고 파동의 골을 형성하는데 이 저점대를 바닥이라고 부르기도 한다. 지금 말하는 바닥은 이것을 말한다. 투바닥은 이와 같은 저점대가 비

숫한 수준에서 2개가 생겼을 때, 쓰리바닥은 3개가 생겼을 때이다.

상승하던 주가가 하락할 때 이전의 저점대에서 지지를 받는다면 두 번째 바닥이 만들어지는 것이고, 투바닥에서 반등하여 상승하던 주가가 꺾여 하락하는 구간인 이전 저점대에서 또 지지를 받는다면 쓰리바닥이 만들어진다.

항상 상승만 하거나 항상 하락만 하는 주식은 존재하지 않는다. 어느 정도 상승하면 꺾이게 마련이고, 꺾여서 내려오다가 다시 올라가는 것이 자연스러운 주가의 흐름이다. 이런 오르고 내림을 반복할 때 일정한 지점에서 계속해서 지지를 받는다면 상승 가능성은 더 커진다. 다시 말해 바닥이 1개일 때보다 2개가, 2개일 때보다 3개가 상승할 가능성이 크다는 것이다. 왜냐하면 바닥이 만들어질수록 매수자들이 지지될 확률이 높다고 생각하여 갈수록 적극적으로 들어오기 때문이다.

이 기법은 내가 만들어낸 것은 아니다. 주식시장에서 아주 오랫동안 사용되어 왔으며 아직까지 그 효용이 다하지 않았다고 판단했기 때문에 기법에 추가했다. 초단기나 데이트레이딩이 아니라 며칠 동안 보유하는 스윙 기법으로 초보자들도 충분히 사용할 수 있다.

■ 투바닥, 쓰리바닥 스윙 기법의 핵심 매매 기법
1. 상승하던 주가가 하락으로 돌아서면 이전 저점에서 지지를 받아 투바닥이나 쓰리바닥이 만들어지는지를 살핀다.
2. 수급 주체를 확인해야 한다(기관, 외국인, 기타 법인 등).
3. 투바닥이나 쓰리바닥 지점에서는 해당 기업의 IR담당(주담)과 통화하여 회사 분위기를 파악해야 한다.
4. 바닥 자리는 매수하기에 가격 메리트가 있는 지점이다. 하지만 바닥을 만들지 못하고 붕괴하면 하락의 폭이 커질 수 있다.
5. 단기간 수익실현보다 기업의 내용을 보고 스윙으로 목표치를 잡으면 안정적으로 큰 수익을 얻을 수 있다.

그림 3-56 모건코리아(일봉)

2009년 말부터 시작된 원자력 테마로 엘리어트 파동 3파까지 나왔던 모건코리아(2011년 4월 에너토크로 상호 변경)의 일봉 차트이다. 원자력 테마의 대장주로 3개월 만에 4배가 넘는 급등세를 시현했다.

이와 같은 급등주가 하락을 시작하면 이동평균선으로 지지선을 잡지 말고 바닥의 숫자로 잡는 것이 좋다. 또한 회사가 우량하다는 점이 전제되어야 한다. 부실주는 급등 후 바닥을 알 수 없을 만큼 떨어지는 경우가 많다.

모건코리아는 실제 원자력 기자재업을 영위하고 있는 회사로 기업 내용도 좋았기 때문에 테마성 급등 후에도 바닥을 만들며 재상승을 할 수 있었다는 점을 기억하기 바란다.

이처럼 투바닥에서 매수한 경우에는 스윙으로 보유하면서 단기간에 50~80%의 수익을 목표로 할 수 있다.

그림 3-57 에스엔유(일봉)

　〈그림 3-57〉 에스엔유의 차트를 보면 쓰리바닥에서 반등하여 그야말로 대
박을 낸 종목이다. 쓰리바닥 지지가 확실시된 약 3,800원부터 8,800원 정도까
지 3개월 만에 두 배 이상 상승하는 기염을 토했다.

　당시 증권사의 긍정적 리포트가 제출된 상황이었으며, 1분기 영업이익은 3
억 2,000만 원으로 전년도 영업손실 5억 5,000만 원에서 흑자전환했다는 공시
도 나왔다. 이처럼 회사 내용도 우량하고 앞으로의 성장성이 기대된다면 단기
에 수익실현을 할 것이 아니라 중기로 보유하여 수익을 극대화하는 것도 좋을
것이다.

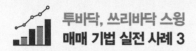

케이프

그림 3-58 케이프(일봉)

케이프는 조선기자재 종목들이 예전만큼 힘이 없는 상황이어서 1분기 영업
이익도 감소했다는 보고가 나왔다. 하지만 기본적인 회사의 펀더멘털만 건강
하다면 최소한 단기적으로나마 투바닥이나 쓰리바닥이 만들어진다.

케이프는 2010년 5월 말 7,700원선에서 쓰리바닥을 만든 뒤 반등하여 약 일
주일 동안 9,000원대까지 꾸준히 상승했다.

고가놀이
매매 기법

고가놀이와 저가놀이에 대해서는 많이 알려져 있다. 주가가 급등세를 보인 후 며칠 동안 단봉을 보이면서 일정한 가격대를 움직이다가 다시 급등세를 보이기까지의 구간을 고가놀이라고 한다.

저가놀이는 이와 반대로 주가가 급락세를 보인 후 며칠 동안 하락이 멈춘 듯이 보이며 일정한 가격대를 움직이다가 재차 하락하기까지의 구간이다.

고가놀이는 단기 매매자들이 자주 공략하는 패턴인데, 일단 어느 정도 주가가 상승한 후에 나타나는 것이기 때문에 위험성이 있다. 하지만 재상승을 할 경우 상당한 시세를 보여주므로 단기적으로 높은 수익을 올리기에는 좋은 기회가 된다.

■ 고가놀이 패턴의 분별

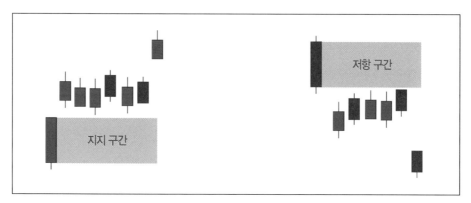

그림 3-59 고가놀이, 저가놀이

　고가놀이의 패턴은 〈그림 3-59〉를 보면 쉽게 이해할 수 있을 것이다. 고가놀이는 캔들들이 떨어질 듯 떨어질 듯한데도 떨어지지 않고 위에서 잘 논다고 해서 붙여진 이름이다. 외줄타기 장인은 외줄에라도 의지하지만 이 단봉들은 그것조차 없는데도 위치를 고수한다. 이를 통해 우리는 숨은 심리를 볼 수 있다. 거래량이 줄어들어 상승 에너지가 없는 중에도 하락하지 않는다는 것은 이 가격대를 지키려는 누군가가 있다는 것이다. 큰손이나 세력일 수도 있지만, 그것이 지나친 비약이라면 적어도 이 종목의 보유자들의 기대가 아직 계속되고 있다는 뜻이다.

　어쨌든 주가가 5일선 위에서 급등하면 이동평균선과의 이격이 커지는데 기간 조정을 통해 이 이격을 좁히면서 발생하는 패턴이 고가놀이다. 항상 이 패턴대로 움직이지 않고 가운데 단봉 중에 변동이 생기거나, 기간이 더 길거나 짧아질 수 있다.

　고가놀이를 분별하는 핵심은 다음과 같다.

1. 주가가 5일선 위에서 급등한 다음 나타나야 한다. 즉 5일선보다 아래에 있는 경우는 해당되지 않는다.

2. 처음의 양봉은 장대봉이어야 한다. 강하게 상승하다가 밀려 위꼬리를 길게 달더라도 몸통을 어느 정도 유지한 양봉이면 괜찮다. 일반적으로 5% 이상 상승률을 보이는 캔들이어야 한다.

3. 처음의 장대양봉 위에서 주가가 단봉으로 움직인다. 장대양봉 몸통까지 들어올 수는 있지만 장대양봉보다 아래로 떨어지면 주의해야 한다.

4. 단봉이 출현하는 동안 거래량은 줄어야 한다.

　알아보기 쉽게 정리는 했지만 이 역시 교과서적으로 받아들이면 안 된다. 이 패턴의 요지가 무엇인지를 파악하고 시장에서 자신만의 패턴 분별 기준을 만들어야 한다. 이 패턴이 많이 알려지면서 속임수도 많이 나오고 있다. 지금부터는 실제 사례를 보면서 매매 기법을 적용해볼 것이다.

■ 고가놀이 매매 기법의 핵심
1. 주가가 5일선 위에서 급등 후 저항을 받는다.
2. 급등 수준의 가격대에서 4~7일간 단봉이 출현한다.
3. 단봉 기간 동안 거래량이 줄어든다.
4. 단기 이동평균선이 밀집되면 급등이 재개된다.
5. 종가상 5일선 안착을 확인한 후 매수해야 안전하다.

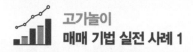
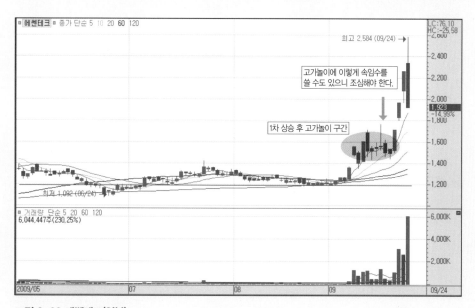

그림 3-60 에쎈테크(일봉)

〈그림 3-60〉 에쎈테크 일봉 차트를 보면 한차례 급등 후 고가놀이를 하면서 5일선, 10일선과의 이격을 좁힌 다음 재급등세를 보여주었다. 중간에 위로 긴 꼬리를 단 캔들은 속임수 캔들이다.

장대양봉 후 4거래일째이므로 장중 주가가 계속 오르면서 장대양봉을 만들었을 것이다. 이로써 고가놀이가 완성되었다고 본 투자자들이 많이 따라붙었을 텐데 종가는 시가 수준까지 밀리면서 도지를 만들고 말았다.

그런데 이후 이틀간 조정을 마치고 비로소 고가놀이가 완성되면서 급등세가 나왔다. 이 이틀 동안의 거래량이 전일 도지에 비해 현저하게 적다는 것은 연쇄적인 실망 매물이 쏟아져 나오지 않았다는 뜻이다. 이를 판단하고 계속 주시한 투자자라면 이 고가놀이의 열매를 얻을 수 있었을 것이다.

고가놀이
매매 기법 실전 사례 2

한솔CSN

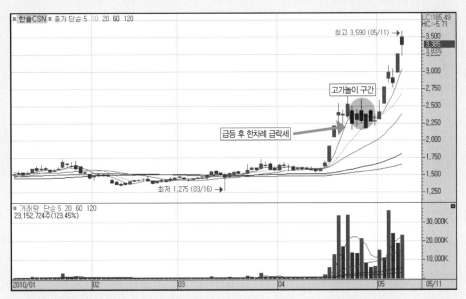

그림 3-61 한솔CSN(일봉)

〈그림 3-61〉의 한솔CSN(2014년 5월 한솔로지스틱스로 상호 변경)은 장대양봉 후 장대음봉으로 급등락을 보여준 뒤 5일선을 기준으로 오르내리며 고가놀이를 하고 있다. 고가놀이가 완성되면 이후 시세 상승은 얼마간 계속되므로 서둘러 매수하려고 하지 않아도 된다. 종가가 5일선 위로 안전하게 올라간 시점에 종가 매수 또는 다음 날 아침 갭에서 매수해도 적은 위험으로 충분한 수익을 거둘 수 있다.

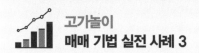

국일제지

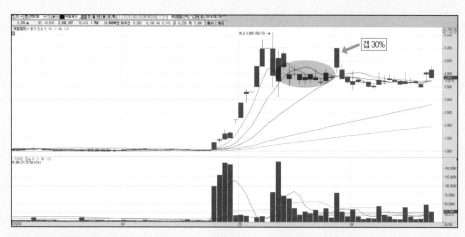

그림 3-62 국일제지(일봉)

〈그림 3-62〉의 국일제지는 양봉과 음봉 급등락을 보여준 뒤 5일선을 기준으로 오르내리며 고가놀이를 하고 있다. 고가놀이가 완성되면 이후 시세 상승은 얼마간 계속되므로 서둘러 매수하려고 하지 않아도 된다.

동그라미 친 곳에서 고가놀이 조정을 받은 후 갑자기 30% 정도 갭이 뜰 때 매도하는 편이 좋다.

09

120일선
매매 기법

120일선은 대략 6개월의 시세를 보여주는 선이다. 한 종목의 지난 반년 동안 관여했던 모든 거래가 집약된 가격이므로 무척 중요한 의미를 갖는다. 앞에서도 몇몇 차트를 통해 볼 수 있었듯이 어지간해서는 깨지지 않는 선으로 낙폭이 심한 주가도 이 지점에서 대개 지지를 받고 반등이 나타난다.

■ 단기 매매에 중요한 120일선

단기 매매자들에게 6개월이란 '강산이 변할' 정도로 긴 시간이다. 그래서인지 대부분 장기 선은 아예 설정도 하지 않고 3, 5, 10일선, 길어야 60일선 정도까지만 보곤 하는데 120일선은 장기 투자자 전용이 아니다. 오히려 단기에 승부를 봐야 하는 단기 매매자들에게 너욱 중요한 신이다.

단기 추세가 아무리 요동을 치더라도 결국은 장기 추세의 영향력 안에서 움직이는 것이다. 일간 추세는 주간의 영향을 받고 주간은 월간, 월간 추세는 경기와 연간 추세의 영향을 받는다.

그렇다 하더라도 끝도 없이 시야를 넓히는 것만이 좋은 것은 아니다. 나는 매매 과정에서 120일선이 극히 중요한 선이라는 사실을 깨달았다. 왜 그런지는 지금부터 사례를 보면서 설명하고자 한다. 120일선을 단기 매매에 활용하는 방법은 초보자도 쉽게 익힐 수 있으므로 이 기법을 통해 안정적으로 계좌를 키워보자.

■ **120일선 매매 기법의 핵심**
1. 하락 후에 바닥을 다지고 120일선을 돌파하는 종목을 관심종목에 둔다.
2. 초보 투자자라면 처음 120일선을 돌파할 때는 매매를 하지 않는다.
3. 120일선 돌파 후 120일선 아래까지 하락했다가 재차 120일선을 돌파할 때부터 매수에 들어간다.
4. 수익률은 보통 5%에서 추세가 좋으면 30%까지도 기대할 수 있다.

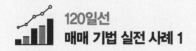

SK하이닉스

그림 3-63 SK하이닉스(일봉)

바닥에서 120일선을 노릴 때 주의할 것은 첫 번째 돌파에 진입하지 말라는 것이다. 120일선에는 6개월간의 투자자들 심리가 응축되어 있다. 그러므로 오랜 하락 구간에서 반등이 나오면 저항이 없을 수 없다. 그 저항의 힘은 종목마다 다르므로 일률적으로 말할 수는 없지만 대개는 한 번에 돌파하기가 힘들다.

초보라면 저항선이 돌파됐다는 점만 보고 무턱대고 들어갔다가 저항을 받아 주가가 밀리면 당황하기 쉽다. 가격 조정으로 저항을 어느 정도 완화시킨 다음 재차 돌파할 때 매수하는 것이 좋다.

〈그림 3-63〉의 SK하이닉스도 바닥을 다지고 상승하다가 120일선을 돌파했지만 멀리 가지 못하고 이내 되밀렸다. 그러다 재돌파하면서 상당폭 상승했다. 이후 120일선은 지지선으로 작용하는 것도 확인할 수 있다.

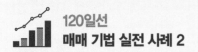

그림 3-64 KCC(일봉)

〈그림 3-64〉는 KCC의 주가 흐름을 보여준다. 2010년 5월까지 하락하던 주가는 서서히 저점을 높이며 이동평균선들을 차례차례 골든크로스 해나가고 있다. 120일선에 가까이 간 7월 말부터 돌파 시도가 진행되다가 8월 중순 급기야 돌파했지만 저항을 받아 다시 120일선 아래로 밀린다. 8월 말 60일선에서 지지를 받고 반등하면서 재돌파한 다음에는 큰 상승을 보여주었다.

그림 3-65 디오(일봉)

〈그림 3-65〉 디오 일봉 차트를 보면 몇 달째 주가가 밀리고 있다. 이 기간 동안 60일선 그리고 120일선이 지속적인 저항선으로 작용하고 있음을 볼 수 있다. 9월 들어 5,500원을 저점으로 하방경직성을 보이다가 10월 장대양봉과 함께 상승 움직임이 나왔다.

이로써 60일선을 단숨에 돌파하고 지지되는 모습을 보였으며 일주일 뒤 120일선도 돌파했다. 보름 정도의 기간 동안 지지를 확인하고 상승으로 방향을 잡은 듯했지만 결국 하락하고 말았다. 그 여파로 뒤따라오던 60일선 지점까지 주가는 후퇴했다.

음봉이 지속되긴 했지만 종가상 60일선을 버티면서 11월 하순 2개의 장대 양봉으로 120일선을 강하게 돌파했다.

매수 포인트는 두 번째 돌파 시점이다. 그때 진입하지 못했다면 고가놀이 패턴을 보면서 시점을 잡아도 충분하다.

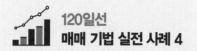
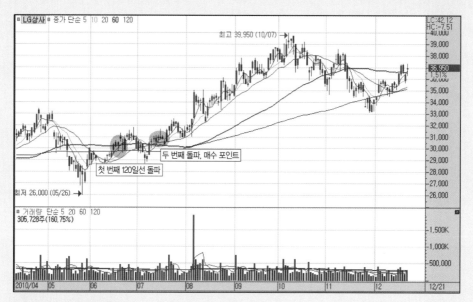

그림 3-66 LG상사(일봉)

　　LG상사는 2010년 6월 처음으로 120일선을 돌파했다. 이때는 이동평균선이 흐트러져 있는 구간이다. 저항을 받고 하락한 주가는 120일선 아래로 일시 밀렸으나 3거래일 만에 재차 돌파하면서 매수 급소를 탄생시켰다. 이후 이동평균선이 정배열되면서 꾸준히 상승하는 모습이다. 상승 시 저점은 계속해서 20일선에서 지지를 받고 있다.

급등주 눌림목
매매 기법

주식시장에는 시기와 상관없이 항상 급등주라는 꿈의 종목이 존재한다. 상승장에서는 물론이고 약세장에서도 급등주는 있다. 지금까지 전설적으로 내려오는 코스닥 열풍 때의 새롬기술을 비롯하여 산성피앤씨, 플래닛82, 뉴보텍 등 몇 달 만에 몇십 배를 만든 종목들이 부지기수다. 하지만 이 종목들에서 개인투자자들은 얼마나 수익을 거뒀을까? 도리어 급등 후 여파로 큰 손실만 보고 아픈 기억을 안고 있는 건 아닐까?

아마도 그럴 것이다. 급등주는 기업의 내용 또는 시장 상황 등 어떤 이유를 들든 자연스럽게 탄생하는 것이 아니라 주도하는 세력이 만들어내는 것이기 때문이다. 그리고 세력은 알다시피 개미를 주렁주렁 달고 갈 생각이 없다.

그 때문인지 몰라도 급등주는 사회에서 '공공의 적' 취급을 당한다. 하지만 솔직히 이야기해보자. 만약 내가 급등주에 올라탈 방법이 있다면, 그때도 고개를 홱 돌리고 세력주니 부실주니 하면서 비난만 하겠는가? 아마 그렇지 않을 것이다. 주식 자체만 보면 좋은 주식, 나쁜 주식이라는 게 있을 수가 없다. 주식에 감정을 집어넣어 분류하는 것은 사람들이다. 좀 극단적으로 말하면 내게 돈을 벌어다주는 주식이면 좋은 주식이고, 내 돈을 뺏어가면 나쁜 주식이다. 그렇지 않은가? 그렇기 때문에 급등주 중에서도 내게 돈을 벌어다줄 주식을 골라야 한다.

■ 급등주의 눌림목

오랜 하락 후 횡보하다 상승으로 추세가 전환된 주가는 곧장 상승하기보다 초기에 저항을 몇 차례 받고서야 올라간다. 이전 구간에서 모든 이동평균선이 역배열 상태가 되었을 것이고 단기 선은 방향을 바꿨을지라도 중·장기 선은 아직 흘러내리고 있기 때문이다. 그 이동평균선의 저항은 오랜 하락에도 꾹 참고 본전이 되면 팔겠다고 기다리는 사람들이 만들어낸다.

바닥에서 상승하던 주가가 저항을 받아 떨어질 때 이전만큼의 깊은 하락을 하지 않고 어느 선에서 지지를 받는 구간을 눌림목이라고 부른다. 사실 이 정체 구간은 눌림목이 될 수도 있지만 다음 하락 전에 쉬어가는 구간이 될 수도 있다. 이런 구간을 잘 살펴 수익으로 연결하는 것이 이 기법의 목표다.

특별히 급등주라는 말을 앞에 붙인 이유는 일반적인 종목이 아니라 급등 가능성이 있는 종목들이 흔히 보여주는 특징들을 살피는 것이기 때문이다. 큰 틀을 요약하면 다음과 같다.

1. 이전에 6개월 이상의 횡보 구간이 있어야 한다. 이는 큰손들이 물량을 매집하는 데 필요한 최소한의 시간이라고 보면 된다. 횡보 구간의 길이나 매집의 완성도에 따라 급등의 폭

이 달라질 것이다.

2. 장기 저항선을 돌파할 때 거래량이 현저하게 증가해야 한다. 횡보 구간에서는 대개 거래량이 줄어든 상태인데 이 구간의 평소 거래량보다 급격히 증가해야 일시에 매물을 소화할 수 있다.

3. 일시 상승 후 저항을 받는 구간에서 거래량은 급감해야 한다. 하락 시 거래량이 줄어든다는 것은 매물이 매물을 부르며 쏟아져나오지 않는다는 뜻이다.

4. 눌림목 구간에서 호재가 터져 나와야 한다.

이 각각의 항목들을 모두 충족하면 좋겠지만 항상 그런 것은 아니다. 개괄적으로 정리한 것이기 때문에 실제 상황에서는 응용력이 필요하다. 대표적인 사례 두 가지를 통해 신눌림목 매매 기법에 대해 살펴보자.

■ **신눌림목 매매 기법의 핵심**

1. 6개월간의 횡보 구간이 있어야 한다.
2. 120일선을 강하게 돌파해야 한다.
3. 120일선 돌파 시 거래량이 수반되어야 한다.
4. 눌림목 구간에서는 거래량이 급감해야 한다.
5. 주가 상승 모멘텀이 될 만한 호재가 나와야 한다.
6. 주가가 분석한 것과 다르게 움직이면 과감하게 손절매해야 한다.

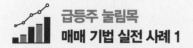

구제역 뉴스가 나오면서 급등.
주포가 매집했기 때문에 이런
상승이 가능했다.

1,000억 공급 계약으로
상한가

바닥을 6개월 동안 다지고
횡보를 하였다.

거래량 급감하면서
눌림목 매수 포인트

거래량 급증

그림 3-67 CJ씨푸드(일봉)

2011년 첫 거래일인 1월 3일, CJ씨푸드는 CJ제일제당에 1,000억 원의 공급 계약을 체결했다는 공시를 내보냈다. CJ씨푸드 전체 매출액의 99.9%에 달하는 엄청난 규모다. 2010년 하반기부터 구제역에 관한 뉴스는 있었지만 장기 선인 120일선에 번번이 저항을 받으면서 큰 움직임을 보여주지 못하고 있던 상황이었다.

그런데 이 공시 하나로 상한가를 만들면서 120일선을 강하게 돌파했으며 이전과 비교했을 때 700%가 넘는 거래량이 수반되었다. 그런데 다음 날 갭 출발하여 승승장구하던 주가는 위아래 꼬리를 단 음봉으로 마감되었다. 주가 변동성이 급격히 커진 것을 알 수 있다. 그렇게 하락세가 지속되었고 사흘째에는 -7.4%라는 최저가에 마감됐다. 그런데 이때 거래량을 보면 고점을 기록하던 날의 4분의 1 정도밖에 안 된다. 다음 날 주가는 전일 저점 수준을 지지하면서 양봉 역망치로 마감되었으며 거래량은 전일 대비 조금 더 줄었다.

이후 주말을 보내는 동안 전국은 구제역 소식으로 폭탄을 맞은 듯 시끄러웠다. 당연히 수산주에 관심이 집중되었으며 CJ씨푸드는 상한가에 1호가 못 미치는 시가로 출발해 급한 매물을 받고 상한가로 마감했다. 이후부터는 구제역 소식이 상세히 보도되기 시작했으며 그와 함께 이 종목의 급등세도 계속되었다.

시간별	일자별	차 트	외국인/기관	거래원	시 황	종목시황	매 수	매 도	정 정	취 소	RP매도
/CJ씨푸드	시가		고가		저가		중가	전일대비	등락율		거래량
2011/01/14	4,350	4,550		4,110		4,550	▲	250	+5.81		13,701,943
2011/01/13	4,420	4,515		4,015		4,300	▲	290	+7.23		26,070,782
2011/01/12	4,010	4,010		4,010		4,010	↑	520	+14.90		2,443,320
2011/01/11	3,470	3,490		3,155		3,490	↑	455	+14.99		10,090,040
2011/01/10	3,030	3,035		2,920		3,035	↑	395	+14.96		3,840,503
2011/01/07	2,565	2,730		2,560		2,640	▲	75	+2.92		1,158,895
2011/01/06	2,810	2,810		2,565		2,565	▼	205	-7.40		1,579,360
2011/01/05	2,815	2,865		2,715		2,770	▼	40	-1.42		2,685,439
2011/01/04	2,875	3,045		2,730		2,810	▲	95	+3.50		6,057,352
2011/01/03	2,600	2,715		2,505		2,715	↑	350	+14.80		2,441,745
2010/12/30	2,350	2,400		2,310		2,365	▲	50	+2.16		313,785
2010/12/29	2,350	2,385		2,315		2,315	▼	25	-1.07		160,032

그림 3-68 CJ씨푸드 일자별 주가 동향

〈그림 3-68〉 CJ씨푸드 일자별 주가 동향을 보면 이전 거래량과 시세가 폭발하는 시점의 거래량이 얼마나 차이를 보이는지 알 수 있다.

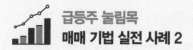

그림 3-69 코코(일봉)

코코(코코엔터프라이즈, 2011년 4월 씨앤케이인터내셔널로 사명 변경 후 상장폐지)는 2010년 12월 중순 갑자기 급등을 시작해 3,300원을 저점으로 2011년 1월의 1만 8,350원까지 올라갔던 종목이다. 하지만 '갑자기'라기보다 이전부터 치밀하게 준비되어 왔음을 차트를 보면 알 수 있다.

2010년 중반 약 2개월 동안 2,000원대에서 5,500원대가 넘을 때까지 급등을 보인 후 하락했고 이후 4개월여를 횡보하며 이동평균선을 밀집시킨 종목이다. 그러다가 12월 13일 상한가로 60일선과 120일선을 일시에 뚫었으며 전형적인 눌림목을 보여줬다.

시간별	일자별	차 트	외국인/기관	거래원	시 황	종목시황	매 수	매 도	정 정	취 소	RP매도	
/코코	시가		고가		저가		종가	전일대비		등락율		거래량
2010/12/24	6,500		7,050		6,260		6,700	▼ 20		-0.30		15,325,556
2010/12/23	6,940		6,940		5,610		6,720	▲ 680		+11.26		29,299,379
2010/12/22	6,040		6,040		6,040		6,040	↑ 780		+14.83		244,191
2010/12/21	5,260		5,260		5,260		5,260	↑ 685		+14.97		63,359
2010/12/20	4,575		4,575		4,575		4,575	↑ 595		+14.95		35,323
2010/12/17	3,980		3,980		3,980		3,980	↑ 515		+14.86		201,302
2010/12/16	3,450		3,475		3,300		3,465	▼ 20		-0.57		538,491
2010/12/15	3,730		3,780		3,450		3,485	▼ 245		-6.57		706,240
2010/12/14	3,490		3,990		3,455		3,730	▲ 50		+1.36		1,723,639
2010/12/13	3,680		3,680		3,605		3,680	↑ 480		+15.00		1,589,720
2010/12/10	3,085		3,300		3,075		3,200	▲ 115		+3.73		376,168
2010/12/09	3,100		3,180		3,080		3,085	▼ 45		-1.44		157,380

그림 3-70 코코 일자별 주가 동향

눌림목 마무리 시점에 '다이아몬드 광산 개발권'이라는 호재를 터뜨리면서 주가도 본격적으로 시세를 분출했다.

〈그림 3-70〉의 일자별 주가 동향에서 거래량의 추이를 눈여겨보기 바란다.

사실 코코의 경우는 본격 시세를 주면서 연속적으로 5번이나 점상한가를 기록했기 때문에 상승 사실을 알고 뛰어든 경우에는 매수할 기회조차 잡지 못했을 것이다. 그리고 이후 캔들의 길이가 커졌을 때도 이미 저점으로부터 큰 상승을 한 지점이기 때문에 웬만한 강심장으로는 도전할 수 없는 상황이었다.

급등주는 눌림목이 형성되는 초기에 찾아내지 않으면 사실 수익을 내기란 어렵다. 계속 노리다가 매수했지만 거기가 꼭지인 경우가 많기도 하고, 이후 상승을 할지라도 불안해서 오래 갖고 있지 못해 큰 수익을 내지도 못한다. 도리어 매도 후 재상승을 하면 아까워서 다시 들어갔다가 진짜 상투를 잡게 되기도 한다.

CJ씨푸드와 코코의 사례는 지난 차트이므로 결과를 보고 누구든 그렇게 얘기할 수 있다(당시 나는 실제로 철저하게 분석하여 눌림목에서 매수했다). 차근차근 설명까지 곁들였으니 얼마나 쉬워 보이겠는가. 하지만 급등주로 수익을 낸다는 것은 말은 쉽지 정말 어려운 일이다. 어떤 노력도 하지 않고 '어느 날 보니 눈에 띄었다'라는 이유로 동참한다면 평생 누릴 수 없는 수익이다. 찾아보고 연구하고 실험해보면서 자신의 기법으로 만들기만 한다면, 다른 어떤 기법도 주지 못할 크나큰 보상을 안겨줄 것이다.

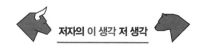

급등주는 어떻게 만들어지는가?

누구나 자기가 매수한 주식이 급등주가 되기를 바랄 것이다. 하지만 급등주가 그렇게 쉽게 나오겠는가? 설사 자기가 산 주식이 정말 100%, 200%, 300% 오른다 하더라도 개미들은 중간에 다 털리게 되어 있다.

요즘 같은 경우는 정말 대박주들이 나오지도 않는다. 많이 올라봐야 200% 정도다. IT 열풍 당시의 미친 장세를 제외하고도 산성피앤씨라는 골판지 회사는 바이오 회사에 지분을 투자했다는 이유로 1,000원대에서 5만 원 가까이까지 갔고, 삼천리자전거는 정부정책 수혜의 대표주로 2,500원짜리가 3만 7,000원대까지 갔다. 파루라는 종목도 신종플루로 주목받으면서 1,500원에서 1만 원에 약간 못 미치는 9,500원대(수정주가 전)까지 단기 급등했다. 기본이 500%였고 단기간에 4,000%도 오르는 종목들이 있었다.

하지만 요즘에는 그 정도의 급등세를 보기 힘들다. 최근 정말 오랜만에 코코(코코엔터프라이즈) 종목이 다이아몬드 때문에 3,000원에서 1만 8,000원까지 500% 이상 급등했고, 젬백스가 6개월에 걸쳐 8,000원대에서 3만 2,000원대까지 300% 급등을 보인 게 전부인 것 같다.

급등하는 종목에도 어느 정도 공통점이 있는데 대체로 다음과 같은 특징이 시장에서 주목을 받으면서 시세가 나오기 시작한다.

1. 실적 호전

실적 호전은 모든 종목에 호재가 된다. 실적 호전으로 관리종목이나 부실종목에서 벗어날 때 단기간 급등하는 경우가 많다.

2. 우회상장

비상장사인 우량회사가 우회상장을 위해 계약을 체결했다는 뉴스가 나오면 부실주라도 단기간 주가가 크게 오른다.

3. 테마주

시장을 주도하는 테마에 포함되었을 때, 특히 정부정책과 관련한 테마에 속하면 오랫동안 급등세를 보인다.

4. 인수합병(M&A)

M&A는 주식시장의 아주 오래된 테마다. 나중에 주가의 향방은 M&A 결과에 따라 달라지지만 이 뉴스가 처음 터질 때는 급등하는 것이 보통이다. 2010년 현대엘리베이터를 예로 들 수 있다.

5. 신기술 개발

신기술과 신약 개발 소식은 첨단산업과 바이오 업종에서 간혹 터져나온다. 상용화하기까지는 몇 년이 걸릴지 알 수 없는 개발 소식일지라도 시장에서는 과도하게 반응하는 경향이 있다.

6. 내부자 매수

해당 기업의 대표이사나 임원 등 회사 관계자들이 주식을 산다는 것은 주가에 매우 긍정적인 요소다. 특히 주가가 바닥에 있을 때 내부자의 매수가 강하게 들어오는 경우 급등을 기대할 수 있다.

대체적인 특징을 정리해봤지만 급등주를 매매한다는 것은 실로 리스크가 엄청난 일이다. 본격 시세가 나오기 전에 매수한 경우가 아니라면 자칫 상투를 잡기가 십상이다. 이와 같은 특징을 군이 정리한 것은 이런 종목이 나오면 추격 매수를 하라는 것이 아니라, 운 좋게 이런 종목을 매수했는데 주가가 예상 외로 오른다면 짧게 수익을 실현하지 말고 지켜보라는 의미가 더 크다. 급등주만 찾아다니는 것은 결코 바람직한 일이 아니지만, 매수한 종목이 급등주가 되는 경우에는 느긋하게 기다려보는 것도 좋다.

중장기
투자 기법

장기든 단기든 주식에 투자해 수익을 얻기 위해서는 그만큼의 노력이 필요하다. 단기보다 장기로 주식을 보유하기 위해서는 당연히 그 시간 동안 흔들리지 않을 만큼 충분한 이유가 있어야 한다.

■ 중장기 투자가 어려운 이유

아무리 우량한 기업의 주식을 사서 보유 중이라 해도 주가는 매일 끊임없이 움직이기 때문에 평가손익이 수시로 변한다. 종목 자체의 이유로 변하기도 하지만 보다 거시적인 환경에 의해서도 변화한다. 원유 생산국에서 국지전이 일어났다거나 어디에서 정치적 테러가 발생했다는 등 수많은 외부 요인이 증시에 직격탄을 날린다. 특히 우리나라는 전 세계에서 유일한 분단국가다. 이른바 '북한'이라는 요인은 어느 날 갑자기 증시에 충격을 주기도 한다.

예시로 2007년 우리나라 증시는 대세 상승기를 구가하는 중이었지만 그해 중반부터 불거지기 시작한 미국발 금융 위기와 유가 급등 악재가 겹치면서 폭락으로 돌변했다. 또한 2008년에는 서브 프라임 위기가 세계 경제를 흔들면서 각국의 증시가 초토화됐다. 〈그림 3-71〉의 코스피 주봉은 당시의 처절했던 상황을 그대로 보여준다.

그림 3-71 코스피(주봉)

초반에는 누구나 일시적인 조정일 것이라고 여겼다. 하지만 점차 장기 선을 붕괴시키면서 폭포처럼 떨어지자 견딜 재간이 없게 됐다. 2008년 중순 120주선이 지나는 1,500포인트 지점에서도 저가 매수의 기회라고 생각하는 사람도 많았다. 하지만 기대는 산산이 부서지고 이후의 하락은 이전보다 훨씬 깊고 급하게 일어났다. 1,000포인트는 많은 사람에게 심리적인 마지노선이었으므로 이 지점이 붕괴될 때는 패닉에 가까운 투매가 발생했다. 중장기 투자는 이와 같은 시련을 견뎌야 하는 아주 어려운 작업이다.

■ 중장기 투자 기법

앞서 말한 것과 같은 시련에도 불구하고 중장기 투자는 매력적인 투자 방법이다. 무엇보다 시장 상황을 매일 체크하면서 어떻게 대응할 것인지를 고민하느라 얽매이지 않아도 된다.

나는 단기 매매에 주력하는 트레이더이지만 중장기 투자를 병행한다. 10년 단위를 넘어갈 정도의 장기 투자는 해보지 않았지만 일반적으로 기본적 분석에 의한 종목 선정과 나의 강점인 기술적 분석을 조화시켜 투자에 임해왔고 상당한 성과를 거뒀다.

여기서는 내가 사용하고 있는 중장기 투자 기법을 설명할 것인데, 기업 가치에 입각해 몇십 년 후의 미래를 기대하는 분들과 약간의 차이가 있을 것이다. 나는 기본적 분석을 하기 위해 기업을 찾는다기보다 매매 도중 기술적 신호를 보고 기업 내용을 확인하는 과정에서 진면목을 발견하는 경우가 더 많다.

1. 차트를 분석하다가 우량주가 갑자기 큰 폭으로 하락하면 그 이유를 찾아보고 이후 추이를 관찰한다.

2. 매수를 결정하는 이동평균선상의 기준은 120일선이다. 1번의 우량주가 하락 중 120일선에서 지지를 받을 때, 또는 바닥에서 올라오는 우량주가 120일선을 (재)돌파할 때 상황을 판단한다.

3. 기업의 최근 분기보고서에서 영업이익률이 어떤 흐름을 보이고 있는지 확인하고, PER이나 PBR 등 몇 가지 지푯값을 산출하여 동종업계의 종목들과 비교한다.

4. 이 시점에 외국인과 기관의 매매 동향은 어떤지 파악한다. 하락하는 우량주의 경우라면, 그 종목의 하락 시 외국인과 기관의 매도가 있었는지를 살피고 다시 들어오고 있는지를 확인하다.

이런 단계적 지침을 마련하기까지 나는 상당히 많은 실수를 반복했다. 우량주가 하락하여 가격이 많이 떨어지면 앞뒤 가리지 않고 물량을 확보한 적도 있다. 그리고 언젠가는 올라갈 게 분명하지만 인내심이 부족해 본격 시세 직전에 매도해버리는 우를 범한 적도 많았다. 이제는 매수와 매도에 대한 기준을 세워놓고 지키고자 노력하고 있으므로 실수하는 일이 거의 없다. 실제 사례를 보면서 이야기를 계속 해보자.

■ **중장기 투자 기법의 핵심**

1. 우량주가 급락하면 그 이유를 알아보고 관심종목에 편입시킨다.
2. 120일선을 돌파할 때를 주의 깊게 본다.
3. 기본적 분석을 통해 저평가 상태인지 확인한다.
4. 기업의 대주주와 계열회사의 현황을 살핀다.
5. 투자자별 매매 동향을 살펴본다.

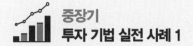

OCI

그림 3-72 OCI(주봉)

중장기 투자를 위해서는 장기 추세를 볼 수 있도록 주봉이나 월봉을 확인하는 것이 좋다. 물론 자주 확인할 필요는 없지만 큰 흐름을 보기 위해 매수 전에는 꼭 봐야 한다.

내가 OCI에 관심을 갖기 시작한 것은 2010년 들어서 이례적인 낙폭을 보인 지점부터였다(〈그림 3-73〉 참고). 2009년 태양광 선도주로서 9월에 기록한 고점으로부터 40% 이상 빠진 상황이었다. 이 종목의 역사적 고점인 2008년 5월을 기준으로 하면 무려 70% 가까운 하락폭이다.

그림 3-73 OCI(일봉)

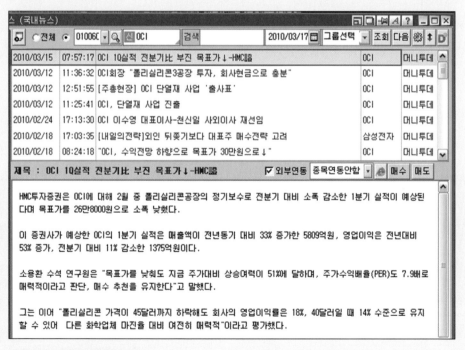

그림 3-74 증권사 목표가 하향

그림 3-75 OCI(일봉)

주가는 2월 9일에 저점을 찍고 서서히 올라갔다. 1개월 정도 소폭 상승이 일어난 뒤 〈그림 3-74〉와 같은 증권사 리포트가 제출됐다. 1분기 실적이 전분기보다 부진하여 목표가를 하향한다는 내용이었다.

하지만 증권사의 부정적 리포트에도 큰 영향을 받지 않고 주가는 점진적 상승을 보이면서 3월 중순 60일선을 돌파하고 지지받은 후 3월 말에 처음으로 120일선을 돌파하였다(〈그림 3-75〉 참고).

그렇지만 되밀려서 다시 60일선에 기대어 바닥을 다진 다음 4월 중순 두 번째로 120일선을 돌파했다. 이때는 처음보다 반등이 강하긴 했지만 나는 아직 매수 시기로 잡지 않았다. 단기로는 물론 충분히 진입해도 되지만 중장기 관점으로는 보다 확실한 것이 좋겠다는 생각이었다.

당시 이동평균선은 완전하게 정배열 상태에 진입해 있지 않았고 22만 원대에는 강력한 매물대가 버티고 있었기 때문이다. 예상했던 대로 매물대의 저항에 밀렸는데 하락폭이 꽤 컸다. 거의 일주일 만에 모든 이동평균선을 무너뜨려 버린 것이었다. 이때부터 재돌파 시점이 언제가 될지를 주시했다.

투자자별일별매매동향 | 관심종목투자자별매매동향

종목 010060 OCI | 순매수량 | ⊙ 전일대비 ○ 등락률 | 단위 : 주, 백만원

일자	종가	전일대비	거래량	개인	외국인	기관계	기관						기타법인
							증권	보험	투신	은행	종금/신금	기금/연금	
2010/06/30	249,000	▲ 1,000	300,391	-21,120	-98,610	+118,882	+2,231	-8,907	+88,055	+525	+434	+36,544	+939
2010/06/29	248,000	0	131,180	-42,151	-20,663	+59,125	-2,241	-715	+62,466	-784	+2	+397	+4,344
2010/06/28	248,000	▲ 5,000	128,737	-7,214	-16,859	+37,170	+3,326	+2,719	+27,555	+1,042	-2,226	+4,754	-13,160
2010/06/25	243,000	▼ 3,000	240,661	-4,594	-51,190	+62,110	+3,417	+21,852	+32,450	+451	-92	+4,032	-6,048
2010/06/24	246,000	▲ 8,500	216,514	-57,460	+1,446	+69,013	-3,856	+17,717	+57,070	-3,610	-1,477	+3,169	-12,648
2010/06/23	237,500	▼ 4,500	115,379	-5,720	-1,631	+19,776	+9,943	+740	+11,717	-1,975	-2,480	+1,831	-12,331
2010/06/22	242,000	0	188,511	-21,140	+11,809	+26,890	-8,817	+1,683	+24,798	-1,300	-628	+11,154	-17,350
2010/06/21	242,000	▲ 9,000	253,420	-95,012	+41,647	+57,314	-3,218	+10,999	+51,233	+143	-572	-1,271	-3,614
2010/06/18	233,000	▲ 4,000	260,166	-74,277	+14,557	+109,471	+2,523	+15,659	+97,990	+2,752	+476	-9,929	-49,792
2010/06/17	229,000	▲ 3,000	287,344	-74,200	+12,548	+105,627	+4,663	+17,903	+76,635	+1,899	-156	+4,683	-44,110
2010/06/16	226,000	▲ 16,000	497,533	-143,013	+70,027	+151,158	-12,229	+16,851	+121,537	+21,987	+816	+2,196	-76,815
2010/06/15	210,000	▲ 1,500	164,121	-25,554	+10,591	+45,671	+1,896	+10,546	+26,678	-1,124	+20	+7,655	-32,778
2010/06/14	208,500	▲ 500	50,572	-12,147	+15,014	-1,222	+1,736	-3,335	+4,129	-2,589	-5	-1,158	-1,925
2010/06/11	208,000	▼ 500	93,725	-28,848	-3,451	+25,575	+3,033	-2,163	+12,237	+147	-720	+13,041	+6,664
2010/06/10	208,500	▲ 1,000	78,591	-9,909	-4,676	+3,623	-2,381	+738	-8,634	-104	-140	+14,144	+10,862
2010/06/09	207,500	▲ 3,000	132,885	-9,388	-5,290	+18,244	+190	-4,566	+18,794	+929	+40	+2,857	-3,688
2010/06/08	204,500	▲ 1,500	87,642	-3,537	-6,553	+17,006	-1,441	-1,493	+24,100	+2,223		-6,383	-6,920
2010/06/07	203,000	▼ 500	98,567	-23,989	+1,726	+23,250	-3,116	-1,873	+22,397	-796	+20	+6,618	-837

그림 3-76 OCI 투자자별 매매 동향

〈그림 3-76〉은 이동평균선 배열 상태가 제대로 정돈된 6월 초부터 투자자별 매매 동향이다. 개인은 매도 일색인데 반해 기관은 공격적으로 매수를 지속하고 있다. 이로써 중장기 투자에 관한 나의 모든 조건이 충족되었으므로 분할매수에 임했고 OCI는 6월 매수한 지점부터 100% 이상 상승했다.

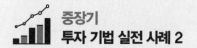
크라운제과

그림 3-77 크라운제과(일봉)

크라운제과는 2009년 6월경에 지인들에게도 추천한 바 있다. 당시 주가는 6
만 원에 약간 못 미치는 수준이었다.

이 종목에 대해 관심을 갖게 된 것은 2009년 5월 15일에 제출된 분기보고서
를 보았는데, 해태제과 지분을 무려 53.7%나 갖고 있다는 점을 발견하면서부
터다. 해태제과뿐 아니라 크라운베이커리 지분도 69%나 보유하고 있다.

타법인출자 현황

[2009. 03. 31 현재] (단위 : 천주, 벽)

구분	계정과목	법인명 또는 종목명	출자목적	기초잔액			증가(감소)내역		기말잔액			피출자법인의 최근사업연도 당기순이익
				수량	지분율	장부가액	수량	취득(지분)가액	수량	지분율	장부가액	
국내	지분법투자주식	해태제과식품(주)		11,261	53,7	90,798		(4,837)	11,261	53,7	85,961	
		(주)크라운베이커리		390	69,1	11,518		(540)	390	69,1	10,978	
		(주)씨에이치테크		84	60,0	2,494		–	84	60,0	2,494	
		(주)해성농림		112	48,7	19,394		–	112	48,7	19,394	
		씨에이치판매(주)		60	50,0	–			60	50,0	–	
		(주)크라운TLS (청산중)		15	48,9	1,532		–	15	48,9	1,532	
해외		상해가서안식품무역유한공사		–	100,0				–	100,0		
		가서안제과상해식품유한공사		–	100,0	6,105		691	–	100,0	6,796	
		합 계		11,922	–	131,841		(4,686)	11,922	–	127,155	

그림 3-78 타법인 출자현황

· 투자자산	137,470	142,023	116,646	98,125	88,187
· 유형자산	188,724	187,567	105,843	137,259	137,836
· 무형자산	657	650	650	526	473
· 기타비유동자산	14,496	14,151	14,583	18,785	16,306
자산총계	493,987	445,794	335,461	343,817	333,181
[유동부채]	211,695	208,019	222,297	138,771	112,610
[비유동부채]	126,582	76,933	39,464	128,809	119,015
부채총계	338,277	284,952	261,761	267,580	231,625
[자본금]	7,445	7,445	7,445	7,445	7,445
[자본잉여금]	62,879	62,878	62,770	59,015	59,015
[자본조정]	(27,420)	(27,002)	(29,837)	(2,123)	(2,123)
[기타포괄손익누계액]	83,549	84,441	(3)	(766)	(84)
[이익잉여금]	29,257	33,080	33,325	12,666	37,303
자본총계	155,710	160,842	73,700	76,237	101,556
매출액	84,714	326,335	311,927	293,900	316,578
영업이익	7,079	24,421	10,328	5,246	15,487
계속사업이익	(1,902)	4,466	28,297	(23,220)	(15,145)
당기순이익	(2,355)	2,191	22,300	(23,213)	(162,298)

[( )는 부(-)의 수치임]

그림 3-79 요약재무제표

이번에는 출자사 말고 크라운제과 자체는 어떤지 재무상황을 점검해보았다. 요약재무제표를 확인하니 영업이익이 꾸준히 상승하고 있었고(표에 나온 수치는 1분기만 집계한 것) 식품 쪽이므로 매출도 꾸준히 발생할 거라는 생각이 들었다.

당시 주가를 6만 원으로 잡아도 시가총액이 850억 원밖에 되지 않았다. 자본총계가 1,500억 원이 넘으니 자본에 비해 시가총액은 절반 수준밖에 안 되는 것이다. 해태제과와 크라운베이커리 지분까지 합치면 주가는 엄청나게 저평가되어 있는 상황이었다.

또한 기술적 분석상으로도 120일선을 1차 돌파한 뒤 하락하였다가 120일선을 중심으로 오르내리며 향방을 모색하는 중이었다. 이윽고 7월 초부터 계단식 상승을 계속하여 1년 반 만에 16만 원이 넘는 고점을 기록했다.

중장기 투자, 어디서 사느냐가 중요하다

가끔 유튜브를 보면 좋은 '기업은 끝없이 사야 한다, 좋은 기업은 결국 우상
향한다'라고 말한다. 보통 사람들이 나에게 어떤 주식을 사야 하는지에 대해 물
어보면 그냥 삼성전자를 사라고 말한다. 삼성전자는 삼성전자우와 합쳐 거의
시가총액이 400조 원에 육박한다. 시가총액 10위권에 들어 있는 8개 종목을 모
두 합해도 삼성전자보다 적다. 그만큼 대한민국 주식시장의 지수를 움직이는
힘이 있다고 볼 수 있다. 삼성전자가 무너지면 대한민국 주식시장도 흔들리기
때문에 제일 안전한 투자라고 할 수 있다.

하지만 사람들에게 삼성전자 주식을 얘기하면 누구나 다 아는 회사인데 왜
그런 주식을 추천하느냐는 반응이 대부분일 것이다. 성장성 있는 회사의 주식
을 살 때는 시점이 중요하다. 개미들은 끝없이 주식을 살 수가 없다. 살다 보면
보험도 깨고, 적금도 깨야 하는 일이 생기는데, 무슨 돈으로 끝없이 주식을 살
수 있겠는가. 예를 들어 코로나19 위기로 폭락하기 전 우량한 회사라고 샀다가
잘못 물타기 하는 바람이 한순간에 계좌가 반 토막이 날 수도 있다.

〈그림 3-80〉에서 보는 것처럼 매수하는 사람이 분명 있을 것이다. 중장기 투
자를 할 때는 기업의 성장성과 기업가치가 중요하다. 하지만 진짜 중요한 것은
매수하는 시점이다. 어설프게 샀다가는 영원히 끝나지 않는 고통의 시간을 견
뎌야 할 수도 있다.

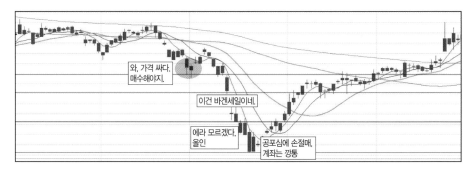

그림 3-80 잘못된 투자의 사례

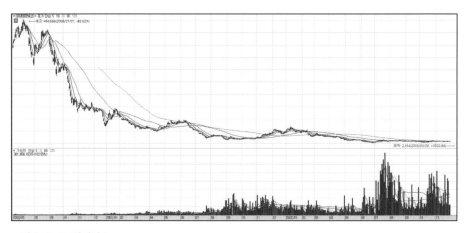

그림 3-81 SK하이닉스

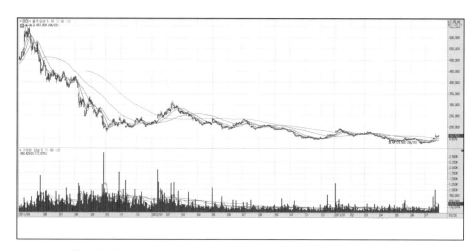

그림 3-82 대우조선해양

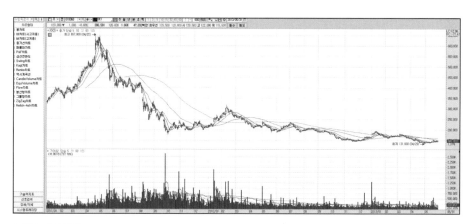

그림 3-83 OCI

SK하이닉스의 경우 지금이야 우량한 회사로 탈바꿈했지만, 현대전자 시절 주가는 큰폭으로 하락하기도 했다. 이후 소폭 상승한 후 10:1 감자를 당하기도 했다. 10:1 감자를 당하면 내가 투자한 돈이 10분의 1 토막이 날 수 있다는 의미다.

SK하이닉스는 10:1 감자를 당해 최고점 대비 주가가 10분의 1 토막이 나기도 했다. 하지만 SK가 인수한 후 꾸준히 배당까지 해줬으니 10분의 1 토막까지는 아니다.

대우조선해양이나 OCI도 한때 잘나갔던 종목들이다. OCI는 태양광 관련 종목으로 크게 상승했다가 고점을 찍고 끝없이 계단식으로 하락했다. 결국 주식은 성장성을 보고 아무 가격대나 무조건 들어가 중장기 투자를 한다면 엄청난 고통을 받을 수 있다. 중장기 투자에서 중요한 것은 결국 어디서 사느냐이다.

내가 보는 중장기 투자는 지수가 오버슈팅으로 급락이 나올 때 성장성이 있는 회사의 주식을 분할로 매수하는 것이 제일 안전하다고 생각한다. 급등주를 잡아 5일선 최고점에서 미수를 풀로 이용해 한입 먹고 나오려고 하다가 한순간에 깡통이 될 수도 있다. 탐욕은 결국 자기 자신을 힘들게 만든다. 때문에 안전하게 투자하는 것이 중요하다.

프로그램
매매 기법

외국계 증권사는 요즘 프로그램을 통해 해당 종목을 매수/매도하는 경우가 많다. 요지는 매우 간단하다. 프로그램의 매수세(외국계)로 인하여 주가가 상승하고 조정을 줄 때 프로그램의 매도가 일어나지 않고 늘어난다면 눌림목으로 볼 수 있다. 이는 매수 신호이기도 하다.

■ **프로그램 매매 투자 기법의 핵심**

1. 외국계의 매수세로 상승을 이끌 때 프로그램 수량을 살핀다.
2. 상승이 멈추고 주가가 하락하며 눌림목을 형성할 때 프로그램 수량을 살핀다.
3. 주가가 하락할 때 반대로 프로그램 매매의 수량이 증가한다면 매수 기회가 된다.
4. 주가가 등락을 반복하다가 1시간 이상의 조정을 거치고 다시 당일 전고점을 향해 올라왔을 때 프로그램 매매 수량이 월등하게 증가했는지 살펴본다.
5. 투자자별 매매 동향을 살펴본다.

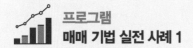

프로그램
매매 기법 실전 사례 1

신풍제약

〈그림 3-84〉는 2020년 9월 18일 신풍제약의 프로그램 매매 추이다. 하루 만에 프로그램에서 100만 주를 매수한 것을 확인할 수 있는데, 이는 하루 만에 약 2,000억 원을 순매수한 것이다. 외국인의 자금력은 어마 무시하다.

① [0778] 프로그램매매 - 종목일별 프로그램매매추이									
차익잔고추이 차익잔고현황 일별차익잔고차트 프로그램매매누적추이 **일별프로그램매매추이**									
019170 신 30% 신풍제약				◉시간별 ○일별 ○금액 ◉수량 전체 시간입력 : 종가					

시간	현재가	전일대비		등락률	거래량	프로그램매매 (단위:주,백만원)			
						매도수량	매수수량	순매수수량	순매수증감
16:00:54	198,000	▲	45,500	+29.84	11,144,337	690,989	1,696,825	1,005,836	
15:45:59	198,000	▲	45,500	+29.84	11,139,633	690,989	1,696,825	1,005,836	
15:38:03	198,000	▲	45,500	+29.84	11,136,286	690,989	1,696,825	1,005,836	
15:36:33	198,000	▲	45,500	+29.84	11,136,286	690,989	1,696,825	1,005,836	
15:33:42	198,000	▲	45,500	+29.84	11,136,286	690,989	1,696,825	1,005,836	
15:30:20	198,000	▲	45,500	+29.84	11,136,286	690,989	1,696,825	1,005,836	52,655
15:30:17	195,000	▲	42,500	+27.87	10,600,410	271,156	1,224,337	953,181	
15:30:08	195,000	▲	42,500	+27.87	10,600,410	271,156	1,224,337	953,181	
15:30:04	195,000	▲	42,500	+27.87	10,600,410	271,156	1,224,337	953,181	
15:29:56	195,000	▲	42,500	+27.87	10,600,410	271,156	1,224,337	953,181	
15:29:51	195,000	▲	42,500	+27.87	10,600,410	271,156	1,224,337	953,181	
15:29:46	195,000	▲	42,500	+27.87	10,600,410	271,156	1,224,337	953,181	
15:29:42	195,000	▲	42,500	+27.87	10,600,410	271,156	1,224,337	953,181	
15:29:31	195,000	▲	42,500	+27.87	10,600,410	271,156	1,224,337	953,181	
15:29:27	195,000	▲	42,500	+27.87	10,600,410	271,156	1,224,337	953,181	
15:29:16	195,000	▲	42,500	+27.87	10,600,410	271,156	1,224,337	953,181	
15:29:07	195,000	▲	42,500	+27.87	10,600,410	271,156	1,224,337	953,181	
15:29:01	195,000	▲	42,500	+27.87	10,600,410	271,156	1,224,337	953,181	
15:28:55	195,000	▲	42,500	+27.87	10,600,410	271,156	1,224,337	953,181	
15:28:46	195,000	▲	42,500	+27.87	10,600,410	271,156	1,224,337	953,181	
15:28:36	195,000	▲	42,500	+27.87	10,600,410	271,156	1,224,337	953,181	
15:28:26	195,000	▲	42,500	+27.87	10,600,410	271,156	1,224,337	953,181	
15:28:17	195,000	▲	42,500	+27.87	10,600,410	271,156	1,224,337	953,181	
15:28:13	195,000	▲	42,500	+27.87	10,600,410	271,156	1,224,337	953,181	
15:28:03	195,000	▲	42,500	+27.87	10,600,410	271,156	1,224,337	953,181	

그림 3-84 신풍제약 종목일별 프로그램 매매 추이 1

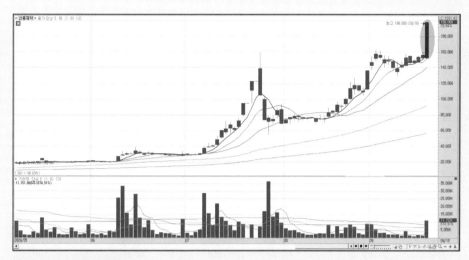

그림 3-85 신풍제약(일봉)

2020년 9월 18일 신고가를 돌파하며 이날 외국인의 대량 매수세가 일어났다.

이러한 프로그램 매매에서는 눌림 시가 매수 급소이다. 3분봉상 주가가 계속 상승하다 조정을 받는 국면에 프로그램의 포지션을 보고 매수 근거로 한다.

그림 3-86 신풍제약(3분봉)

〈그림 3-86〉신풍제약의 당일 분봉을 보면 주가는 9시 50분~10시 30분 부근까지 조정이 일어난다. 이때의 프로그램 수량을 비교해보면 다음과 같다.

시간	현재가	전일대비		등락률	거래량	프로그램매매 (단위:주,백만원)			
						매도수량	매수수량	순매수수량	순매수증감
09:52:32	179,000	▲	26,500	+17.38	2,812,142	59,832	295,043	235,211	182
09:52:29	180,500	▲	28,000	+18.36	2,796,501	59,832	294,861	235,029	10
09:52:25	180,500	▲	28,000	+18.36	2,790,939	59,832	294,851	235,019	-1
09:52:21	180,500	▲	28,000	+18.36	2,772,559	59,831	294,851	235,020	
09:52:13	181,500	▲	29,000	+19.02	2,753,367	59,831	294,851	235,020	161
09:52:11	182,500	▲	30,000	+19.67	2,740,558	59,831	294,690	234,859	263
09:52:07	184,500	▲	32,000	+20.98	2,719,526	59,831	294,427	234,596	
09:52:02	183,500	▲	31,000	+20.33	2,709,957	59,831	294,427	234,596	-1
09:51:56	183,000	▲	30,500	+20.00	2,705,377	59,830	294,427	234,597	
09:51:50	182,000	▲	29,500	+19.34	2,699,020	59,830	294,427	234,597	-173
09:51:46	182,500	▲	30,000	+19.67	2,693,401	59,637	294,407	234,770	
09:51:44	182,000	▲	29,500	+19.34	2,683,486	59,637	294,407	234,770	
09:51:43	182,500	▲	30,000	+19.67	2,679,628	59,637	294,407	234,770	41
09:51:40	182,000	▲	29,500	+19.34	2,674,703	59,636	294,365	234,729	
09:51:40	182,000	▲	29,500	+19.34	2,673,277	59,636	294,365	234,729	
09:51:38	182,500	▲	30,000	+19.67	2,665,981	59,636	294,365	234,729	1
09:51:35	182,500	▲	30,000	+19.67	2,653,452	59,636	294,364	234,728	234
09:51:31	182,500	▲	30,000	+19.67	2,634,613	59,636	294,130	234,494	194
09:51:27	186,000	▲	33,500	+21.97	2,622,900	59,636	293,936	234,300	162
09:51:26	186,500	▲	34,000	+22.30	2,619,326	59,636	293,774	234,138	209
09:51:25	186,000	▲	33,500	+21.97	2,617,936	59,636	293,565	233,929	260
09:51:24	186,000	▲	33,500	+21.97	2,616,924	59,636	293,305	233,669	
09:51:23	187,500	▲	35,000	+22.95	2,615,113	59,636	293,305	233,669	211
09:51:22	187,000	▲	34,500	+22.62	2,612,964	59,636	293,094	233,458	358
09:51:21	187,500	▲	35,000	+22.95	2,611,871	59,636	292,736	233,100	247

그림 3-87 신풍제약 종목일별 프로그램 매매 추이 2

〈그림 3-87〉을 보면 9시 51분 부근 20% 부근대에서 프로그램 누적 매수 수량은 23만 주 전후가 된다.

〈그림 3-88〉에서 10시 10분 이후의 프로그램 매매 수량을 보면 22% 상승했을 때의 프로그램 매매 수량보다 조정받은 16%대의 프로그램 매매 수량이 오

히려 늘어난 것을 볼 수 있다. 이는 하락 눌림목 구간에서 외국인들은 수량을 오히려 늘렸다는 것을 의미한다.

| 1 [0778] 프로그램매매 - 종목일별 프로그램매매추이 | | | | | | | | |

| 차익잔고추이 | 차익잔고현황 | 일별차익잔고차트 | 프로그램매매누적추이 | 일별프로그램매매추이 | | | | |

019170 ▼ Q 신 30% 신풍제약 | ◉시간별 ○일별 | ○금액 ◉수량 전체 ▼ 시간입력 : | ○ ≫ ↗ ☑종가 |

시간	현재가	전일대비	등락률	거래량	프로그램매매 (단위:주,백만원)			
					매도수량	매수수량	순매수수량	순매수증감
10:15:49	179,500	▲ 27,000	+17.70	3,921,767	67,884	351,022	283,138	
10:15:44	179,500	▲ 27,000	+17.70	3,920,331	67,884	351,022	283,138	
10:15:39	179,000	▲ 26,500	+17.38	3,917,504	67,884	351,022	283,138	-1
10:15:30	179,000	▲ 26,500	+17.38	3,908,819	67,883	351,022	283,139	
10:15:23	179,000	▲ 26,500	+17.38	3,906,840	67,883	351,022	283,139	
10:15:19	179,000	▲ 26,500	+17.38	3,906,025	67,883	351,022	283,139	-7
10:15:16	178,500	▲ 26,000	+17.05	3,899,421	67,876	351,022	283,146	
10:15:12	178,000	▲ 25,500	+16.72	3,898,115	67,876	351,022	283,146	
10:15:06	178,000	▲ 25,500	+16.72	3,897,739	67,876	351,022	283,146	30
10:14:54	178,000	▲ 25,500	+16.72	3,890,738	67,876	350,992	283,116	
10:14:51	178,000	▲ 25,500	+16.72	3,890,252	67,876	350,992	283,116	-6
10:14:51	178,000	▲ 25,500	+16.72	3,890,096	67,870	350,992	283,122	451
10:14:50	178,000	▲ 25,500	+16.72	3,887,975	67,830	350,501	282,671	
10:14:46	178,000	▲ 25,500	+16.72	3,885,328	67,830	350,501	282,671	
10:14:40	178,000	▲ 25,500	+16.72	3,883,855	67,830	350,501	282,671	
10:14:36	178,000	▲ 25,500	+16.72	3,883,300	67,830	350,501	282,671	
10:14:30	177,500	▲ 25,000	+16.39	3,881,910	67,830	350,501	282,671	-1
10:14:24	177,500	▲ 25,000	+16.39	3,879,159	67,829	350,501	282,672	955
10:14:16	177,500	▲ 25,000	+16.39	3,875,667	67,828	349,545	281,717	238
10:14:08	177,000	▲ 24,500	+16.07	3,873,593	67,828	349,307	281,479	
10:13:59	177,000	▲ 24,500	+16.07	3,872,105	67,828	349,307	281,479	
10:13:51	176,500	▲ 24,000	+15.74	3,868,210	67,828	349,307	281,479	
10:13:47	177,000	▲ 24,500	+16.07	3,867,227	67,828	349,307	281,479	-12
10:13:45	176,500	▲ 24,000	+15.74	3,865,497	67,816	349,307	281,491	572
10:13:41	177,000	▲ 24,500	+16.07	3,863,485	67,816	348,735	280,919	157

그림 3-88 신풍제약 종목일별 프로그램 매매 추이 3

이 눌림목 구간에서는 고점 대비 약 3% 하락부터 최고 8% 하락까지 분할로 매수하면 된다. 그리고 되돌림 반등이 일어난다면 2% 수익 구간부터 분할로 최고 6% 구간까지 매도하면 재차 주가가 하락하더라도 수익으로 탈출할 기회가 높아진다. 하지만 메릴린치가 프로그램 매수의 창구라면 고가권에서 매도하는 경우가 많으니 조심하길 바란다.

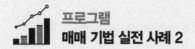
한화솔루션

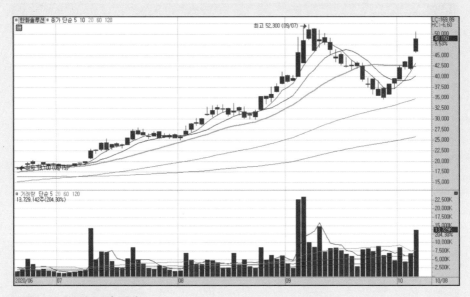

그림 3-89 한화솔루션(1분봉)

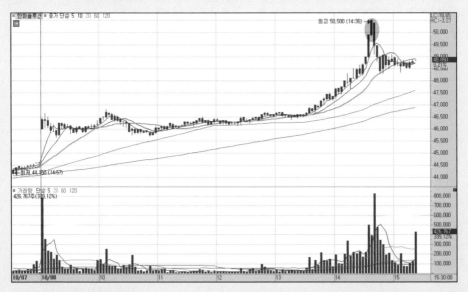

그림 3-90 한화솔루션(3분봉)

2020년 10월 8일 그린뉴딜 섹터 중에 대장급으로 큰 상승을 했던 한화솔루션이다. 정부의 그린뉴딜 추진과 미국에서 트럼프와 바이든의 지지율 눈치 싸움으로 재생에너지를 중요시하는 바이든의 지지율이 트럼프를 추월하여 수급이 다시 한번 몰렸다. 이처럼 단순히 프로그램 수량만을 볼 것이 아니라 당시의 시장 분위기와 대내외적인 이슈를 살펴야 한다.

〈그림 3-90〉 한화솔루션의 3분봉 차트를 보면 장 시작부터 10시 이후 조정을 받고 꾸준한 상승을 하다 14시 36분에 고점을 달성했다.

시간	현재가	전일대비		등락률	거래량	프로그램매매 (단위:주,백만원)			
						매도수량	매수수량	순매수수량	순매수증감
09:23:05	46,050	▲	1,450	+3.25	2,098,521	261,907	190,609	-71,298	1
09:22:55	46,050	▲	1,450	+3.25	2,096,081	261,907	190,608	-71,299	-1
09:22:52	46,050	▲	1,450	+3.25	2,095,535	261,906	190,608	-71,298	11
09:22:43	46,050	▲	1,450	+3.25	2,093,602	261,906	190,597	-71,309	-54
09:22:40	46,050	▲	1,450	+3.25	2,092,846	261,852	190,597	-71,255	62
09:22:39	46,100	▲	1,500	+3.36	2,091,997	261,852	190,535	-71,317	187
09:22:36	46,050	▲	1,450	+3.25	2,090,733	261,852	190,348	-71,504	7
09:22:27	46,100	▲	1,500	+3.36	2,087,500	261,852	190,341	-71,511	-3
09:22:19	46,100	▲	1,500	+3.36	2,086,877	261,849	190,341	-71,508	-174
09:22:16	46,100	▲	1,500	+3.36	2,086,541	261,675	190,341	-71,334	
09:22:09	46,100	▲	1,500	+3.36	2,082,965	261,675	190,341	-71,334	154
09:22:06	46,100	▲	1,500	+3.36	2,082,616	261,675	190,187	-71,488	153
09:22:05	46,100	▲	1,500	+3.36	2,080,583	261,675	190,034	-71,641	-100
09:22:01	46,150	▲	1,550	+3.48	2,080,331	261,575	190,034	-71,541	-3
09:21:49	46,100	▲	1,500	+3.36	2,077,621	261,572	190,034	-71,538	-1
09:21:41	46,150	▲	1,550	+3.48	2,076,466	261,571	190,034	-71,537	
09:21:36	46,150	▲	1,550	+3.48	2,075,044	261,571	190,034	-71,537	-393
09:21:31	46,200	▲	1,600	+3.59	2,073,607	261,178	190,034	-71,144	
09:21:26	46,200	▲	1,600	+3.59	2,072,104	261,178	190,034	-71,144	112
09:21:25	46,200	▲	1,600	+3.59	2,071,237	261,178	189,922	-71,256	1
09:21:25	46,150	▲	1,550	+3.48	2,071,234	261,178	189,921	-71,257	127
09:21:24	46,200	▲	1,600	+3.59	2,071,097	261,178	189,794	-71,384	-369
09:21:22	46,150	▲	1,550	+3.48	2,063,490	258,371	187,356	-71,015	68
09:21:15	46,150	▲	1,550	+3.48	2,061,297	258,371	187,288	-71,083	
09:21:10	46,200	▲	1,600	+3.59	2,060,299	258,371	187,288	-71,083	-793
09:21:08	46,200	▲	1,600	+3.59	2,056,729	257,578	187,288	-70,290	-10
09:21:08	46,200	▲	1,600	+3.59	2,056,479	257,568	187,288	-70,280	-3
09:21:07	46,200	▲	1,600	+3.59	2,056,404	257,565	187,288	-70,277	-3
09:20:49	46,250	▲	1,650	+3.70	2,041,073	257,562	187,288	-70,274	
09:20:29	46,200	▲	1,600	+3.59	2,026,387	257,562	187,288	-70,274	
09:20:23	46,200	▲	1,600	+3.59	2,020,490	257,562	187,288	-70,274	-1
09:20:17	46,150	▲	1,550	+3.48	2,018,267	257,561	187,288	-70,273	

그림 3-91 한화솔루션 종목일별 프로그램 매매 추이 1

〈그림 3-91〉의 9시 20분경 프로그램 매매 수량은 누가 봐도 엄청난 매도세이다. 이럴 땐 들어갈 이유가 없다.

시간	현재가	전일대비		등락률	거래량	프로그램매매 (단위 :주,백만원)			
						매도수량	매수수량	순매수수량	순매수증감
09:59:58	46,250	▲	1,650	+3.70	2,774,897	275,370	291,450	16,080	-4
09:59:58	46,250	▲	1,650	+3.70	2,774,888	275,366	291,450	16,084	-2
09:59:54	46,250	▲	1,650	+3.70	2,774,713	275,364	291,450	16,086	256
09:59:45	46,250	▲	1,650	+3.70	2,773,218	275,364	291,194	15,830	1,333
09:59:37	46,200	▲	1,600	+3.59	2,771,517	275,364	289,861	14,497	33
09:59:31	46,250	▲	1,650	+3.70	2,769,540	275,364	289,828	14,464	16
09:59:27	46,250	▲	1,650	+3.70	2,769,170	275,350	289,798	14,448	116
09:59:17	46,250	▲	1,650	+3.70	2,766,767	275,350	289,682	14,332	-350
09:59:13	46,250	▲	1,650	+3.70	2,765,592	275,000	289,682	14,682	871
09:59:08	46,300	▲	1,700	+3.81	2,759,722	275,000	288,811	13,811	
09:59:01	46,300	▲	1,700	+3.81	2,759,324	275,000	288,811	13,811	-10
09:58:48	46,300	▲	1,700	+3.81	2,757,467	274,990	288,811	13,821	-1
09:58:38	46,300	▲	1,700	+3.81	2,756,569	274,989	288,811	13,822	
09:58:37	46,300	▲	1,700	+3.81	2,756,067	274,989	288,811	13,822	
09:58:32	46,300	▲	1,700	+3.81	2,754,638	274,989	288,811	13,822	331
09:58:27	46,300	▲	1,700	+3.81	2,753,786	274,974	288,465	13,491	226
09:58:26	46,350	▲	1,750	+3.92	2,752,579	274,797	288,062	13,265	532
09:58:23	46,300	▲	1,700	+3.81	2,751,988	274,797	287,530	12,733	130
09:58:22	46,300	▲	1,700	+3.81	2,751,796	274,797	287,400	12,603	65
09:58:21	46,350	▲	1,750	+3.92	2,750,610	274,797	287,335	12,538	732
09:58:19	46,300	▲	1,700	+3.81	2,749,766	274,797	286,603	11,806	720
09:58:14	46,300	▲	1,700	+3.81	2,745,889	274,795	285,881	11,086	
09:58:09	46,350	▲	1,750	+3.92	2,744,559	274,795	285,881	11,086	-1
09:58:02	46,300	▲	1,700	+3.81	2,741,816	274,794	285,881	11,087	-12
09:57:42	46,350	▲	1,750	+3.92	2,732,162	274,782	285,881	11,099	329
09:57:41	46,300	▲	1,700	+3.81	2,731,601	274,782	285,552	10,770	11,604
09:57:36	46,250	▲	1,650	+3.70	2,713,276	274,782	273,948	-834	98
09:57:31	46,300	▲	1,700	+3.81	2,711,068	274,781	273,849	-932	230
09:57:22	46,250	▲	1,650	+3.70	2,708,403	274,770	273,608	-1,162	
09:57:19	46,300	▲	1,700	+3.81	2,707,421	274,770	273,608	-1,162	2,580
09:57:18	46,200	▲	1,600	+3.59	2,680,733	274,770	271,028	-3,742	25,704
09:57:17	46,150	▲	1,550	+3.48	2,644,022	274,707	245,261	-29,446	-1

그림 3-92 한화솔루션 종목일별 프로그램 매매 추이 2

그러다가 갑자기 프로그램을 통한 대량 매수세가 들어왔다. 이럴 때 곧장 따라 들어가면 안 된다. 간혹 대량 매수가 들어온 후 다시 매도하는 경우가 많기 때문이다. 이럴 땐 주가가 상승을 하더라도 꾸준히 지켜본 후 충분한 조정이 나온 다음 프로그램 매매 수량이 늘어나는지 줄어드는지를 살핀다. 그리고 조정일 때도 수량이 늘어난다면 분할로 공략 가능하다.

9시 20분에는 -7만 주 이상의 매도였지만 어느덧 9시 57분경에는 프로그램이 순매수로 전환하였다. 순매수 증감을 보면 2만 5,704주와 1만 1,604주 등 대량 매수세도 유입되었다. 이때에는 관심만 가지고 진입하지 않는다.

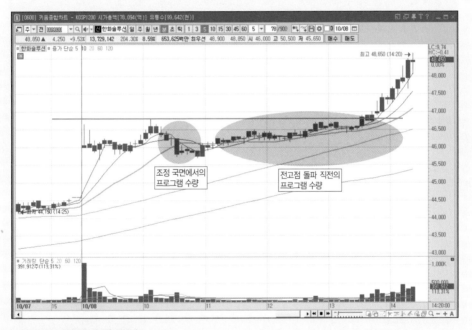

그림 3-93 한화솔루션(5분봉)

지켜봐야 할 포인트는 바로 10시 조금 넘어서부터 하락이 나올 때의 프로그램 매매 수량이다. 10시 이후 단기 고점을 찍고 10시 후반부까지 주가는 하락했다. 이때 프로그램 매수량을 살피는 것이다.

1 [0778] 프로그램매매 - 종목일별 프로그램매매추이

차익잔고추이 | 차익잔고현황 | 일별차익잔고차트 | 프로그램매매누적추이 | 일별프로그램매매추이

009830 신 20% 한화솔루션 ◉시간별 ○일별 ○금액 ◉수량 전체 시간입력 : ☑종가

시간	현재가	전일대비	등락률	거래량	프로그램매매 (단위:주,백만원)			
					매도수량	매수수량	순매수수량	순매수증감
10:07:39	46,700	▲ 2,100	+4.71	3,181,299	276,195	364,886	88,691	-100
10:07:32	46,700	▲ 2,100	+4.71	3,169,653	276,095	364,886	88,791	318
10:07:20	46,650	▲ 2,050	+4.60	3,157,190	276,095	364,568	88,473	
10:07:08	46,650	▲ 2,050	+4.60	3,152,583	276,095	364,568	88,473	1
10:07:04	46,650	▲ 2,050	+4.60	3,148,685	276,095	364,567	88,472	7
10:06:59	46,650	▲ 2,050	+4.60	3,136,671	276,095	364,560	88,465	182
10:06:35	46,650	▲ 2,050	+4.60	3,114,196	276,095	364,378	88,283	33
10:06:21	46,550	▲ 1,950	+4.37	3,059,741	276,095	364,345	88,250	2,219
10:06:10	46,500	▲ 1,900	+4.26	3,054,237	276,095	362,126	86,031	45
10:06:07	46,500	▲ 1,900	+4.26	3,041,406	276,043	362,029	85,986	-9
10:06:06	46,500	▲ 1,900	+4.26	3,039,236	276,034	362,029	85,995	-6
10:06:00	46,500	▲ 1,900	+4.26	3,016,262	276,028	362,029	86,001	1
10:05:55	46,450	▲ 1,850	+4.15	3,016,135	276,028	362,028	86,000	
10:05:51	46,450	▲ 1,850	+4.15	3,008,809	276,028	362,028	86,000	3,550
10:05:48	46,450	▲ 1,850	+4.15	3,005,219	276,028	358,478	82,450	394
10:05:47	46,450	▲ 1,850	+4.15	3,004,825	276,028	358,084	82,056	677

그림 3-94 한화솔루션 종목일별 프로그램 매매 추이 3

10시 6분경 프로그램 순매수 수량은 8만 8,000주가량이다.

그렇다면 주가가 하락한 10시 50분경을 살펴보자. 〈그림 3-95〉를 보면 순매수 수량이 줄어들었음을 확인할 수 있다. 그렇다면 이때 매수는 보류해야 한다. 물론 이때 잡았으면 당일의 저점이었겠지만 여기서 추가적인 매도세가 나온다면 주가는 흘러내리는 경우가 비일비재하다. 그렇기 때문에 이때는 매수하면 안 된다.

그렇다면 이러한 경우엔 언제가 매수시점이 될까? 눌림 시에 추가적인 프로그램 매수 수량이 없다면 전고점을 터치할 때의 물량을 살피면서 돌파 매매로 접근할 수 있다. 한화솔루션은 10시 10분경 단기 고점을 찍고 13시 부근에서 다시 고점 돌파를 시도하고 있다.

그림 3–95 한화솔루션 종목일별 프로그램 매매 추이 4

그렇다면 13시 부근의 프로그램 매매 수량을 살펴보자.

시간	현재가	전일대비		등락률	거래량	프로그램매매 (단위:주,백만원)			
						매도수량	매수수량	순매수수량	순매수증감
13:08:51	46,550	▲	1,950	+4.37	5,478,981	376,315	537,562	161,247	-1
13:08:48	46,550	▲	1,950	+4.37	5,478,296	376,314	537,562	161,248	14
13:08:39	46,550	▲	1,950	+4.37	5,477,841	376,314	537,548	161,234	-1
13:08:37	46,550	▲	1,950	+4.37	5,477,688	376,313	537,548	161,235	9
13:08:33	46,600	▲	2,000	+4.48	5,477,543	376,313	537,539	161,226	-1
13:08:28	46,550	▲	1,950	+4.37	5,477,247	376,312	537,539	161,227	-1
13:08:26	46,600	▲	2,000	+4.48	5,477,208	376,311	537,539	161,228	98
13:08:19	46,550	▲	1,950	+4.37	5,477,044	376,311	537,441	161,130	9
13:08:18	46,600	▲	2,000	+4.48	5,477,034	376,311	537,432	161,121	-2
13:08:11	46,600	▲	2,000	+4.48	5,476,906	376,309	537,432	161,123	-454
13:08:07	46,600	▲	2,000	+4.48	5,470,370	375,832	537,409	161,577	26

그림 3–96 한화솔루션 종목일별 프로그램 매매 추이 5

13시 부근경의 프로그램 매매 수량을 살펴보면 똑같은 주가 위치였던 10시 대비 약 2배가량 수량이 늘어났다. 이러한 경우 돌파 매매로 진입할 수 있다. 그 후 주가는 당일 전고점을 돌파하여 큰 슈팅이 나왔다. 물론 이렇게 늘어난 수량을 가지고 전고점 부근으로 접근한 후 다시 매도세가 나오는 경우가 있다. 그럴 때는 고가에서 설거지를 하는 경우다. 보통 메릴린치가 매수 창구일 때 많이 발생한다. 어쩔 수 없다. 그럴 땐 손절매해야 한다.

20일선 이탈
매매 기법

시장에 퍼진 주식 상식으로는 20일선을 이탈하면 추세가 끝났다고 생각해서 20일선을 마지노선으로 손절매를 하거나 20일선을 이탈할 경우 관심종목에서 삭제하는 경우가 많다. 5일선 위의 종목을 사고 손절매를 하지 못하고 보유하며 관망할 때 개미들의 마지막 희망은 20일선인 경우가 많다. 하지만 그 반대로 생각해보면 20일선은 새로운 기회가 될 경우가 있다.

20일선 이탈 매매 기법은 개미들의 투매 물량을 받고 반등을 노려 수익을 내는 방법이다. 이 기법의 핵심은 처음 20일선을 이탈하여 투매가 나오고, 그다음 거래일에 다시 한번 음봉이 나오되 전일보다 적은 거래량으로 음봉을 형성할 경우 매수하는 것이다. 20일선을 이탈하는 첫 음봉 다음 날 음봉에 거래량이 더 실린다면 한 번 더 참는다. 그리고 다음 날 거래량이 줄어 음봉으로 떨어질 경우

매수에 가담한다.

　20일선 이탈 매매 기법은 거래량이 핵심이다. 특히 직장인 투자자들에게 꽤나 괜찮은 기법이다. 단 하루 만에 끝내는 게 아닌 분할로 모아가여 수익 실현을 하기에 좋은 방법이기 때문이다. 여기에서는 스윙 관점이 섞여 있어 분봉은 생략한다.

■ **20일선 이탈 매매 투자 기법의 핵심**

1. 시장에서 주도주의 역할을 하고 상승했던 종목이어야 한다(거래대금이 충분해야 한다).
2. 첫 상승 파동 후 음봉과 양봉을 반복하며 떨어지는 것보다 일자로 떨어질수록 좋다.
3. 2~3%의 연속된 음봉보다 5% 이상씩 시원하게 음봉을 형성하는 것이 더 좋다.
4. 분할 매수로 대응해야 한다.
5. 큰 악재로 인한 재료 악화로 떨어지는 종목은 하지 않는다.
6. 음봉 이후 보합권 근처의 약음봉은 한 번 더 참는 것이 좋다.
7. 다른 기법들에 비해 많은 연습이 필요하다.
8. 항상 재료가 아직 살아 있는지 살펴야 한다.

그림 3-97 소마젠(일봉), 2일 차 매수 사례 1

모더나 관련주로 핫 했던 소마젠의 2020년 12월 9일의 일봉 차트이다.

전일 거래량보다 많은 음봉이 발생하였는데, 이때부터 매수 관점으로 당일부터 분할 매수로 진입하면 추후 충분한 수익권에 도달할 수 있었다.

〈그림 3-98〉은 경영권 분쟁 이슈로 상승했던 KMH의 일봉 차트이다. 2020년 11월 24일 큰 장대음봉으로 20일선을 이탈한 후 다음 날 거래량이 줄어든 음봉이 나왔다. 이때 종가에 일부 진입할 수 있다.

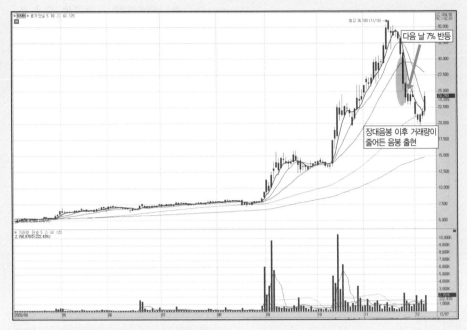

장대음봉 이후 거래량이
줄어든 음봉 출현

다음 날 7% 반등

그림 3-98 KMH(일봉), 2일 차 매수 사례 2

그리고 다음 날 7%의 반등이 나왔다. 단기 매매로 매일매일 7% 이상의 수익을 내려고 한다면 욕심이다. 1차 매수분의 수익을 즐기도록 하자. 매도하지 않았다면 마이너스로 전환될 수도 있었을 것이다. 욕심이 생기는 순간에는 분할 매도라도 하자. 수익을 내면 그만이라고 생각하자.

〈그림 3-99〉는 전기차 테마에 엮여 큰 상승을 이루고 20일선을 이탈한 후성의 모습이다. 이 종목의 경우 파란색 세로선인 2020년 9월 24일부터 1차 매수 시점이다.

전일 거래량이 터졌기 때문에 하루 더 참아야 한다. 이후 큰 반등이 나왔다. 스윙 관점으로 더 오르는 경우가 있고 반등 후 재차 하락하는 경우도 있다. 분할 매수만큼 분할 매도가 중요한 이유이다.

첫 번째 20일선 이탈 후 다음 날
거래량 실린 음봉 출현
다음 날 거래량이 줄어든 음봉

그림 3-99 후성(일봉), 3일 차 매수 사례

후성같은 경우 재차 큰 반등이 나왔지만 앞의 KMH의 경우처럼 다시 한번 더 하락하고 상승했다. 신이 아닌 한 주가의 완벽한 방향을 알 수가 없다. 대응 만이 살 길이다.

〈그림 3-100〉은 신규 게임 출시 기대감으로 상승했던 미스터블루이다. 2019년 7월 25일 첫 20일선 이탈이 발생하였고 다음 날, 그리고 다음 날까지 총 3거래일을 하락했다. 분할 매수로 적절히 대응했다면 큰 수익을 내고 나왔을 것이다. 처음부터 한 번에 진입했다면 다음 날의 조정을 버티기 힘들 수도 있다. 적절한 비중 조절이 필수이다.

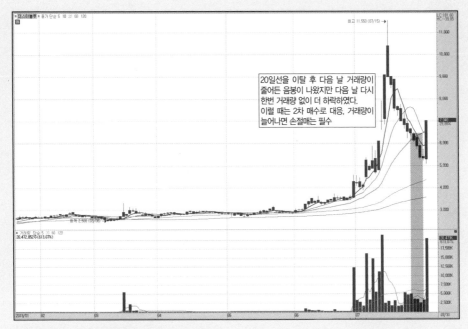

그림 3-100 미스터블루(일봉), 분할 매수 사례

20일선 이탈 매매 기법은 쉬워 보일 수 있으나 쉽지 않은 기법이다. 충분히 자기 것으로 만든다면 강력한 기법이 될 수 있지만, 수도 없이 많은 케이스가 있다. 소액으로 여러 번 반복하며 자기화하는 것이 중요하다. 20일선 이탈 기법은 종목 선정이 가장 중요하기 때문에 '20일선 이탈 매매 기법의 핵심' 내용을 충분히 숙지하는 것이 중요하다.

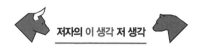

저자의 이 생각 저 생각

매매 기법의 함정

주식시장에는 수많은 기법이 있다. 돈이 모이는 곳이기 때문이다. 돈을 벌기 위해 투자자들은 나름대로 엄청난 연구를 하고 그 결과 기법이라고 하는 것을 탄생시킨다. 하지만 이 기법을 전수받아 매매를 하는 데에는 몇 가지 함정이 있다.

매매 기법의 첫 번째 함정은 기법을 책이나 인터넷 등을 통해 공개하고 나면 효용이 떨어지게 된다는 것이다. 이는 상식적으로 봐도 당연한 일이다. 예전에는 이동평균선 중 20일선 지지가 상당히 높은 확률로 나타났다. 그래서 20일선에 받쳐놓고 매수하면 돈을 벌 가능성이 컸다.

하지만 시장에 참여하는 대부분이 이 사실을 알게 되면서 변형이 발생했다. 정확히 그 선에서 지지를 받고 반등하는 경우는 극히 드물어졌다. 도리어 지지를 기대하는 수많은 대기 매수자를 울리며 무참히 깨고 내려가버리곤 한다. 이처럼 이미 누구나 알고 있는 기법은 더 이상 기법이 될 수 없다.

매매 기법의 두 번째 함정은 연구 과정을 모르기 때문에 생긴다. 어떤 상황에서, 어떤 흐름을 통해 그와 같은 기법이 나왔는지를 모른다면 도리어 역이용

당할 수 있다. 이를 나는 너무나도 잘 알고 있으므로, 이 책에 13가지 기법을 공개하면서 단순히 '어떤 때 사서 어떤 때 팔아라'가 아니라 그런 패턴이 왜 생기는지를 설명하기 위해 노력했다.

물론 말로 설명하기 힘든 부분도 많고 표현력이 부족한 부분도 있을 것이다. 그렇지만 항상 이 기법을 자신이 직접 실험하고 연구하여 자기 것으로 만들라는 당부를 빼놓지 않았다.

현상이 같더라도 거기에 이르는 이유나 과정은 똑같지 않다. 그렇기 때문에 '이런 경우는 매수, 이때는 매도'라는 공식을 세울 수 없는 것이다.

함정을 피할 수 있는 방법은 이 두 가지를 명심하는 것이다.

조금 심하게 말하면 남의 기법을 그대로 써먹으려 하는 것은 공짜로 얻겠다는 것과 같다. 남의 주머니에서 돈을 꺼내오는 일이 그렇게 쉽다면 누가 죽을 고생해가며 직장을 다니겠는가.

다른 사람의 기법을 참고하되 왜 그것이 기법이 되는지를 연구하고 자신만의 것으로 발전시켜야 한다.

그리고 중요한 또 한 가지는 이중의 장치를 만들어야 한다는 것이다. 아무리 자신이 발전시킨 기법에 자신이 있다 하더라도 반대의 경우를 생각해 준비해 놓아야 한다. 확신이 클수록 더욱 필요한데 그 이유는 반대 상황을 받아들이기가 더욱 어렵기 때문이다.

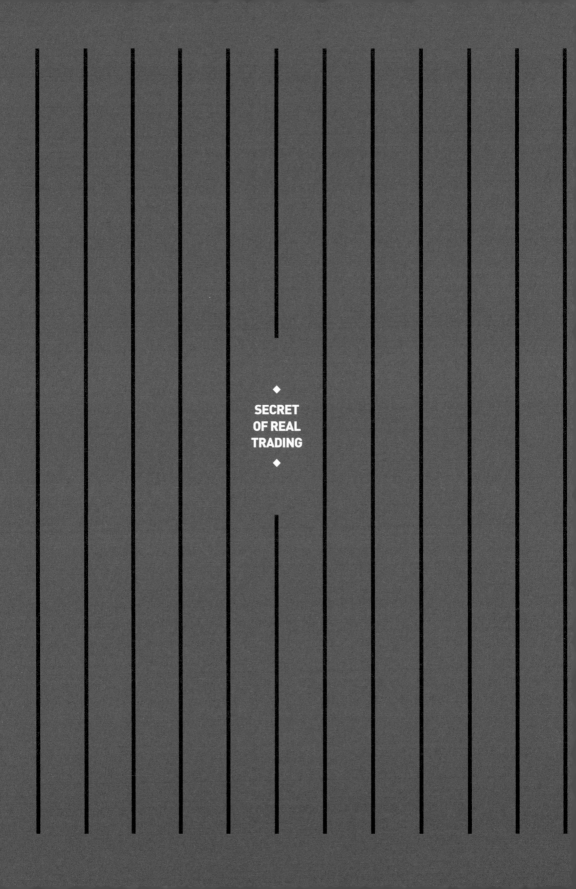

**SECRET
OF REAL
TRADING**

PART 4

주식시장,
그 이면의 이야기들

주식시장에는 세상에서 일어나는 수많은 일이 영향을 미친다. 언제 어떤 일이 일어나 순조롭게 잘 올라가던 주가를 낭떠러지로 몰고 갈지 모른다. 그런데 더 어려운 것은 그 영향들이 반드시 상식적으로 생각할 때의 원인과 결과를 따르지 않는다는 점이다. 분명 호재인데도 주가는 폭락하고, 누가 봐도 악재인데도 주가는 하락을 멈추고 기세 좋게 상승하는 경우가 있다. 이런 일들이 왜 일어나는지에 대해 살펴보자.

지분신고 및 적대적 M&A의 허점

주식이 주식시장에서 유통된다는 것은 기업이 폐쇄적인 조직 구조에서 일반 대중의 참여를 위해 기업공개(IPO)를 했다는 말이다. 기업은 주식시장에서 자금을 원활히 조달할 수 있다는 이점을 누리는 대신 주가에 영향을 줄 만한 기업 상황을 주주에게 보고해야 하는 의무를 갖는다.

상장을 통해 기업은 개인의 소유가 아니라 공적인 자산이 되는 것이다. 우리나라는 주식 취득을 통한 M&A를 전면 허용하고 있으므로 자금력이 있는 개인이나 집단이 50%를 넘어서는 지분을 취득하면 경영권을 획득할 수 있다. 기업이 방만하게 운영되거나 주주 가치를 높이기 위해 노력하지 않는다면, 또는 대주주 지분이 적은 경우 기업 사냥꾼의 타깃이 되기 쉽다.

그렇지만 어느 날 갑자기 경영권을 내놓으라고 나설 수 없다. '5% 룰'에 의해 전체 발행주식의 5% 이상을 취득한 매수자는 취득 시점으로부터 5일 이내에 시장에 신고해야 한다. 이때 취득 목적이 단순 투자인지 경영권 획득인지를 밝혀야 한다.

5% 이상을 보유하고 있다는 지분신고가 제출되면 해당 종목의 주가는 급등하는 경우가 많다. 어쨌거나 그만큼의 지분을 누군가 매수할 만큼 가치가 있다는 방증이기도 한데, 특히 그 목적이 경영권 획득이라고 명시되면 주가는 더욱 크게 움직인다. 왜냐하면 경영권을 두고 기업과 M&A 선언 매수자 사이에 치열한 공방이 시작되기 때문이다. 기업은 경영권을 뺏기지 않기 위해 장내 매수 등 방어책을 시행할 것이며, 경영권을 뺏고자 하는 쪽은 보유 물량을 늘리기 위해 지속적으로 매수할 것이기 때문이다.

그런데 문제는 주가가 급등하고 나면 고점에서 슬그머니 물량을 팔아버리고 'M&A니 경영권이니 하는 얘기는 없던 걸로 하자'면서 대량 보유자가 발을 뺄 수도 있다는 점이다. 주식시장에서는 이런 일이 드물지 않게 일어난다. 지금부터 그 예를 들어보려고 한다.

헬릭스에셋의
한신기계 경영참여 선언

그림 4-1 한신기계 당시 일봉

　2008년 7월 4일, 헬릭스에셋유한회사가 한신기계의 경영참여를 위해 지분 5.24%를 취득했다는 공시가 떴다. 당시 한신기계의 주가는 1,000원선이었고 시가총액은 약 300억 원이었다. 이 공시와 함께 주가는 연속 상한가로 치솟으며 단숨에 1,700원대를 넘어섰다.

　이후 주가가 1,400원과 1,600원 사이에서 급등락을 보이던 8월 1일, 헬릭스에셋은 한신기계에 임시주총을 요구했다. 회사에서 거부하자 8월 4일에는 수원지방법원에 한신기계 대표이사 직무정지 가처분신청을 제기했다. 이와 같은 공방이 벌어지고 있다는 소식에 주가는 재급등을 이어가 일주일 정도 만에

1,500원부터 2,300원까지 올랐다.

그런데 헬릭스에셋과 한신기계의 협상이 있었고 이후 주가는 하락일로를 달렸다. 8월 27일 헬릭스에셋은 지분을 축소했음을 밝혔고, 주가는 최고점으로부터 8거래일 만에 이전 수준으로 내려앉았다.

알고 보니 헬릭스에셋은 7%가량의 지분을 축소하기만 한 것이 아니라 모두 매도했다. 만약 경영권 참여 의지가 있었다면 지분을 축소하더라도 일부는 보유하고 있어야 한다. 하지만 전량 매도했다는 것은 단기 차익을 노리고 언론 플레이를 해가며 주가를 띄웠다는 얘기밖에 되지 않는다. 〈그림 4-1〉은 당시의 상황을 요약해 보여준다.

사례 2   헬릭스에셋의 케이씨피드 경영참여 선언

이번 사례는 코스닥 기업인 케이씨피드다. 2010년 3월 19일 헬릭스에셋은 케이씨피드 지분 5.16%를 보유하고 있다는 신고를 했다. 당시 케이씨피드는 주가가 1만 5,000원에 약간 못 미쳤고 시가총액으로 보면 약 160억 원짜리 기업이었다.

헬릭스에셋은 지분 신고 후 주가는 5일 만에 2만 원대를 넘어섰다. 그 와중인 3월 22일, 언론매체를 통해 경영참여를 선언했고 앞의 사례에서 한 것처럼 소송 등을 제기했다. 케이씨피드 측도 맞받아서 주주명부 열람 가처분 피소의 소송을 하였다. 헬릭스에셋은 3월 24일, 회사에 100% 무상증자를 하라는 제안을 하면서 압박에 들어갔다(〈그림 4-2〉 참고).

헬릭스에셋은 이후에도 지분을 계속 늘려갔다. 4월 14일 1.01%를 추가해 6.17%가 됐고 15일에는 1.92%을 더 사들여 8.09%까지 확대했다. 이와 같은 소식이 시장에 속속 전달되면서 20여 일 정도 정체를 보이던 주가 상승이 재개됐다. 1만 8,000원선에서 일주일 만에 3만 6,000원을 넘어서며 2배가 된 것이다.

고점을 찍은 주가는 급락세를 보이며 5월 6일에는 2만 원선에 이르렀다. 그런데 다음 날인 5월 7일 법원에서 임시주총 소집이 허가되었다는 공시가 나오면서 주가는 연속 상한가를 기록하였고, 3거래일 만에 다시 3만 원대로 올랐다.

이후에도 언론을 통해 헬릭스에셋과 케이씨피드의 공방은 지속적으로 보도되었다. 5월 11일 헬릭스에셋이 케이씨피드에 유상감자를 요구했고, 5월 19일에는 양 측이 합의하여 임시주총 소송이 자동 취하되었다는 뉴스가 나왔다.

이날 케이씨피드는 22만 2,000주의 유상감자를 결정했다는 공시를 내보냈

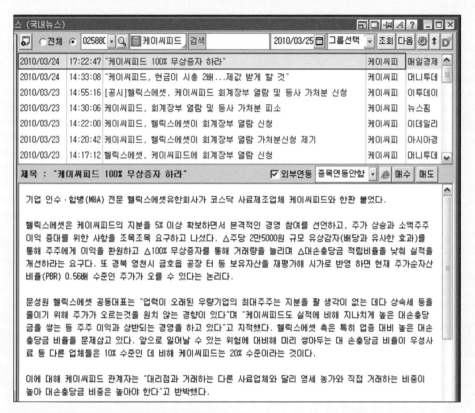

스 (국내뉴스)					
2010/03/24	17:22:47	"케이씨피드 100% 무상증자 하라"		케이씨피	매일경제
2010/03/24	14:33:08	"케이씨피드, 현금이 시총 2배...제값 받게 할 것"		케이씨피	머니투데
2010/03/23	14:55:16	[공시]헬릭스에셋, 케이씨피드 회계장부 열람 및 등사 가처분 신청		케이씨피	이투데이
2010/03/23	14:30:06	케이씨피드, 회계장부 열람 및 등사 가처분 피소		케이씨피	뉴스핌
2010/03/23	14:22:00	케이씨피드, 헬릭스에셋이 회계장부 열람 신청		케이씨피	이데일리
2010/03/23	14:20:42	케이씨피드, 헬릭스에셋이 회계장부 열람 가처분신청 제기		케이씨피	아시아경
2010/03/23	14:17:12	헬릭스에셋, 케이씨피드에 회계장부 열람 신청		케이씨피	머니투데

제목 : "케이씨피드 100% 무상증자 하라"　　　☑ 외부연동　종목연동안함 ▾ 🔵 매수 매도

기업 인수·합병(M&A) 전문 헬릭스에셋유한회사가 코스닥 사료제조업체 케이씨피드와 한판 붙었다.

헬릭스에셋은 케이씨피드의 지분을 5% 이상 확보하면서 본격적인 경영 참여를 선언하고, 주가 상승과 소액주주 이익 증대를 위한 사항을 조목조목 요구하고 나섰다. △주당 2만5000원 규모 유상감자(배당과 유사한 효과)를 통해 주주에게 이익을 환원하고 △100% 무상증자를 통해 거래량을 늘리며 △대손충당금 적립비율을 낮춰 실적을 개선하라는 요구다. 또 경북 영천시 금호읍 공장 터 등 보유자산을 재평가해 시가로 반영 하면 현재 주가순자산 비율(PBR) 0.56배 수준인 주가가 오를 수 있다는 논리다.

문성원 헬릭스에셋 공동대표는 "업력이 오래된 우량기업의 최대주주는 지분을 팔 생각이 없는 데다 상속세 등을 줄이기 위해 주가가 오르는것을 원치 않는 경향이 있다"며 "케이씨피드도 실적에 비해 지나치게 높은 대손충당 금을 쌓는 등 주주 이익과 상반되는 경영을 하고 있다"고 지적했다. 헬릭스에셋 측은 특히 업종 대비 높은 대손 충당금 비율을 문제삼고 있다. 앞으로 일어날 수 있는 위험에 대비해 미리 쌓아두는 대 손충당금 비율이 우성사 료 등 다른 업체들은 10% 수준인 데 비해 케이씨피드는 20% 수준이라는 것이다.

이에 대해 케이씨피드 관계자는 "대리점과 거래하는 다른 사료업체와 달리 영세 농가와 직접 거래하는 비중이 높아 대손충당금 비중은 높아야 한다"고 반박했다.

그림 4-2 헬릭스에셋, 케이씨피드에 무상증자 요구

는데 1주당 0.2주 비율의 소각으로 주주는 1주당 5만 원을 돌려받을 수 있는 호재다. 이와 함께 주가는 5월 20일과 21일 강력한 상한가를 시현했다.

　그야말로 숨 막히는 접전이 계속되었고 이에 따라 주가도 엄청나게 출렁였다. 그런데 이 이야기의 마지막 부분은 상당히 씁쓸하다. 5월 28일 헬릭스에셋은 지분을 모두 처분했다고 공시한 것이다. 이에 대해 언론사들은 〈그림 4-3〉과 같이 보도했다.

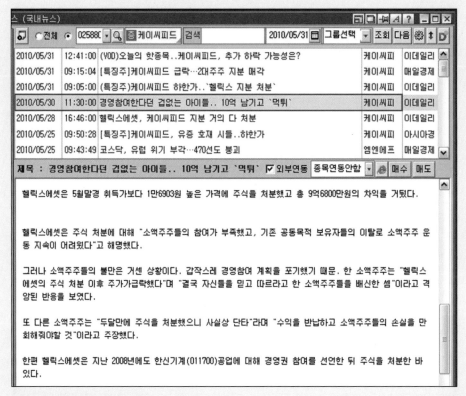

그림 4-3 헬릭스에셋 지분 처분

당시 팍스넷 게시판은 헬릭스에셋의 소액주주 운동이니 하면서 엄청나게 시끄러웠다. 하지만 결과적으로 볼 때 헬릭스에셋은 주가를 끌어올려 차익을 챙기고 빠져나가버림으로써 '먹튀'라는 비난을 피할 수 없게 되었다.

지분신고와 M&A 선언은 주가에 호재임이 분명하지만 그 진정성을 반드시 따져봐야 한다. 예전 SK를 타깃으로 2년 만에 1조 원이 넘는 차익을 거두고 손을 뗀 국제적 기업 사냥꾼 소버린 같은 경우도 있다.

상장기업에 M&A를 시도하는 것은 분명히 합법적인 일이다. 그런데 우리에게 중요한 지점은 그와 같은 사건이 주가에, 그리고 나의 계좌에 어떤 영향을

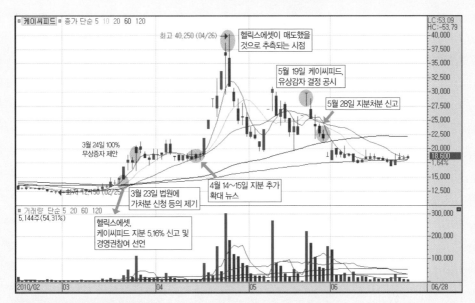

그림 4-4 케이씨피드 당시 일봉

줄 것인가 하는 것이다. 대량 매수자의 실제 의도가 무엇인지는 지나봐야 아는 것이지만 적어도 그 전적은 알아볼 수 있다. 케이씨피드 같은 경우에도 불과 2년 전에 먹튀를 했던 집단이 거의 똑같은 행태로 움직였으니 관심을 조금만 더 기울였더라면 수익 구간에서만 매매할 수 있었을 것이다.

지분 신고나 M&A 선언 같은 뉴스를 접할 때는 주가가 급등할 것만 생각하는 것이 아니라 어떤 위험이 있는지도 함께 따져봐야 한다.

헤지펀드의
진실

대한민국은 저력이 있는 나라다. 6·25전쟁이 휴전된 후 맥아더가 이런 말을 했다. "한국은 100년이라는 세월이 흘러야 정상적인 나라가 될 것이다." 그만큼 온 국토는 피폐됐고 산업시설도 완전히 파괴되었다. 국민들의 생활 역시 미국이 무상으로 원조해주는 식량이나 의료품에 의존하는 극빈국 수준이었다.

하지만 그런 악조건에서 한강의 기적을 만들어냈다. 연평균 10%라는 놀라운 경제성장률을 기록하면서 1960년대부터 1990년대 중반까지 한국은 세계에서 가장 빠른 속도로 성장하는 나라가 됐다. 1997년 IMF라는 국가적 위기에 봉착했을 때도 온 국민이 단합하여 IMF를 가장 빨리 벗어난 나라가 됐다.

그렇지만 이후 한국 경제의 흐름을 보면 외국 금융기관들이 가장 큰 폭리를 취한 국가이기도 하다. 이들 금융기관들이 바로 국경을 넘나드는 검은 손, 헤지펀드다.

헤지펀드들은 우리나라뿐 아니라 증시가 안정화되지 않은 신흥국에 진입하여 막대한 차익을 챙긴 후 빠져나간다. 본래 '헤지'란 위험을 회피한다는 의미이지만 아이러니하게도 헤지펀드들의 투자방식은 투기성이 강하며, 당하는 국가의 입장에서 볼 때는 무자비하다고 할 만큼 수익 실현이라는 목표에 집중한다.

헤지펀드는 공격적으로 지분을 매수한 후 기업에 주주가치를 제고하라는 요구를 하거나 방만한 경영을 비판하는 등 대중들의 공감을 얻을 수 있는 요구를 하면서 강도 높게 회사를 압박해간다. 한편 그 이면에서는 주가를 조금이라도 싸게 사기 위해 헛소문을 퍼뜨려 하락을 부추기거나 매수 후에는 각종 언론 플레이로 매수세를 유인하는 치사한 행각도 서슴지 않는다. 더욱이 주가가 급등하고 나면 장 마감 동시호가 때 일시에 거대 물량을 쏟아내 국내 증시에 막대한 손실을 끼치기도 한다.

자금의 규모도 규모거니와 선진국형 시스템이 갖춰진 이들 전문가 집단에는 정보력과 발빠른 대응에서 따라갈 수가 없다. 대개는 외국인 투자를 유치하기 위하여 세제에서도 혜택을 주기 때문에 애초부터 불공평한 게임이라고 볼 수 있다.

그간 우리나라에서 악명 높았던 헤지펀드로는 대표적으로 소버린을 들 수 있다. 소버린은 SK 주식을 매각하면서 1조 원이 넘는 차익을 남겼고 SK를 그야말로 존폐의 위기로까지 몰고 갈 만큼 위력을 행사했다. 1998년부터 한국에 투자를 시작한 론스타는 스타타워와 외환은행 인수 과정에서 대규모 불법, 탈세를 저질렀고, 2005년 말 예당을 비롯한 엔터테인먼트 업종에 대거 진입했던 피터백&파트너스와 DKR오아시스 계열의 헤지펀드도 많은 투자자에게 악몽을 안겨줬다. 보유 종목의 대주주 명단에 이들이 포함되어 있다면 부디 조심할 일이다. 최근에는 라임하고 옵티머스 사태만 보더라도 헤지펀드는 조심해야 한다.

호재가 떴는데 주가는 급락?

호재가 나와 분봉 차트에서 약간의 상향 움직임만 보여도 투자자들은 불나 방처럼 달려든다. 하지만 그렇게 매수하여 수익을 본 경우는 무척 드물 것이 다. 주식시장에서는 호재에 주가가 내려앉고 악재에 올라가는 경우가 많은데 왜 그런지를 예를 들어 이야기해보겠다.

우선, 호재는 좋은 소식이라는 의미이므로 보통의 경우라면 주가에 긍정적 인 영향을 주어야 한다. 하지만 공시라는 것은 기업에서 시장에 도착하는 과정 에서 외부에 유출될 확률이 높다. 그런 시차 때문에 주가는 미리 오르고 호재가 도착하는 시점에는 상투를 만드는 것이다.

호재 공시 후 주가 급락

〈그림 4-5〉 영인프런티어(에이프런티어로 상호 변경 후 지더블유바이텍으로 상호 변경)라는 기업의 일봉으로 2010년 연초부터 지속적으로 상승했으며, 거래량도 대체로 비슷한 수준에서 유지되고 있다. 2010년 6월에 제출된 반기보고서에 의하면 자본총계가 150억 원도 안 되고 영업이익은 5배가량, 당기순이익은 3배가량 줄었는데도 주가는 2,000원에서 5,000원대까지 150%가 넘게 상승했다.

그림 4-5 영인프런티어 공시 나오기 전 일봉

〈그림 4-6〉을 보면 크게 변동이 없는 등락률과 대체로 10만 주에도 미치지 못하는 거래량을 확인할 수 있다.

시간별	일자별	차 트	외국인/기관	거래원	시 황	종목시황	매 수	매 도	정 정	취 소	RP매도

영인프런티어	시가	고가	저가	종가	전일대비		등락율	거래량
2010/08/31	4,340	4,430	4,310	4,370	▼	60	-1.35	24,120
2010/08/30	4,550	4,565	4,330	4,430	▼	10	-0.23	42,286
2010/08/27	4,435	4,500	4,330	4,440		0		46,086
2010/08/26	4,400	4,490	4,350	4,440	▲	140	+3.26	84,785
2010/08/25	4,260	4,355	4,175	4,300	▼	30	-0.69	41,922
2010/08/24	4,395	4,500	4,270	4,330	▲	5	+0.12	83,309
2010/08/23	4,480	4,480	4,300	4,325	▼	100	-2.26	62,434
2010/08/20	4,400	4,515	4,380	4,425	▼	65	-1.45	27,039
2010/08/19	4,550	4,575	4,360	4,490	▼	60	-1.32	71,435
2010/08/18	4,670	4,670	4,395	4,550	▼	90	-1.94	119,502
2010/08/17	4,650	4,735	4,610	4,640	▲	45	+0.98	158,173
2010/08/16	4,450	4,630	4,310	4,595	▲	75	+1.66	68,470

그림 4-6 영인프런티어 일자별 주가 동향

그러다가 8월 말경 대기업과 계약설이 돌았고 거래소는 이에 대해 조회공시를 요구했다. 이에 대한 답변이 나온 날짜가 9월 2일로 〈그림 4-7〉과 같은 내용이다.

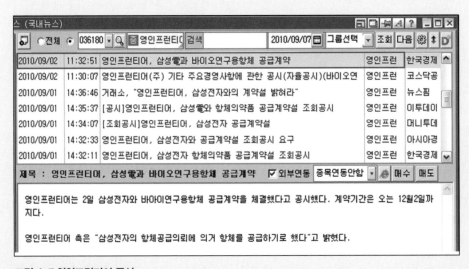

그림 4-7 영인프런티어 공시

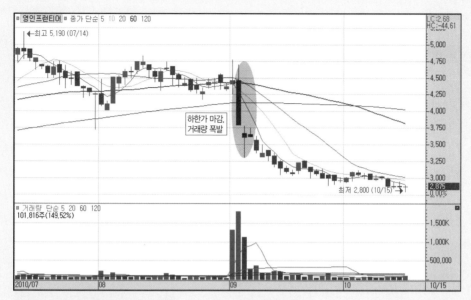

그림 4-8 영인프런티어 공시 후 일봉

〈그림 4-8〉에서 볼 수 있듯이 한국거래소가 영인프런티어에 조회공시를 요구한 9월 1일 주가는 엄청난 변동폭을 보이며 거래량도 폭발적으로 증가했다. 그리고 9월 2일 회사 측의 답변이 나오면서 주가는 하한가까지 떨어졌다. 거래량은 이전 평소에 비해 20배가 가까운 180만 주가 넘었다.

〈그림 4-9〉를 보면 이와 같은 주가 급락을 불러온 것은 조회공시에 대한 답변이라는 점을 확실히 알 수 있다. HTS를 통해 공시가 나오는 시점에 순간적으로 거래량이 쏟아져나오더니 주가는 그대로 하한가까지 밀렸다. 차트를 보면 알 수 있듯이 중간에 변변한 반등조차 나오지 않았다.

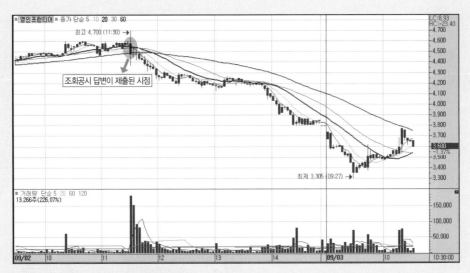

그림 4-9 영인프런티어 공시 전후(3분봉)

그런데 이상한 것은 공시의 내용이 전혀 나쁜 것이 아니었다는 점이다. 중소기업이 국내 굴지의 기업인 삼성전자와 납품 계약을 맺었음을 확인해주는 내용이었으니 엄청나 호재라 할 수 있다.

그럼에도 주가가 하락한 이유는 무엇일까?

그것은 바로 그동안 기대에 의해 몰려들었던 매수세가 사실이 확인되면서 일제히 차익실현에 나선 것으로 볼 수 있다. 그야말로 소문에 사서 뉴스에 판 것이다. 그동안은 거래량이 미미해서 물량을 처분하지 못했는데 뉴스가 뜨면서 거래량이 늘어나는 것을 기회로 처분한 것이다.

이런 일은 반대의 경우에도 일어난다. 바로 악재가 공시되면 주가가 상승하는 경우다. 투자자들은 불확실한 상황에 있을 때는 더 크게 부풀려 생각한다.

하락추세에서 좋지 않은 소문은 그 때문에 하락을 부채질한다. 그렇지만 일단 기정사실이 되면 악재가 어느 정도인지 영향을 판단할 수 있기 때문에 안심하고 매수로 돌아서는 것이다.

주식시장에서 이런 일이 일어나면, 즉 호재 공시에 주가가 떨어지면 남들이 팔 때 같이 내다파는 것이 가장 현명하다. 공시만 믿고 계속 들고 가겠다고 고집을 부리다가는 수급이 무너진 종목에서 혼자 고생하게 된다.

유상증자,
감자를 밥 먹듯 하는 회사들

　나는 유상증자나 감자를 밥 먹듯이 하는 기업들은 쓰레기라고 불러도 지나치지 않다고 생각한다. 주주들의 피 같은 돈을 갖다가 계획성 없이 쓰거나 엉뚱한 데 써버리고는 또다시 시장으로 달려와 주주들에게 손을 내미는 뻔뻔스러운 짓이기 때문이다.

　물론 모두 그런 것은 아니다. 증자를 해서 실질적으로 기업을 키워나가는 데 투자하는 곳도 있기는 하다. 하지만 정말 경영진이 기업 운영을 잘했다면 유상증자까지 갈 필요는 없다고 본다.

　그리고 한 번 유상증자에 맛을 들인 기업들은 주주 돈을 공돈으로 생각하는 경향이 있다. 아무렇게나 써버리고는 돈이 떨어지면 몇 번이고 다시 증자를 한다. 유상증자로 주식수가 늘어나면 주당 가치가 희석되기 때문에 주주들에게는 손해인데도 이런 점은 신경도 안 쓰는 것 같다. 대표적으로 엘앤씨피(2012년 4월 13일 상장폐지)의 예를 들어보겠다.

엘앤씨피

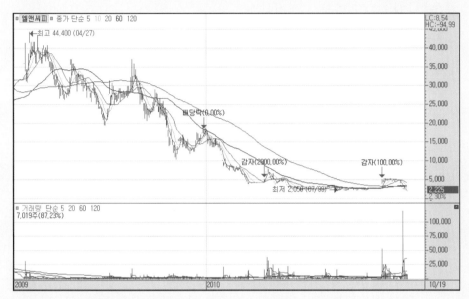

그림 4-10 엘앤씨피(일봉)

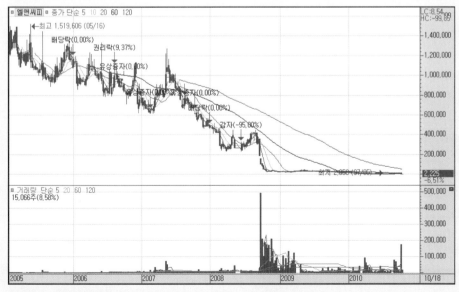

그림 4-11 엘앤씨피(주봉)

〈그림 4-10〉과 〈그림 4-11〉은 엘앤씨피의 일봉과 주봉이다. 정말 코스닥 기업 중에서 최악의 종목이라 할 만하다. 주봉을 보면 유상증자와 감자가 얼마나 자주 실시됐는지 한눈에 볼 수 있다. 수정주가를 적용해서 보면 150만 원짜리가 6년 만에 2,000원짜리가 된 것이다.

　다음의 박스는 엘앤씨피가 그야말로 주식 찍어내는 공장이라는 사실을 분명하게 보여준다.

■ 카이시스(현 엘앤씨피)의 주식 변동사

- 2005년 12월 15일: 신주인수권부사채(BW) 발행
- 2006년 3월 28일: 제3자배정 유상증자(8억 3,700만 원 규모)
- 2006년 7월 21일: 대규모 주주배정 유상증자(454만 주 규모)
- 2007년 7월 18일: 신주인수권부사채(BW) 발행 결정
- 2007년 7월 27일: 대규모 주주배정 유상증자(87억 6,000만 원, 1,460만 주 규모)
- 2007년 11월 20일: 신주인수권부사채(BW) 발행 결정(60억 원 규모)
- 2008년 2월 22일: 20:1 감자(자본금 256억 2,700만 원에서 12억 8,100만 원으로 감소)
- 2008년 4월 10일: 신주인수권부사채(BW) 발행 결정(15억 원 규모)
- 2008년 6월 17일: 일반공모 유상증자(19억 8,900만 원, 46만 3,320주 규모)
- 2008년 7월 2일: 전환사채(CB) 공모발행(280억 원 규모)
- 2008년 8월 11일: 전환사채(CB) 발행 결정(20억 원 규모)
- 2008년 8월 27일: 신주인수권부사채(BW) 발행 결정(40억 원 규모)
- 2009년 1월 30일: 횡령 발생(대주주와 대표이사가 177억 5,200여만 원을 임의 인출)
- 2009년 2월 4일: 횡령발생(전 대표이사 53억 9,000만 원 횡령·배임)
- 2009년 2월 17일: 신주인수권부사채(BW) 발행 결정(20억 원 규모)
- 2009년 3월 11일: 신주인수권부사채(BW) 발행 결정(24억 원 규모)
- 2009년 3월 16일: 신주인수권부사채(BW) 발행 결정(40억 원 규모)
- 2009년 3월 17일: 제3자배정 유상증자(20억 원, 400만 주 규모)
- 2009년 3월 24일: 제3자배정 유상증자(10억 원, 200만 주 규모)
- 2009년 3월 24일: 상장폐지 사유로 인한 거래정지(자본 전액잠식)
- 2009년 3월 25일: 신주인수권부사채(BW) 발행 결정(34억 원 규모)
- 2009년 4월 17일: 상폐실질심사 대상에서 제외, 매매 재개
- 2009년 6월 25일: 일반공모 유상증자(10억 원, 198만 주 규모)
- 2009년 7월 10일: 일반공모 유상증자(200억 원 규모)

- 2009년 8월 13일: 신주인수권부사채(BW) 발행(10억 원 규모)
- 2009년 8월 17일: 신주인수권부사채(BW) 발행 결정(9억 9,900만 원 규모)
- 2009년 8월 20일: 신주인수권부사채(BW) 발행 결정(20억 원 규모)
- 2009년 8월 26일: 신주인수권부사채(BW) 발행 결정(9억 9,900만 원 규모)
- 2009년 12월 28일: 3자배정 유상증자(100억 원, 2,000만 주 규모)
- 2010년 1월 22일: 38:1 무상감자(보통주 1억 8,622만 2,684주 감자)
- 2010년 4월 14일: 일반공모 유상증자(9억 9,900만 원, 57만 3,064주 규모)
- 2010년 7월 6일: 10:1 감자 후 액면분할
- 2010년 7월 21일: 상호변경 결정(카이시스에서 엘앤씨피로)
- 2010년 9월 2일: 신주인수권부사채(BW) 발행 결정(9억 9,900만 원 규모)
- 2010년 9월 6일: 신주인수권부사채(BW) 발행 결정(9억 9,900만 원 규모)
- 2010년 9월 8일: 제3자배정 유상증자(100억 원 규모)
- 2010년 9월 9일: 신주인수권부사채(BW) 발행 결정(9억 9,900만 원 규모)

내가 볼 때 이런 종목은 하루라도 빨리 상장폐지되는 것이 피해자를 줄이는 길이다. BW 발행, CB 발행, 제3자 유증, 주주배정 유상증자 등 정말 무슨 배짱으로 이런 일을 계속 하는 것인지 이해할 수 없을 정도다. 2011년 현재는 관리종목으로 지정되었으니 그나마 일반 투자자들의 피해가 덜할 것이다. 주식시장을 공돈 가져가는 곳 정도로 생각하는 이런 회사는 어서 빨리 퇴출되어야 한다.

상장폐지 리스크,
이렇게 피하라

　어제까지 별다른 일이 없던 종목이었는데 밤새 갑자기 일이 터져 거래가 정지되고 상장폐지 운운하는 일이 생기면 그것만큼 황당한 일도 없다. 상장폐지한 번 당하지 않고 주식시장에서 몇 년을 버텨왔다면 정말 운이 좋다고 말할 정도다. 거래가 정지되면 갑자기 할 수 있는 것이 아무것도 없어지므로 머릿속까지 멈춰버리는 기분을 느낀다. 급기야 그대로 상장폐지 결정이 나면 본전은 고사하고 몇십 분의 일이라도 건지기 위해 정리 매매에 나서야 한다.

　상장폐지가 흔히 알려진 부실주나 저가주에서만 일어난다고 생각하면 오산이다. 2010년 감사보고서 의견거절로 하한가를 치더니 거래정지와 상장폐지까지 손 쓸 새 없이 진행된 종목도 있다.

상장폐지 사례

네오세미테크

의견거절이 나오기 전 네오세미테크는 1만 원 위에서 거래되고 있었으며 태양전지 관련 촉망받던 회사였다. 안으로는 얼마나 곪았는지 알 수 없지만 겉보기에는 주가도 높았고 영위하는 사업도 성장성 있는 분야였다.

그런데 이 종목이 상장폐지를 당할 때까지 들고 있었다면 남 탓만 할 수는 없다. 감사보고서가 늦게 나올 때 손실 상태였더라도 매도했다면 피할 수 있었을 것이다.

3월 24일 상장폐지 사유가 발생했다는 거래소 공시로 네오세미테크는 하한가에 마감했다. 거래가 정지된 약 5개월 후 정리 매매에 들어갔는데 이전 종가 대비 75%가 깎여나간 350원에 시가를 형성했다.

네오세미테크	시가	고가	저가	종가	전일대비		등락율	거래량
2010/09/02	110	150	110	150	▲	40	+36.36	8,617,044
2010/09/01	115	120	105	110	▼	25	-18.51	5,756,257
2010/08/31	175	175	135	135	▼	75	-35.71	8,854,964
2010/08/30	180	210	150	210	▲	50	+31.25	10,492,494
2010/08/27	170	210	150	160	▼	30	-15.78	10,490,171
2010/08/26	250	255	190	190	▼	105	-35.59	11,208,834
2010/08/25	350	415	295	295	▼	8,205	-96.52	15,034,129
2010/08/24	8,500	8,500	8,500	8,500		0		
2010/08/23	8,500	8,500	8,500	8,500		0		
2010/08/20	8,500	8,500	8,500	8,500		0		
2010/08/19	8,500	8,500	8,500	8,500		0		
2010/08/18	8,500	8,500	8,500	8,500		0		

그림 4-12 네오세미테크 정리 매매 기간 중 일자별 주가 동향

〈그림 4-12〉를 보면 당시의 상황을 볼 수 있다. 만약 100주를 가지고 있었다면 3월 24일 850만 원에서 8월 25일 3만 5,000원, 종가상으로는 2만 9,500원이 되는 것이다.

얼마나 암울한가. 주식시장은 이런 곳이다.

때문에 이와 같은 위험을 피할 방법을 적극적으로 찾아야 한다. 나 역시 지금까지 서너 번의 상장폐지를 당했는데 그때마다 큰 타격을 받았다. 손실도 손실이지만 심리적인 타격을 복구하는 것이 더 힘들었다. 과거의 실수에서 배우지 못하면 언제까지나 패배자로 남게 된다는 것이 내 생각이다.

나는 꾸준히 이 리스크를 피할 방법을 연구하여 나름대로 정리를 했다. 에스브이이에이치라는 종목을 사례로 설명하도록 하겠다.

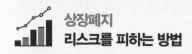

상장폐지
리스크를 피하는 방법

에스브이에이치 사례

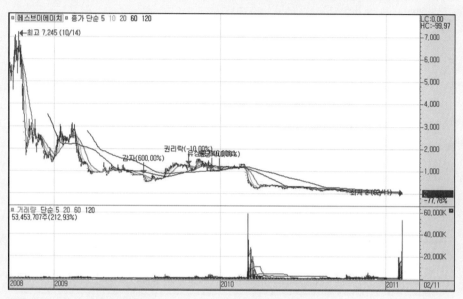

그림 4-13 에스브이에이치(일봉)

에스브이에이치는 2000년 11월 코스닥에 상장된 기업으로 2010년 3분기 말 누적 순손실 300억 원이 넘어 완전자본잠식 상태에 있었다. 더욱이 2010년 12월 대표이사의 배임 혐의까지 겹쳐 거래소는 상장폐지 실질검사를 진행했으며 2012년 2월 12일자로 상장폐지됐다.

1. 대주주 지분이 작은 주식을 조심하라

최종 보고서에 기록된 최대주주 지분이다. 일반적으로 최대주주가 적어도 20% 이상을 보유하는데 지분율이 4.69%에 불과하다. 회사가 상장폐지 되어도 최대주주로서는 손해볼 것이 없다는 뜻이다.

성명	관계	주식의 종류	소유주식수(지분율)						변동 원인
			기초		증가	감소	기말		
			주식수	지분율	주식수	주식수	주식수	지분율	
소성범	최대주주	보통주	0	0	2,060,000	0	2,060,000	4. 69	전 최대주주 장내 매도에 따른 변동
계		보통주	0	0	2,060,000	0	2,060,000	4. 69	
		우선주	0	0	0	0	0	0	—
		합 계	0	0	2,060,000	0	2,060,000	4. 69	

표 4-1 에스브이에이치 최대주주 지분

2. 자본금 변동 상황을 살펴라

주식발행 (감소)일자	발행(감소) 형태	발행(감소)한 주식의 내용				비고
		종류	수량	주당 액면가액	주당발행 (감소)가액	
2005년 04월 06일	유상증자(제3자배정)	보통주	3,614,460	500	830	
2005년 07월 15일	무상감자	보통주	10,484,770	500	—	
2005년 08월 26일	유상증자(주주배정)	보통주	16,000,000	500	500	
2005년 10월 21일	유상증자(제3자배정)	보통주	990,100	500	2,010	
2006년 04월 28일	전환권행사	보통주	580,470	500	2,550	
2006년 06월 02일	전환권행사	보통주	386,980	500	2,550	
2006년 09월 14일	전환권행사	보통주	566,965	500	3,336	
2007년 03월 22일	전환권행사	보통주	299,170	500	3,135	
2007년 04월 20일	전환권행사	보통주	165,540	500	2,431	
2007년 05월 02일	전환권행사	보통주	299,170	500	3,135	
2007년 05월 08일	전환권행사	보통주	41,135	500	2,431	
2007년 05월 28일	전환권행사	보통주	596,460	500	2,431	

2007년 06월 04일	전환권행사	보통주	299,170	500	3,135
2007년 06월 08일	전환권행사	보통주	299,170	500	3,135
2007년 06월 15일	전환권행사	보통주	598,340	500	3,135
2007년 06월 20일	전환권행사	보통주	598,340	500	3,135
2007년 06월 27일	전환권행사	보통주	306,516	500	3,130
2007년 07월 09일	전환권행사	보통주	306,517	500	3,130
2007년 07월 13일	전환권행사	보통주	306,517	500	3,130
2007년 07월 18일	전환권행사	보통주	613,034	500	3,130
2008년 09월 12일	유상증자(제3자배정)	보통주	2,010,102	500	990
2009년 01월 12일	전환권행사	보통주	2,900,762	500	655
2009년 02월 04일	유상증자(제3자배정)	보통주	3,980,000	500	500
2009년 02월 18일	유상증자(제3자배정)	보통주	10,000,000	500	500
2009년 03월 31일	전환권행사	보통주	17,000,000	500	500
2009년 06월 26일	무상감자	보통주	55,684,970	500	–
2009년 07월 29일	전환권행사	보통주	1,129,030	500	620
2009년 08월 03일	유상증자(일반공모)	보통주	1,710,000	500	580
2009년 08월 07일	전환권행사	보통주	64,516	500	620
2009년 08월 17일	전환권행사	보통주	185,483	500	620
2009년 08월 26일	전환권행사	보통주	16,129	500	620
2009년 09월 03일	전환권행사	보통주	48,387	500	620
2009년 11월 09일	전환권행사	보통주	4,210,526	500	665
2009년 12월 01일	유상증자(주주배정)	보통주	14,224,474	500	1,000
2009년 12월 15일	전환권행사	보통주	4,060,150	500	665
2009년 12월 22일	유상증자(제3자배정)	보통주	990,000	500	1,000
2009년 12월 23일	유상증자(제3자배정)	보통주	4,000,000	500	1,000
2010년 05월 17일	유상증자(일반공모)	보통주	4,000,000	500	500

표 4-2 자본금 변동 상황

2005년부터 보고서 제출 시점까지만 봐도 유상증자, 무상증자, 전환권 행사로 인한 주식수 증가가 수십 건에 이른다. 앞에서 엘앤씨피의 사례에서 봤듯이 밥 먹듯이 주식을 찍어내는 회사 치고 우량한 회사는 없다.

3. 회사명이 자주 바뀌는 기업을 조심하라

설립 시 주식회사 동서전산인테크에서 2000년 2월 주식회사 인츠커뮤니티로, 2006년 1월 주식회사 엘림에듀로 바뀐 뒤 2010년 6월 에스브이에이치로 바뀌었다. 상장 후로도 사명이 네 번이나 바뀐 것이다. 한두 번 정도야 기업의 변화를 위해 그렇다 하겠지만 거의 격년제로 바꾸다시피 한 것은 뭔가 구린 게 있다는 뜻 아닐까?

4. 영업이익, 당기순이익에서 연속적으로 큰 손실을 기록하는 기업을 조심하라

영업이익	-9,158	-13,200	-45,031	7,613	4,353	-2,417
계속사업이익	-21,437	-34,365	-58,865	6,092	915	-6,640
당기순이익	-21,437	-34,365	-58,865	6,092	915	-6,640

표 4-3 요약재무제표(2010년 8월 반기보고서)

연속 손실은 최대 3년이면 볼 것도 없고 2년 연속인 경우도 조심해야 한다. 1년 정도는 업황이나 경기에 의해 손실을 기록할 수 있지만 적자가 연속되는 회사는 일을 제대로 못하고 있다는 증거다. 단적으로 말해 회사는 수익을 내기 위해 존재하는 것이기 때문에 존재 가치를 인정받을 수 없다.

5. 회계감사에 유의하라

사업연도	감사의견	지적사항 등 요약
제 14 기 반기	한정	
제 13 기	적정	–
제 12 기	적정	–
제 11 기	적정	–

표 4-4 감사의견(2010년 8월 반기보고서)

2010년 반기보고서에 한정의견이 제출되어 있다. 이제 조금만 잘못하면 의견거절이 나올 수 있다는 것이다. 이것만 보더라도 뭔가 문제가 있다는 것을 알수 있다. 갈수록 코스닥 규정이 강화되고 있어서 의견거절이나 한정 의견을 받으면 상장폐지로 갈 확률이 높아졌다.

6. 횡령 배임설은 항상 조심하라

코스닥에서는 유독 대표이사의 횡령설이 많다. 에스브이에이치도 2010년 12월 대표이사의 90억 원 규모 배임이 발생했다. 2009년 감사보고서를 기준으로 할 때 자기자본금 45.1%에 달하는 금액이다. 가뜩이나 '시가총액 40억 원 미달 30일 연속'으로 관리종목 지정 사유가 발생한 상황이었으므로 회생의 가능성이 없어 보인다고 판단할 수 있다.

7. 젊은 대표이사를 조심하라

나이가 어리다고 우습게 보는 건 아니지만 사회 경험이 부족한 사람은 돈 앞에서 무너질 때가 많다. 예전에 상장폐지된 지이엔에프나 인네트 대표도 모

대표이사 변경

1. 변경내용	변경 전 대표이사	김형기, 최창우(공동대표이사)			
	변경 후 대표이사	최창우			
2. 변경사유		김형기 공동대표이사에서 대표이사직에 대하여 일신상의 이유로 사임함.(이사직은 유효함)			
3. 변경일		2010-07-06			
4. 이사회결의일		–			
– 사외이사 참석여부	참석(명)	–			
	불참(명)	–			
– 감사(사외이사가 아닌 감사위원) 참석여부		–			
5. 기타 투자판단에 참고할 사항		–			
		※ 관련공시	–		

변경 후 대표이사 전체 내역

성명	생년월일	최대주주와의 관계	주식수	지분비율	비고
최창우	1977-11-12	없음	–	–	–

주요경력

성명	회사명	직위	입사연월일	퇴사연월일	비고
최창우	소셜벤처인베스트먼트	대표이사	2010-03-02	–	–

표 4-5 대표이사 상황(2010년 8월)

두 젊었고 비슷한 문제가 발생했다.

물론 젊은 대표이사가 의욕적으로 기업을 이끌어가는 경우도 많으며 첨단 산업일수록 연령을 불문하고 큰 성과를 낼 수 있다. 하지만 여타 상황이 모두 부정적인 경우 나이가 어리면 대표이사로서 연륜을 발휘해 문제를 해결할 수 없거나 도리어 문제를 발생시킬 수 있다.

8. 대주주나 대표이사 변경이 잦은 회사는 피하라

기업의 주식은 수많은 주주에게 배정되지만 주주로서 가장 큰 파워를 행사할 수 있는 사람은 역시 대주주다. 대주주는 보통 회사의 창업자이거나 회사에 중요한 의미를 갖는 인물이다. 그러므로 대주주가 바뀐다는 것은 절대 좋은 징조가 아니다.

에스브이에이치는 사명도 자주 바뀌었지만 대주주와 대표이사도 수시로 바뀌었다. 그러니 얼마나 사명감을 갖고 기업을 운영하겠는가.

이와 같은 8가지만 파악해도 상장폐지에 이르기 전에 충분히 조짐을 읽어낼 수 있다. 어떤 상황일 때 상장폐지를 당하는지 알고 싶으면 한국거래소(www.krx.co.kr)의 상장/공시 메뉴에서 확인할 수 있다(〈그림 4-14〉 참고).

그림 4-14 상장폐지 현황 조회(한국거래소)

신주 상장,
D-2일 하한가의 비밀

　정신을 집중해 매매하고 있는데 느닷없이 하한가를 맞으면 당황스럽기 그지없다. 5장(상장폐지 리스크, 이렇게 피하라)에서 살펴본 것처럼 기업에 뭔가 문제가 발생한 경우라면 지금 얘기하려고 하는 것보다 그나마 덜 억울할지도 모른다. 이번 장에서 얘기하고자 하는 것은 신주 상장을 앞두고 멀쩡하던 주식에 매도 물량이 쏟아지는 경우다.

　그렇지만 신주 상장과 관련해서는 공시 없이 진행할 수 없는 일이기 때문에 누구나 관심만 갖는다면 충분히 피해 갈 수 있다. 지금부터 왜 그런 일이 일어나는지 이유를 살펴보자.

리홈

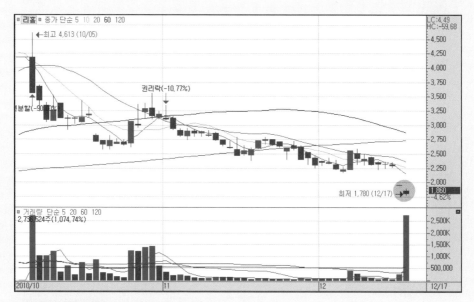

그림 4-15 리홈(일봉)

2010년 12월 16일 리홈(리홈쿠첸으로 사명 변경 후 2015년 부방으로 상호 변경)은 개장과 함께 하한가로 직행했다. 그다음 날도 주가는 종가상 -4%대로 회복되긴 했지만 -7.44%에 시작되었다. 거래량도 폭발적으로 늘어났다. 도대체 무슨 일이 있었던 것일까?

시간별	일자별	차 트	외국인/기관	거래원	시 황	종목시황	매 수	매 도	정 정	취 소	RP매도
/리홈	시가	고가	저가	종가	전일대비		등락율		거래량		
2010/12/17	1,805	1,900	1,780	1,860	▼	90	-4.62		2,736,524		
2010/12/16	1,950	1,950	1,950	1,950	↓	340	-14.85		254,622		
2010/12/15	2,310	2,350	2,265	2,290	▼	30	-1.29		41,590		
2010/12/14	2,320	2,365	2,250	2,320		0			63,455		
2010/12/13	2,350	2,375	2,230	2,320	▲	5	+0.22		47,045		
2010/12/10	2,445	2,450	2,300	2,315	▼	100	-4.14		84,488		
2010/12/09	2,380	2,485	2,305	2,415	▼	5	-0.21		128,517		
2010/12/08	2,505	2,590	2,315	2,420	▼	140	-5.47		260,974		
2010/12/07	2,230	2,560	2,230	2,560	↑	330	+14.80		390,572		
2010/12/06	2,195	2,280	2,170	2,230	▼	5	-0.22		57,208		
2010/12/03	2,315	2,390	2,225	2,235	▼	115	-4.89		72,546		

그림 4-16 리홈 일자별 주가 동향

유상증자 결정

1. 신주의 종류와 수	보통주 (주)			10,000,000
	우선주 (주)			–
2. 1주당 액면가액 (원)				500
3. 증자전 발행주식 총수 (주)	보통주 (주)			25,038,960
	우선주 (주)			–
4. 자금조달의 목적	시설자금 (원)			14,000,000,000
	운영자금 (원)			8,000,000,000
	타법인 증권 취득 자금 (원)			–
	기타자금 (원)			–
5. 증자방식			주주배정후 실권주 일반공모	
6. 신주 발행가액	확정발행가	보통주 (원)		–
		우선주 (주)		–
	예정발행가	보통주 (원)	2,200 확정예정일	2010년 10월 28일
		우선주 (주)	– 확정예정일	–
7. 발생가 산정방법			22. 기타 투자판단에 참고할 사항 참조	
8. 신주배정기준일			2010년 11월 02일	
9. 1주당 신주배정주식수 (주)				0.3689759
10. 우리사주조합원 우선배정비율 (%)				15
11. 청약예정일	우리사주조합	시작일	2010년 11월 05일	
		종료일	2010년 11월 05일	
	구주주	시작일	2010년 12월 01일	
		종료일	2010년 12월 02일	
12. 납입일			2010년 12월 09일	
13. 실권주 처리계획			구주주 청약결과 발생한 실권주 및 단수주는 일반에게 공개 모집합니다. (일반 공모청약일 : 2010년 12월 06일~2010년 12월 07일). 한화증권(주)가 일반공모 청약을 완료한 후 미청약된 잔여주는 미발행처리합니다.	
14. 신주의 배당기산일			2010년 01월 01일	
15. 신주권교부예정일			2010년 12월 17일	
16. 신주의 상장예정일			2010년 12월 20일	

표 4-6 유상증자 공시(2010년 10월 15일)

그로부터 2개월 전인 10월 15일 리홈은 〈표 4-6〉과 같은 공시를 제출했다. 140억 원 규모, 보통주 1,000만 주에 해당하는 유상증자가 실시된다는 내용이다. 여기서 꼭 봐야 할 것은 신주배정 기준일, 1주당 신주배정 주식수, 신주의 가격이다. 신주의 가격은 이후 주가 흐름에 따라 변할 수 있다. 그리고 반드시 봐야 할 또 한 가지가 신주의 '상장 예정일'이다.

신주가 상장되면 유통물량이 늘어나므로 주가가 떨어질 것이라는 점은 누구나 예상할 수 있을 것이다. 그런데 상장 예정일은 20일인데 왜 16일에 주가가 점하한가를 갔을까?

이 의문을 해소하기 위해서는 몇 가지 사항에 대해 기초 지식을 갖춰야 한다. 복잡한 얘기도 아니고 앞뒤 정황을 잘 이해하면 되는 것이니 한번 익혀보도록 하자.

권리락

증자는 말 그대로 자본금을 늘린다는 얘기다. 유상은 주주가 돈을 내고 신주를 받는 것이고, 무상은 회사에 모아두었던 돈으로 증자를 실시하여 주주들에게 공짜로 신주를 나눠주는 것이다. 유상증자나 무상증자에서 주주가 받을 수 있는 신주는 기존 보유수량에 따라 정해진다.

그런데 유상증자를 받기 위해서는 주식을 보유한 채로 신주 배정 기준일을 넘겨야 한다. 〈표 4-6〉에서 보면 신주 배정 기준일은 11월 2일이다.

이 전날 권리락이 발생하는데, 권리락은 유상증자 시 신주를 배정받을 권리를 상실했다는 것다. 다시 말해 청약 권유에 응하지 않으려는 주주들이 기준일 전에 주식을 매도하여 신주를 배정받을 권리를 잃어버렸음을 말한다.

이를 알기 쉽게 정리해보면 다음과 같다(날짜는 리홈의 사례).

- D-2 : 기준일에 결제된 주식을 보유하기 위해서는 이날 주식을 보유 중이어야 한다.

- D-1(11월 1일) : 권리락이 되는 날(보유주식을 매도해도 권리는 유지된다).

- D(11월 2일) : 배정 기준일

- D+1: 권리 배정 내역 조회 가능

일단 유상증자를 받기로 했다고 가정하자. 기준일을 지나 어느 정도 배정받았는지 확인한 후 청약 날짜에 청약을 한다.

이후 리홈은 12월 15일 장마감 후 발행가액이 1,680원이라고 공시했다(10월 15일 예정가 2,200원보다 낮아진 가격이다). 그렇다면 신주 상장일이 12월 20일이므로 그날이 되면 내 계좌에는 유증 물량이 들어와 있을 것이다.

발행가액과 현재 주가의 차이, 그리고 공매도

주식을 매매한 후 3거래일째에 결제가 이뤄진다는 것에 대해서는 알고 있을 것이다. 오늘 매수했다면 모레(장이 열리는 날만 포함) 내 계좌에서 돈이 빠져나가고 주식이 들어온다.

그리고 공매도라는 개념에 대한 이해도 필요하다. 공매도는 간단히 말해 현재는 갖고 있지 않은 주식을 팔고 나중에 사서 갚는 것이다. 모레 내 계좌에 주식이 들어온다면 나는 오늘 매도를 할 수 있다.

앞의 상황으로 다시 돌아가보자.

12월 20일에는 내 계좌에 주식이 들어온다. 그 가격은 주당 1,680원이다. 12월 15일 현재 종가는 2,290원이다. 12월 20일부터 역으로 계산해서 장이 열리는 날만 포함하면 나는 12월 16일에 공매도를 할 수 있다. 그러므로 만약 16일에 하한가인 1,950원에 팔아도 주당 270원의 수익을 얻을 수 있다. 1,680원보다 높기만 하다면 수익을 낼 수 있는 것이다.

이제 리홈이 그날 왜 하한가로 갔는지 알게 되었을 것이다. 유상증자로 인한 하한가는 공시에 관심을 가지면 누구라도 알 수 있다. 매매하려는 종목의 이전 공시를 검색하거나 HTS의 증시캘린더(〈그림 4-17〉 참고) 창을 띄우기만 해도 금방 알 수 있다. 귀찮다고 피하다가 뒤통수를 맞는 것보다 한 가지라도 더 살피는 습관을 들이자.

그림 4-17 HTS 증시 캘린더 창

우회상장의
허와 실

    우회사장이란 비상장법인이 상장법인과의 합병이나 분할합병, 주식의 포괄적 교환, 영업양수도, 자산양수도, 현물출자 등을 통해 신규상장 절차 및 심사를 거치지 않고 상장을 하는 것을 말한다. 한때는 우회상장만 했다 하면 주가가 급등을 했기 때문에 투자자들도 광분하곤 했다. 지금도 우회상장 공시는 엄청난 호재로 인식되고 있다.

    하지만 정작 우회상장을 하고 나면 주가는 더 올라가지 못하고 고점을 만들기 일쑤다. 셀트리온처럼 성장성이 돋보이고 기업의 가치를 인정받는 기업은 그 후로도 꾸준히 올라가지만 대부분은 우회상장과 동시에 고점을 찍고 끝없는 하락의 길을 간다. 더러는 상장폐지 되는 기업도 있다.

    왜 이런 일이 생길까? 그건 바로 부실기업을 인수하는 비상장회사가 많기 때문이다. 상장 심사를 거치지 않겠다고 돈이 많이 드는 우량회사를 인수하려는 비상장회사는 거의 없다. 대부분 껍데기(shell)만 남은 회사를 통해 무리하게 상장을 추진하는데 우회상장 1년도 안 되어 상장폐지되는 기업이 있는가 하면 우회상장 후 상장폐지 실질심사를 받는 기업도 많다.

그중에서도 시가총액 4,000억 원에 소액주주 7,287명, 기관투자자까지 들어와 있는 모노솔라와의 합병을 통해 코스닥시장에 우회상장한 네오세미테크의 상장폐지는 정말 충격이었다. 네오세미테크는 분식회계를 통해 손실을 이익으로 바꿔치는 수법으로 재무제표를 조작하여 회계법인에서 감사의견 '적정'을 받았으나 추후 회계법인이 바뀌면서 모든 것이 드러나고 말았다.

거래소 관계자는 이 일을 두고 회계가 부실한 회사를 심사에서 거르지 못한 잘못이 있다며 우회상장 심사를 좀더 정밀하게 실시하도록 제도를 고쳐야 한다고 말했다. 하지만 현재로서는 이미 엄청난 피해를 입은 소액주주들은 어디 가서 하소연할 데도 없다.

2006년 6월 우회상장 제도를 도입한 후 2010년 말까지 우회상장 기업은 131개, 그중 코스닥 기업이 128개로 대부분을 차지한다. 그런데 그 코스닥 기업 중 25%가 관리종목으로 지정됐거나 상장폐지를 당했다니 너무나 놀라운 일 아닌가.

우회상장에서 주가가 어떻게 하락하는지 예를 들어보도록 하겠다.

나이스메탈

그림 4-18 나이스메탈(일봉)

　나이스메탈(2011년 4월 상장폐지)은 상화마이크로를 통해 우회상장한 회사다. 그전에 상화마이크로는 툭 하면 BW를 발행하거나 유상증자를 해왔던 기업이다. 또한 영업이익과 당기순이익이 연속 손실상태여서 그야말로 진짜 망하기 직전의 회사였다. 이런 껍데기 회사에 나이스메탈이 들어온 것이다. 상화마이크로가 나이스메탈을 흡수합병할 때 합병비율은 상화마이크로 1주당 나이스메탈 71.5였다. 여기에 상화마이크로는 80% 감자까지 실시하기로 했다.

　상화마이크로가 나이스메탈과의 합병 결정을 발표한 2009년 4월 17일부터 주가는 바닥을 모르고 떨어졌다. 5월의 일시적인 고점 3,600원(수정주가)에서 다음해인 2010년 1월 1,500만 주 유상증자 공시로 700원대까지 떨어지더니 3월에는 감사의견 '한정'을 받고 6일 연속 하한가를 맞고 300원대로 내려앉았다.

우회상장 사례 2

HS홀딩스, 지오멘토

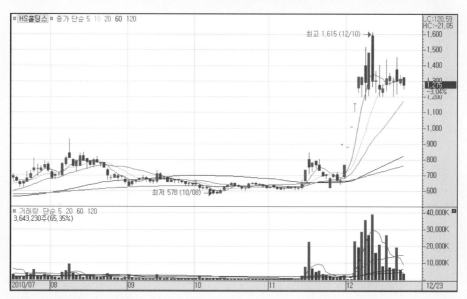

그림 4-19 HS홀딩스(일봉)

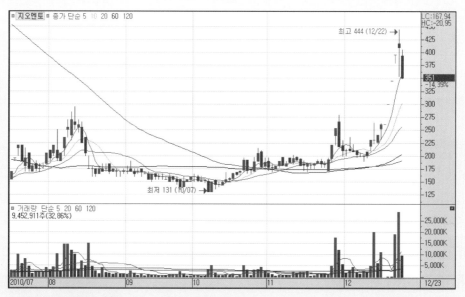

그림 4-20 지오멘토(일봉)

HS홀딩스(〈그림 4-19〉 참고)는 대명리조트가 피인수한다는 공시에 상한가를 연속으로 다섯 번이나 기록했고, 지오멘토(〈그림 4-20〉 참고)는 트레이스와의 합병 공시로 네 번의 상한가를 만들었다. 하지만 두 종목 모두 이후의 흐름을 잘 살펴보기 바란다(HS홀딩스는 대명소노시즌으로 상호 변경, 지오멘토는 트레이스로 상호 변경 후 상장폐지). 포스코ICT나 셀트리온처럼 성공적인 우회상장은 많지 않기 때문이다.

판단이 잘 서지 않을 때는 우회상장 기업을 매매하지 않는 것이 최선이다. 그리고 매수 기회를 포착해서 들어갔다면 길게 들고 가지는 말 것을 권한다.

신규주의
함정

　신규주를 보면 정말이지 개미무덤이라는 생각이 든다. 주식시장에는 기관투자자, 외국인투자자, 개인투자자 이렇게 세 주체가 참여한다. 그중 가장 힘없는 집단이 개인투자자다. 오죽하면 개미라고 불리겠는가. 주식시장의 지난 역사에서 개미는 기관에 치이고 외국인에 치이며 그래도 수익을 내겠다고 발버둥을 쳐왔다. 신규주가 매매되는 시스템도 분명히 개미들에게는 지고 들어가는 싸움이 될 수밖에 없다. 우리는 이 장을 통해 왜 그런지라도 알아야 한다.

　보통 공모주를 보면 코스피는 60%, 코스닥은 80%를 기관이 가져갈 수 있고 나머지는 우리사주조합과 공모 투자자들이 나눠 갖는다. 예를 들어 200만 주를 공모한다고 하면 코스닥 기업의 경우 160만 주는 기관이 가져가고 일반에게 공모되는 건 10만 주 정도다. 증시가 활황일 때는 이 10만 주에 대한 경쟁률이 500:1을 넘길 때도 있다.

공모가에 받으면 수익이 나니까 쌈짓돈들을 털어서 공모에 참여하는 사람이 많이 때문이다. 10만 주 공모에서 경쟁률이 500:1이라면, 예를 들어 1억 원어치 공모 청약이라 치면 20만 원어치를 받는 것이다. 그렇게라도 받으려고 경쟁을 벌이는 걸 보면 이해가 되지는 않지만 공모를 받으면 일단 안전하게 수익을 낼 수 있어서인 것 같다.

■ 신규주의 시가 산정

신규주의 첫 거래가격은 공모가 +100~-10%에서 정해진다. 이 법칙도 참 웃기다고 생각하는데 오르는 폭은 100%나 되고 떨어지는 건 10%밖에 되지 않는다. 어쩌면 기관의 물량이 많아서 그런 건 아닐까?

이처럼 불공평한 게임이므로 신규주 거래 시에는 많은 주의를 기울여야 한다. 일부러 시가를 높게 띄우고 개미들에게 물량을 떠넘기는 경우도 부지기수다. 기관들은 어느 때고 팔면 수익이 나는 상황이다. 그러므로 신규주가 처음 거래될 때 공모가에서 너무 올라 출발하면 아예 그 종목을 쳐다보지 말기 바란다.

신규주 사례 1

다나와

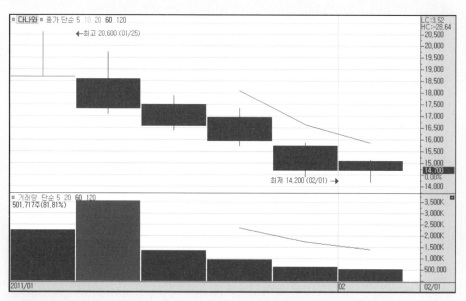

그림 4-21 다나와(일봉)

| 시간별 | 일자별 | 차 트 | 외국인/기관 | 거래원 | 시 황 | 종목시황 | 매 수 | 매 도 | 정 정 | 취 소 | RP매도 |

◉ 외국인/기관   ○ 외국인   ◉ 거래량   ○ 거래대금   (단위:주,천원)   도움말

/다나와	종가		대비	등락률	거래량	기관		외국인	
						순매수수량	순매도수량	순매수수량	순매도수량
2011/02/01	14,700			0.00	501,717		960	403	
2011/01/31	14,700	▼	1,250	-7.83	613,235		562		11
2011/01/28	15,950	▼	650	-3.91	939,626	7,152			3,292
2011/01/27	16,600	▼	750	-4.32	1,325,832			1,025	
2011/01/26	17,350	▼	1,350	-7.21	3,552,455	13,838		17	
2011/01/25	18,700	↓	3,250	-14.80	2,265,217	39,862			41,854
2011/01/24	21,950	↓	3,850	-14.92	3,731,340	500,474			141,019
2011/01/21				0.00					
2011/01/20				0.00					

그림 4-22 다나와(외국인/기관 거래량)

다나와는 공모가가 1만 4,000원이었다. 첫 거래일 시가는 90%나 높은 2만 5,800원으로 형성됐다. 시가가 그렇게 높아지니 기관은 무조건 패대기를 친다. 〈그림 4-22〉에서 보는 것처럼 연 이틀 하한가를 갔고 이후에도 지속적으로 하락하여 결국 일주일여 만에 공모가 수준이 되고 말았다.

 신규주 사례 2

 블루콤

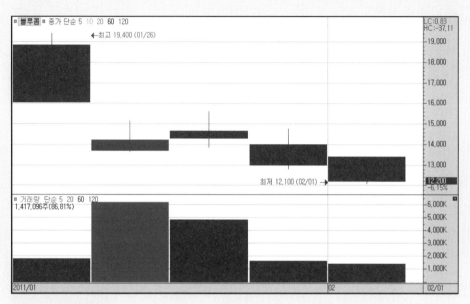

그림 4-23 블루콤(일봉)

/블루콤	종가	대비		등락률	거래량	기관		외국인	
						순매수수량	순매도수량	순매수수량	순매도수량
2011/02/01	12,200	▼	800	-6.15	1,417,096		2,890	437	
2011/01/31	13,000	▼	1,300	-9.09	1,632,459		10,503		25,228
2011/01/28	14,300	▲	100	+0.70	4,846,183		20,744		40,932
2011/01/27	14,200	▼	1,850	-11.52	6,155,640		563,388		181,207
2011/01/26	16,050	↓	2,800	-14.85	1,787,077		555,274		184,430
2011/01/25				0.00					
2011/01/24				0.00					
2011/01/21				0.00					
2011/01/20				0.00					

그림 4-24 블루콤 외국인/기관 거래량

블루콤은 공모가가 1만 2,000원이었고 첫 거래가격은 1만 8,850원에 형성됐다. 공모가 대비 50% 정도 높이 출발한 셈이다. 역시나 이 종목에서도 기관은 이틀 연속 매도에 바쁘다. 기관은 무조건 공모가 위에서 팔기만 하면 이익이 나기 때문에 팔지 않을 수가 없는 것이다.

신규주 사례 3

인트론바이오

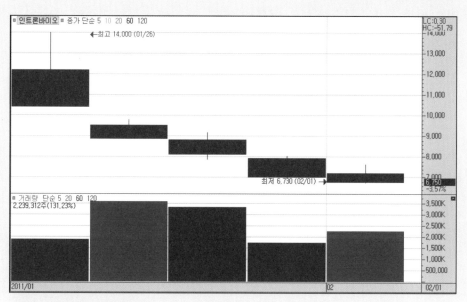

그림 4-25 인트론바이오(일봉)

| 시간별 | 일자별 | 차 트 | **외국인/기관** | 거래원 | 시 황 | 종목시황 | 매 수 | 매 도 | 정 정 | 취 소 | RP매도 |

● 외국인/기관 ○ 외국인 ● 거래량 ○ 거래대금 (단위:주,천원)　　　　　　　　도움말

인트론바이오	종가	대비		등락률	거래량	기관		외국인	
						순매수수량	순매도수량	순매수수량	순매도수량
2011/02/01	6,750	▼	250	-3.57	2,239,312				
2011/01/31	7,000	▼	1,090	-13.47	1,706,354				2,249
2011/01/28	8,090	▼	760	-8.58	3,313,473		3,107		2,903
2011/01/27	8,850	↓	1,550	-14.90	3,560,197		32,643	1,011	
2011/01/26	10,400	↓	1,800	-14.75	1,875,377		96,310		32,426
2011/01/25				0.00					
2011/01/24				0.00					
2011/01/21				0.00					
2011/01/20				0.00					

그림 4-26 인트론바이오 외국인/기관 거래량

인트론바이오는 공모가 6,100원보다 무려 100%나 높은 1만 2,200원에 첫 거래가격이 형성되었다. 물량이 많지는 않지만 기관과 외국인의 매도가 보이고 있다. 기관과 외국인이 패대기를 치지 않는다 하더라도 매수에 적극적이지 않은 이상 주가는 상승할 힘을 얻을 수 없다. 결국 이 종목도 일주일 만에 공모가 수준으로 내려오고 말았다.

신규주 사례 4

한전산업

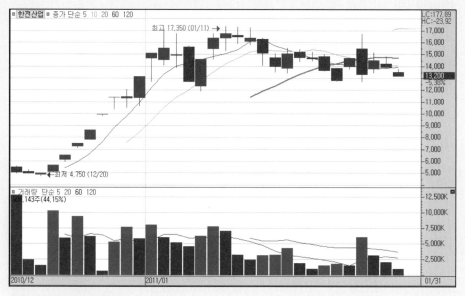

그림 4-27 한전산업(일봉)

한전산업은 앞의 사례들과 다른 양상을 보여주었다. 공모가가 5,500원인데 첫 거래가격이 5,490원에 형성되었다. 공모가 대비 거품이 끼지 않았다고 할 수 있다. 앞에서 높게 출발한 신규주들이 하한가를 기록한 데 반해 이 종목은 7%가량 하락으로 마감했다. 그 후 이틀을 약보합에서 마감하다가 급등세를 보여주었다.

여기서 한 가지 매수 팁을 얻을 수 있다. 공모주가 처음 거래될 때 공모가 수준에서 출발하는 종목들을 분석 대상으로 삼아야 한다는 것이다. 물론 이 종목을 샀어야 한다는 얘기는 아니다.

시장에서 처음 거래되는 종목들은 주가가 어디로 튈지 알 수 없다. 저항선도 없고, 지지선도 없다. 단지 심리에 의해서 극단적으로 나아가는 경향을 보인다. 하지만 이처럼 극단으로 치닫는 인간의 심리는 예상치 못한 어떤 일에 자극받아 방향을 바꾸게 될지 모르는 일이다. 그러므로 시장에서 어떻게 인지되고 있는지를 파악할 수 있는, 어느 정도의 시간이 지난 후에 매매를 하더라도 하는 것이 좋다고 생각한다.

대구도시가스

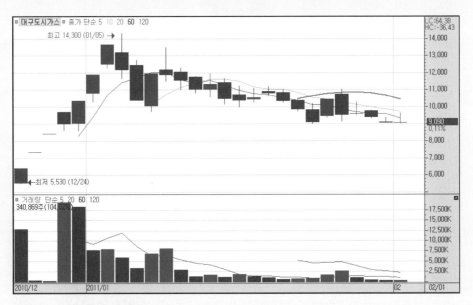

그림 4-28 대구도시가스(일봉)

대구도시가스(현재 대성에너지) 역시 공모가가 5,400원인데 첫 거래가격이 5,560원에 형성되어 많이 부풀려지지 않았다. 종가는 가격제한폭인 6,390원이었다. 신규주의 첫날 가격제한폭은 첫 거래가격을 기준으로 상하 15%다. 이후 이 종목은 8거래일 만에 1만 4,000원대를 넘는 급등을 이어갔다. 하지만 2개월 정도 후에는 7,000원선을 기록했으며 앞으로는 또 어떤 모습을 보일지 모르겠다.

신규주는 일단 첫 거래일에 공모가 대비 10% 이상 높게 출발하면 주의하는 것이 좋다. 50% 이상으로 출발하는 종목은 아예 들어가지 않는 것이 좋다. 단기 매매로 몇 % 먹으려다 순식간에 하한가를 구경할 수도 있기 때문이다. 신규주에는 매도 기회를 호시탐탐 노리는 기관이 있다는 사실을 꼭 기억하기 바란다.

시장을 이기는 매매 습관을 만드는 것이 중요하다!

책을 쓴다는 게 이렇게 힘든 일인 줄 몰랐다. 머릿속에는 모두 있는 내용이지만 글로 표현하기란 이쪽 훈련이 안 된 나로서는 무척 힘든 일이었다. 그렇지만 집필 과정에서 스스로를 되돌아볼 수 있었고, 누군가에게 힘이 되는 일이라고 생각하면서 버텼다. 이제 다 써놓고 보니 참 뿌듯하다.

어떻게 보면 나는 한 명의 개미투자자일 뿐이다. 굳이 말하자면 개미 중에서 조금 더 공격적으로 매매하는 전투개미라고나 할까? 경험과 실력을 쌓아가면서 손실을 일찍 잘라내고 수익은 배짱 좋게 키워가는 지금 단계에 이르러서도 주식시장은 만만하게 느껴지지 않는다.

그것은 내가 개미라는 사실을 항상 자각하고 있기 때문인 것 같다. 개미투자자들은 기관이나 외국인투자자에 비해 자본력도 없고 정보에서도 한참 뒤떨어진다. 한마디로 시장을 만만하게 볼 만한 배경이 없는 것이다. 물론 기관이나 외국인들도 시장의 거대한 힘을 거스를 수 없는 것은 마찬가지지만 개미의 경우는 출발선에서부터 불리하다.

나는 그 점을 항상 생각한다. 나에게 시장을 맞설 힘은 없다고. 초보 때를 돌이켜보면 손실에 억울해하기도 하고 분하다는 생각에 죽기 살기로 덤볐었다. 그때는 시장을 전투의 대상이라고 생각했던 것이다. 하지만 개미 한 마리가 죽을힘을 다해 물어뜯는다 해도 시장에는 이빨자국조차 남기지 못한다는 사실을 알게 됐다.

그것을 깨달은 순간에는 너무나도 절망스러웠지만 나는 물러서는 대신 방법을 찾기 위해 노력했다. 시장이 보여주는 습관들, 아니 그 시장에 참여하는 사람들이 보여주는 습관들을 관찰하고 패턴으로 정리해나갔다. 또한 장이 끝나면 나의 매매를 항상 되돌아봤다. 실패한 매매는 왜 그런지 밝혀내고 다음에는 반복하지 않기 위해 복기했다. 성공한 매매 역시 왜 성공할 수 있었는지를 납득하기 위해 복기했다.

매매에 성공하기 위해서는 다른 사람들이 만들어내는 패턴만이 중요한 게 아니다. 자신의 매매 습관이 더 큰 비중을 차지한다. 시장이 고요할 때는 크게 문제가 되지 않지만 트레이더는 고요한 시장이 아니라 시끄럽고 번잡한 곳을 찾아다니는 사람들이다. 정신없이 움직이는 호가 사이에서 정신줄을 놓지 않고 수익이라는 목표를 달성하기 위해서는 마우스를 움직이는 손가락을 잘 단속해야 한다. 급등 시의 탐욕과 폭포 같은 하락 시의 공포를 이겨낼 수 있는 것은 무작정 정신수양을 한다고 해서 되는 일이 아니다. 결국에는 습관의 문제다.

나는 그 습관을 들이기까지 6~7년이라는 시간이 걸렸다. 주식시장에 발을 들인 지 13년(20년)이 넘었지만 본격적으로 돈을 벌기 시작한 것은 2005년부터였다. 그때 이후 장세가 어떻든 월 단위로 손실을 본 것은 한 번밖에 없다. 포기할 수 없었고, 이곳이 아니면 살아갈 수 없다는 절박함으로 계속해서 매매 습관을 들여온 더분이다.

나는 지금도 매매를 하고 있으며 이 판을 떠날 때까지는 항상 진행형인 트레이더다. 지금도 1년에 서너 번은 폭탄을 맞곤 한다. 주문 실수를 하거나 순간적인 판단착오를 일으키거나 하는 의외의 사건이 분기에 하루 정도는 발생하고 그때마다 큰 손실이 난다. 예전 같으면 이성을 잃고 덤볐겠지만 지금은 시장에 더욱 겸손하라는 메시지로 받아들이고 있다. 시장은 자본주의가 붕괴되지 않는 한 계속 열릴 것이고, 아마도 내가 살아 있는 동안에 자본주의가 망할 일은 없을 터이니 서두를 이유가 없다는 생각이다.

사실 기법이라는 건 항상 변화한다. 오늘 잘 먹힌다고 해서 영원히 먹힐 것이라고 생각해서는 안 된다. 더욱이 같은 기법이라도 하락장과 상승장에서는 다르게 적용된다. 때문에 기법에 너무 목매지 않았으면 한다. 기법을 맹신하다 보면 '여기서 반등이 나와야 하는데 왜 안 나오는 거지?' 하면서 눈앞의 현실을 있는 그대로 보지 못해 손절매의 기회를 놓쳐버릴 수 있기 때문이다. 항상 주식시장을 연구하여 자기 것으로 만들기를 바란다.

더불어 자신의 매매 습관, 예를 들어 어떤 타이밍에 자신이 욕심을 더 부리게 되고 공포감을 느껴 투매하게 되는지를 똑똑히 인식하는 것도 중요하다. 이 두 가지 과제를 하고 나면 자신감을 갖고 실전에 나서도 좋다.

　　주식시장에서 살아가는 법을 배우고자 하는 개인투자자들에게 이 책이 큰 힘이 되어줄 것이라 믿는다. 다시 한번 강조하지만 무리한 투자를 하지는 않았으면 한다.